D1865993

Monika Gruber und Andreas Hock
Und erlöse uns von den Blöden

Monika Gruber / Andreas Hock

Und erlöse uns von den Blöden

Vom Menschenverstand in hysterischen Zeiten

PIPER

Mehr über unsere Autoren und Bücher:
www.piper.de

Von Monika Gruber liegen im Piper Verlag vor:
Und erlöse uns von den Blöden
Man muss das Kind im Dorf lassen

FSC
www.fsc.org
MIX
Papier aus verantwortungsvollen Quellen
FSC® C014496

ISBN 978-3-492-07500-8
© Piper Verlag GmbH, München 2020
Satz: Kösel Media GmbH, Krugzell
Gesetzt aus der Minion Pro
Litho: Lorenz & Zeller, Inning am Ammersee
Druck und Bindung: GGP Media GmbH, Pößneck
Printed in Germany

»Gestern war's noch so wie früher. Und jetzt –
jetzt ist's so wie nachher. Aber ich glaub, dass früher
schöner war!«

AUS »IRGENDWIE UND SOWIESO«
VON FRANZ XAVER BOGNER

Inhalt

Corona veränderte alles – fast

Warum manche Verhaltensweisen selbst in der Krise so bescheuert blieben, wie sie waren

Monika Gruber / Andreas Hock

Es ist schon erstaunlich, wie kalt einen so ein maximal 160 Nanometer kleines Virus doch erwischen kann. Bis vor wenigen Monaten konnte man sich noch wunderbar über alltägliche Ärgernisse aufregen, die einem während der Corona-Krise plötzlich wie Verheißungen aus dem Paradies vorkamen. Musste man zuvor beispielsweise länger als fünf Minuten an der Wursttheke warten, hatte man gedanklich bereits den Beschwerdebrief an den Marktleiter verfasst, warum an einem sonnigen Samstagmittag nicht gefälligst mehr Personal für den Verkauf des Grillguts an die geneigte Kundschaft eingeteilt worden sei. Danach jedoch war man schon froh, wenn man wegen der Abstandsregeln nicht eine halbe Stunde vor dem Geschäft anstehen musste, bis man endlich eintreten durfte. Der nicht unserer Sprache mächtige Paketbote, der den Versandkarton unabhängig vom Inhalt einfach über das Gartentor warf, war trotz desselben Vorgehens nun ein fleißiger Dienstleister, dessen systemrelevante Tätigkeit nicht hoch genug wertgeschätzt werden konnte. Und jener den ganzen Tag am Wohnzimmerfenster rauchende Rentner, der jeden im Haus, der seinen Müll nicht trennte, bei der Verwaltung anschwärzte, tat sich als besonders gewissenhafter Mitbürger hervor, weil er jedes

Mal die Polizei verständigte, wenn er mehr als zwei Personen gleichzeitig spazieren gehen sah. Die Sichtweise auf manche Dinge veränderte sich grundlegend.

Man könnte nun meinen, diese nie gekannte Ausnahmesituation habe auch eine gute Seite gehabt, weil wir alle enger zusammenrückten, je weiter wir beim Einkauf oder im Bus auseinanderstehen mussten. Im besten Falle hätte diese epochale Krise uns durchaus einander näherbringen und die allgemeine Skrupel- und Rücksichtslosigkeit, die Unvernunft und die himmelschreiende Blödheit für lange Zeit in den Hintergrund drängen können. Ja, es hätte eine bessere Gesellschaft entstehen können, in der wir wieder mehr aufeinander aufpassten und unser Ego mindestens die benötigten eineinhalb Meter hinter uns stellten. Aber trotz aller drolligen Hashtags, abendlichen Klavierkonzerte privater Symphonieorchester auf den Balkonen studentischer Wohngemeinschaften, virtuellen Stammtischrunden mit einsamen Freunden und gut gemeinten Einkaufshilfen für bettlägerige Senioren muss man leider festhalten, dass viele Menschen vor allem den geistigen Lockdown vollzogen haben. Und wir während und mit an Sicherheit grenzender Wahrscheinlichkeit auch nach diesem ganzen Corona-Wahnsinn genauso doof sind wie zuvor.

Nehmen wir nur mal die Sache mit dem Klopapier. Ausgerechnet in China wurde dieses praktische Hilfsmittel im 6. Jahrhundert zum ersten Mal erwähnt, indem ein Geschichtsschreiber namens Yan Zithui seinen Landsleuten empfahl, nach dem Geschäft den Allerwertesten keinesfalls mit Papier zu säubern, auf dem sich möglicherweise Zitate großer Gelehrter befanden. Die Chinesen, die knapp 1500 Jahre später leider eher weniger Wert auf besonders hygienische Umgangsformen zu legen schienen und zu allem Übel gerne mal ein halb gares Schuppentiergulasch oder ein pikantes Fledermausgröstl verzehrten, mussten das Zeug also damals schon gekannt haben. Und das zu einer Zeit, während der man sich hierzulande den Po noch mit Pestwurzblättern abwischte, weshalb diese Pflanze im alpenländischen Raum auch heute noch Arschwurz genannt wird.

Trotzdem setzte sich auch in Mitteleuropa nach und nach (spätestens nach der Erfindung des Wasserklosetts im 19. Jahrhundert) die Nutzung von eigens dafür hergestellten Papierstreifen als rektale Reinigungshilfe durch. Natürlich gab es immer wieder entbehrungsreiche Phasen. Mein Großvater, von dem in diesem Buch noch die Rede sein wird, erzählte jedenfalls oft davon, wie unsere Oma nach dem Krieg ein winziges Stück Speck mehrmals in heißem Wasser auskochte, um den Kindern so etwas Ähnliches wie eine Suppe bieten zu können. Der Mangel an Klopapier dürfte damals das geringste Problem gewesen sein: Man nahm sich ein paar alte Zeitungsseiten, die man halbierte und am stillen Örtchen auf einem Holzstab aufspießte. Und nachdem es wieder aufwärtsging und sich auch Oma und Opa eines Tages »Hakle Krepp« leisten konnten, hörte man nie wieder etwas von einer Toilettenpapierknappheit.

Der Ölpreis stieg und fiel und stieg wieder, während der jeweiligen Saison konnte es vorkommen, dass am Markt der einheimische Spargel oder die Erdbeeren aus waren, und wenn Aldi einen neuen Computer zum Schleuderpreis verschacherte, war der nach zwei Tagen ebenfalls vergriffen. Toilettenpapier jedoch war immer und überall ausreichend vorhanden, und es gab selbst nach dem Beginn der Corona-Schutzmaßnahmen keinen objektiven Anlass, sich über das Jahr 2025 hinaus damit einzudecken: Die Zellstoffindustrie war nicht von Berufsverboten betroffen, alle Drogerien öffneten täglich um acht Uhr in der Früh, und dieses verfluchte Covid-19 befiel vorwiegend die Lunge und nicht den Darm. Dennoch begannen bis dahin selbst in dieser Hinsicht rational denkende Menschen, Rollen zu horten, als wäre das eine

Geldanlage mit zweistelliger Rendite. Niemals hätte ich gedacht, in unserer oft perversen Überflussgesellschaft, in der man in jedem Dorfdiscounter aus 40 verschiedenen Joghurtsorten auswählen und sich zwischen chilenischen, südafrikanischen und kalifornischen Rotweinen entscheiden kann, vor leeren Klopapierregalen zu stehen.

Das aber war nur der Anfang. Es folgten (in absteigender Reihenfolge) Mehl, Nudeln, Reis, Konservendosen, Zucker, Tiefkühlpizzen, Fischstäbchen, Pommes frites, Wiener Würstel im Glas, Hefe und irgendwann sogar Bier und andere Getränke, sodass die Brauereien zwischenzeitlich kein Leergut mehr zur Verfügung hatten. Das Argument, sich die Ausgangsbeschränkungen schönzusaufen, leuchtete noch ein, aber ich selbst wurde Zeuge, wie ein alleinstehender Mann in einem Abholmarkt für 300 Euro Mineralwasser einkaufte und beim Einladen der Kästen in seinen Wagen fast vor Erschöpfung zusammenbrach. Auf meinen Einwand, er könne doch auch bedenkenlos Leitungswasser trinken, erwiderte er irgendetwas, das ich nicht verstand, weil er sich in Ermangelung einer Maske seinen Wollschal bis unter die Augen gezogen hatte.

Auch wenn längst wieder genug Backhefestückchen und Getränkekästen erhältlich sind, steht zu vermuten, dass es in vielen Kellern noch immer aussieht wie im Materiallager eines afghanischen Bundeswehr-Camps – und dass wir bis mindestens übernächsten Sommer entweder sehr oft Nudelauflauf mit Reis und Dosengemüse essen werden oder den ganzen Kram eines Tages in den Müll schmeißen, so wie wir es schon vor der Krise mit 75 Kilogramm Lebensmitteln pro Kopf und Jahr getan haben. Warum wir aber manche Produkte wie die Irren einkauften, während wir für die allgemeine Volksgesundheit weitaus wichtigere Lebensmittel wie Obst, Gemüse oder Schnapspralinen links liegen ließen, blieb weitgehend ein Rätsel. Und dass mancher Klopapierhersteller nach dem großen Ansturm zwischenzeitlich Kurzarbeit anmelden musste, weil die Leute die massenhaft gehorteten Rollen erst mal monatelang, mit Verlaub, abscheißen mussten, passte ebenfalls ins schiefe Bild. Zum Trost sei gesagt, dass in den USA sogenannte Pinkeltüten des Herstellers Travel John ausverkauft waren; kleine Einwegbeutel mit Granulat, an deren Ende ein Trichter befestigt ist: Die Amerikaner trauten sich wegen der Ansteckungsgefahr nicht mehr auf öffentliche WC-Anlagen, und weil die Vereinigten Staaten ein sehr großes Land sind und die Auto- und Zugfahrten oft sehr lang, schifften die Menschen lieber in diese Boxen, in denen der Urin durch die Kristalle in ein geruchloses Gel verwandelt wurde.

Ob sich Bill Maher oder Jimmy Fallon mit dem Ansturm auf Travel John beschäftigten, weiß ich leider nicht. Unser zeitweise überaus seltsames und soziologisch möglicherweise kritisch zu hinterfragendes Einkaufsverhalten wurde definitiv leider viel zu selten in den Talkshows thematisiert, die sich ab Ende Januar nur noch um Corona und die Folgen drehten. Es musste erst Ende Juni werden, bis sich Maybrit Illner bequemte, sich nach den furchtbaren Ereignissen von Göttingen mit dem Thema Kindesmissbrauch erstmals wieder einem anderen Aspekt als dem blöden Virus zu widmen. Zuvor hätte Donald Trump von einem arabischen Terroristen auf offener Straße enthauptet, Angela Merkel wegen Steuerbetrugs zu einer Haftstrafe verurteilt oder dem FC Bayern München die Lizenz für die Fußballbundesliga entzogen werden können, man hätte es in dieser absurd einseitigen Nachrichtenlage überhaupt nicht bemerkt. Stattdessen sah man bei Frau Illner, Anne Will, Sandra Maischberger, Frank Plasberg oder Markus Lanz die üblichen Verdächtigen aus dem Politikbetrieb wie Karl Lauterbach (angeblich früher mal Epidemiologe), Helge Braun (angeblich früher mal Arzt) oder Olaf Scholz (angeblich früher mal Olaf

Scholz). Und darüber hinaus mikrobiologisch ausgebildete Fachkräfte, die der gebannten Nation ihre tagesaktuelle Einschätzung mitteilten – analog zu den mehr als 1000 Eilmeldungen, die uns bis heute über Reproduktionszahlen und Neuinfektionen auf dem Laufenden halten. Es gab Tage, an denen ein Experte in der ARD bereits das bevorstehende Ende des Katastrophenzustands in Aussicht stellte, während ein Berufskollege gleichzeitig im ZDF die nahende Apokalypse in unseren Heimen und Krankenhäusern beschwor. Oder umgekehrt. Dass der übervorsichtige Herr Lauterbach lieber in ein Fass mit heißem Frittierfett steigen würde, als eine volle Schule zu betreten oder sich in ein Fußballstadion zu setzen, hat auf alle Fälle mittlerweile jeder im Land begriffen.

Manche Fernsehzuschauer entwickelten zum jeweiligen Virologen ihres Vertrauens in diesen Wochen gar eine engere Bindung als zu ihrer eigenen Familie, mit der sie völlig unvorbereitet in einer sogenannten häuslichen Gemeinschaft gefangen gehalten wurden. Viele Paare stellten erst jetzt fest, nach vielen vermeintlich gemeinsamen Jahren, mit welchem Volltrottel beziehungsweise welcher Schreckschraube sie überhaupt zusammenlebten. Auf eine Situation, in der man tagtäglich von morgens bis abends im Homeoffice arbeiten und den Partner ertragen muss, anstatt wie gewohnt mit der oder dem Geliebten auf Dienstreise zu sein, kann einen eben niemand vorbereiten.

Und auf die Hausaufgabenbetreuung frühpubertierender Halbwüchsiger auch nicht. Schimpfte man zuvor regelmäßig auf die Unfähigkeit des Lehrkörpers, die verzogenen Blagen nicht besser bändigen und bilden zu können, und beschwerte sich wegen jeder Drei minus persönlich beim Direktor, stellten viele Väter und Mütter nun fest, dass eine Achtklass-Bruchungleichung gar nicht so einfach zu erklären ist, wenn man sich in den vergangenen 20 Jahren nur auf kicker.de oder im Frühstücksfernsehen fortgebildet hat. Nur wenige Eltern dürften sich zudem an die normalen schulischen Gewohnheiten angepasst und mit ihren Kindern Pornovideos am Smartphone getauscht, unter dem Esstisch »Minecraft« gedaddelt oder in der großen Pause zwischen »Volle Kanne« und dem Mittagessen einen Joint geraucht haben.

Dass unsere Kinder auch nach den Lockerungen schon bei einem leichten und demzufolge in aller Regel total harmlosen Schnupfen laut Empfehlung des Gesundheitsministeriums zu Hause bleiben mussten, trug natürlich auch nicht zur familiären Entspannung bei – und dürfte zur Folge haben, dass vor allem Frauen künftig echte Probleme im Berufsleben haben werden. Wer nimmt schon eine zweifache Mutter, wenn er befürchten muss, dass diese zwischen Oktober und März jede zweite Woche ausfällt, weil aufgrund der saisonbedingten Rotznase des Nachwuchses die neuerliche Corona-Panik in Kita und Schule ausbricht.

Sofern man sich nicht während dieser unfassbar langsam vergehenden Wochen gegenseitig die Schädel eingeschlagen, sondern sich, womöglich aus reiner Langeweile, der körperlichen Liebe ausnahmsweise sogar mit dem eigenen Partner hingegeben hat, könnte es wegen der seit »Kevin allein zu Haus« bekannten Vorbildfunktion öffentlich bekannter Figuren bald sehr viele Buben mit den Namen Christian (Drosten), Hendrik (Streeck), Alexander (Kekulé), Lothar (Wieler) oder Jonas (Schmidt-Chanasit) geben. Jedenfalls von den Eltern, die nicht irgendwann mit einem Hut aus Alufolie auf dem Kopf, selbst gebastelten Transparenten in den Händen und jeder Menge Wut im Bauch auf die Straße gingen und gegen die »in Wirklichkeit von Bill Gates, der Familie Rothschild oder außerirdischen Mächten« angezettelte virale Verschwörung demonstrierten.

Für die künftigen Töchter aller Virologenfans bleibt leider nur der etwas altbackene Vorname Melanie, repräsentiert von Frau Brinkmann (wie der Professor aus der Schwarzwaldklinik), die regelmäßig wie weiland Heidis Fräulein Rottenmeier all die Verhaltensweisen madig machte, die man sich gerade sehnlichst herbeisehnte. Gäbe es eine Tinder-Version nur für eintönige Pandemie-Experten, bei Frau Brinkmann und Herrn Lauterbach hätte es sicher gematcht. Wobei: Es dürfte wahrscheinlich auch einige besonders freigeistige Elternpaare geben, die beim Standesamt ersuchen, den Begriff »Pandemie« als Rufnamen für das neugeborene Mädchen eintragen zu lassen – genehmigte Beispiele wie Blümerella, Emilia-Extra, Imperial-Purity, Prestige oder Windsbraut lassen Schlimmes erahnen. Corona übrigens gibt es als Vornamen schon, nach Vorbild einer frühchristlichen Märtyrerin wurde er in den Jahren vor dem Schlamassel ein paarmal vergeben! Der Studiengang Infektionsepidemiologie, vorher allenfalls für zauselige Labornerds mit einem Elektronenmikroskop als einzigem Freund von Interesse, dürfte auf alle Fälle für die nächsten Jahrzehnte ausgebucht sein.

Blöd daran war nur, dass sich die Herren Virologen von Anfang an nicht ganz einig darüber waren, ob wir nun alle ohne flächendeckende häusliche Ausgangsverbote dem unweigerlichen Untergang geweiht wären oder unsere Politiker bei der totalen Stilllegung unserer Wirtschaft nicht doch ein kleines bisschen überreagiert haben. Ein Gastronom, der nach den ersten beiden Wochen Schockstarre erst verzweifelt einen Lieferservice eingerichtet, dann das Personal in Kurzarbeit geschickt und sich noch mal einige Zeit später wegen akuter Suizidgefahr selbst in die Psychiatrie eingewiesen hat, würde vermutlich Letzteres annehmen. Der Tochter wiederum, die ihre betagte Mutter wegen einer aufgrund des Corona-Virus aufgetretenen akuten Lungenentzündung verloren hat, könnten die Befindlichkeiten eines Geschäftsmannes in jenen Tagen wahrscheinlich sehr egal gewesen sein.

So tragisch die gesundheitlichen und vor allem die ökonomischen Folgen dieser Misere für viele von uns auch waren und vermutlich noch sehr lange sind, so sehr hat sich auch in diesen geschichtsträchtigen Monaten wieder einmal gezeigt: Der gesunde Menschenverstand kommt in schwierigen Situationen nicht zum Vorschein, wenn er bereits vorher, als alles normal lief, schlichtweg nicht vorhanden war. Das zeigte sich insbesondere im Umgang mit den für viele von uns vollkommen ungewohnten Abstandsregeln. Die wurden erstaunlicherweise vor allem von jenen Zeitgenossen am vehementesten eingefordert, die sich jedes Jahr im Hochsommer, ohne mit der Wimper zu zucken, knapp drei Zentimeter neben einen wildfremden anderen Badegast an den Strand von El Arenal quetschten. Oder die einem bis Ende Februar 2020 bei Aldi jedes Mal mit dem Einkaufswagen mit Vollgas in die Hacken fuhren, um schnellstmöglich ihre Ware aufs Band werfen zu können, nachdem aus dem Lautsprecher der magische Satz ertönt war: »Sehr geehrte Kunden, wir öffnen Kasse 2.«

Manche Menschen, die ansonsten ungeniert quer durch die öffentlichen Verkehrsmittel niesten, ihr Gegenüber im Büro im Halbstundentakt gedankenlos anhusteten oder das Händewaschbecken auf öffentlichen WCs für ein Dekoobjekt hielten, wechselten auf einmal panisch die Richtung, wenn man ihnen auf einem weniger als drei Meter breiten Weg entgegenkam. Ein guter Freund von mir, dem es vorher im Bierzelt nicht eng genug zugehen konnte und der schon mal gerne unaufgefordert aus dem Maßkrug der Tischnachbarn trank, wenn die Bedienung nicht schnell genug Nachschub lieferte, saß mir nach drei Monaten Funkstille bei unserem ersten Wiedersehen mit einem Laser-Abstandsmesser gegenüber – um sicherzustellen, dass ich ihn nicht aus Versehen mit meinen Aerosolen kontaminierte.

»Social Distancing« lautete der überinterpretierte Modebegriff, der eigentlich unter dem Wort »Intimsphäre« jedem halbwegs zivilisierten Bürger längst hätte bekannt sein sollen. Dabei ging es doch nur um eine physische Distanz. Die tatsächliche »soziale Distanz« allerdings war von Anfang an absolut verkehrt: Tausende Menschen starben einsam, und ohne noch mal Besuch von ihren Angehörigen bekommen zu dürfen, in Alten- und Pflegeheimen oder Spitälern, sicherlich eine der schlimmsten Folgen von Corona. Leider führten darüber weder das Robert Koch-Institut noch das Helmholtz Zentrum oder das Bundesgesundheitsministerium eine Statistik. Wissenschaftler kamen aber zu dem Schluss, dass die Effekte für die Betroffenen ähnlich fatale Auswirkungen hatten, wie sie gemeinhin bei Mobbingopfern zu beobachten sind.

Der genaue Abstand, der nötig war, damit sich das Virus nicht allzu schnell weiterverbreitete, basierte allen Ernstes sogar auf der mathematischen Formel $R=1-(1-a^2)f_0$, von der zwar niemand genau wusste, was sie bedeuten sollte und wie man ausgerechnet darauf gekommen war. Kontrolliert wurden die damit berechneten eineinhalb Meter anfangs jedoch von einer Polizeipräsenz, wie man sie wohl seit den Tagen nach dem 11. September 2001 nicht mehr gesehen hatte: Reiterstaffeln patrouillierten durch Parkanlagen und lösten mit aller Härte unerlaubte Versammlungen von drei, manchmal sogar vier nebeneinander im Gras sitzenden subversiven Elementen auf. Illegal betriebene Eisdielen und Friseursalons wurden von Spezialeinheiten ausfindig gemacht und umgehend von Rollkommandos geräumt. Vor bekannten Ausflugsorten errichtete man Straßensperren und führte Personenkontrollen durch, als näherte man sich bewaffnet dem G-8-Gipfel. Hatte man bis vor Kurzem noch seine

Dänische Dogge mitten auf den Bürgersteig scheißen lassen, den häuslichen Sperrmüll in den Wald werfen oder sein Altöl einfach in die Kanalisation kippen können, ohne dass dies wegen der personellen Knappheit der entsprechenden Ordnungsbehörden je aufgefallen wäre, wurden in manchen Bundesländern jetzt mit erstaunlicher Akribie Bußgelder von 500 Euro und mehr verhängt, wenn man nur auf einer Parkbank saß und mit einem Freund ein Stück Kuchen verzehrte.

Eilig wurden für jede Branche akribische Hygienekonzepte erarbeitet, die dazu führten, dass etwa der »Verband für Sex-Arbeit e. V.« seinen Mitgliedern (und wahrscheinlich auch jenen ohne Glied) empfahl, »gesichtsnahe Dienstleistungen« vorübergehend zu unterlassen, Berührungen aufs Nötigste zu beschränken und Gruppensex zu vermeiden. Beim Vögeln galt selbstverständlich strikte Maskenpflicht, und außerdem sollten die Personendaten der Freier analog zur Gastronomie vier Wochen lang aufbewahrt werden, was allerdings wenig praktikabel erschien: Welcher brave Ehemann begab sich schon gerne ins Puff, wenn er befürchten musste, dass das örtliche Gesundheitsamt ein paar Tage nach dem kurzen Vergnügen daheim anrufen und die ganze Familie in häusliche Quarantäne stecken könnte, bloß weil im »Palais d'Amour« zwei Corona-Verdachtsfälle gemeldet worden waren?

Dass auf einmal überall Desinfektionsmittel bereitgestellt werden mussten, war derweil auch nicht der Weisheit letzter Schluss: Zum einen mischten manche gebeutelten Geschäftsleute und Gastronomen für ihre plötzlich in Sachen Hygiene hypersensiblen Kunden einfach irgendwas aus billigem Fensterreiniger, altem Apfelessig und abgestandenem Leitungswasser zusammen, weil sie sich nicht jeden Tag ein paar neue Flaschen Antiseptika leisten konnten. Und zum anderen soffen einige Knallchargen das Zeug, das in allen

Ladeneingängen oder Toilettenvorräumen herumstand, kurzerhand aus – entweder weil Donald Trump dazu aufgerufen hatte oder weil es einfach schneller reinknallte als ein paar Asbach-Schorlen.

Man verstand als hilf- und ratloser Laie sehr wenig in diesen geschichtsträchtigen Monaten – nicht, was es mit diesen Basisreproduktionszahlen auf sich hatte, was genau ein Tracing sein sollte und was eine Triage, welche Allgemeinverfügung gerade in welchem Bundesland galt oder worin der Unterschied zwischen Letalitäts- und Mortalitätsrate bestand. Wir hatten ebenfalls keine Ahnung, was ein »triftiger Grund« sein könnte, wegen dem man in der Hochphase der pandemischen Panikmache doch das Haus verlassen durfte: Für manche Menschen war es ausreichend triftig, sich einfach nur die Füße zu vertreten; andere hatten gute Argumente dafür, unbedingt den 50 Kilometer entfernt wohnenden Freund oder die Freundin zu treffen; wieder andere empfanden es als zwingend notwendig, mit ihren vollkommen am Rad drehenden Kindern in der Dämmerung einen gesperrten Spielplatz zu entern und illegalerweise zu benutzen.

Auch die täglichen Pressekonferenzen des RKI, die rund 100 aufeinanderfolgenden ARD-»Brennpunkte« oder die unterschiedlichen Äußerungen von Herrn Drosten trugen in keiner Weise zur Aufklärung bei. Es entstand vielmehr eine riesige allgemeine Unsicherheit – und der Eindruck, als würde sich eine einzelne Berufsgruppe an ihrer plötzlichen Bedeutung berauschen, während andere Stimmen, die zu mehr Maß mahnten – also Maß im Sinne von Augenmaß und nicht zu mehr Maß Bier, wobei auch der allgemeine Alkoholkonsum kummerbedingt stark anstieg –, nicht oder kaum von den Entscheidungsträgern gehört wurden.

Nach zwei Monaten lagen allerorten die Nerven blank, die Virologen gingen wie beleidigte kleine Kinder aufeinander los, und das Volk teilte sich in zwei Lager: Lager eins hatte nach wie vor große Angst und bestand aus denjenigen, denen die hektisch beschlossenen und wöchentlich aktualisierten Lockerungen des Lockdowns viel zu schnell gingen. Im Lager zwei waren die anderen, die nicht verstehen konnten, warum sich zwei befreundete Familien in einem Biergarten unter freiem Himmel weiter auseinandersetzen mussten als früher die Schulkameraden bei der abschließenden Matheklausur – und warum in Theatern 10 Quadratmeter Platz pro Person benötigt wurden, in Gaststätten 2,7 Quadratmeter zulässig waren und in Flugzeugen gar nur 0,5. Kein Wunder, dass sich einige zusammenrotteten und gegen die Regeln auflehnten, die zwischen Mecklenburg-Vorpommern und Bayern so unterschiedlich ausfielen wie die Dialekte.

Aber wir alle zusammen spürten zumindest, dass es der Staat verdammt ernst meinte mit der Handhabung der Seuche, und wünschten uns gelegentlich, dass diese Ernsthaftigkeit in den vergangenen Jahren auch bei der Verfolgung anderer Vorhaben an den Tag gelegt worden wäre – zum Beispiel bei der Bekämpfung bestimmter Verbrechen. Wahrscheinlich hätte man für kriminelle Clans in Essen, Drogendealer im Görlitzer Park oder millionenschwere Steuersünder einfach nur ein paar eindeutige Abstandsregelungen einführen müssen. Dann hätte man die Taten bei einer etwaigen Übertretung ebenfalls derart konsequent ahnden können, dass unser gesamtes Land längst ebenso sicher vor solchen kriminellen Umtrieben wäre wie unsere Fußgängerzonen, Spielplätze und Grünanlagen während der coronabedingten Ausgangsbeschränkungen. Es wirkte ein wenig, sagen wir mal, unverhältnismäßig, dass man gegen das schiere Herumsitzen im Freien oder das Benutzen eines Klettergerüsts durch ein Kind kompromisslos durchgriff und einzelne Jugendämter im Falle einer innerfamiliären

Infektion gar mit Zwangsarrest für den Nachwuchs drohten, wo ansonsten schon mal Verfahren gegen vorbestrafte Sexualtäter wegen Überlastung der Justiz folgenlos verjährten und die Abschiebung abgelehnter Asylbewerber brachlag.

Wie auch immer: Eine gesetzlich festgelegte Mindestdistanz zu allen nicht in häuslicher Gemeinschaft lebenden Mitmenschen könnte man aus meiner Sicht gerne auch künftig, also irgendwann nach Ende des Irrsinns in ein, drei oder zehn Jahren, für immer beibehalten. Allerdings war ja spätestens seit den massenhaften Demonstrationen aller Art (gegen die Corona-Regeln, gegen Rassismus, gegen rechte Gewalt, gegen die Willkür der Polizei, gegen alles zusammen) sichtbar, dass sich unsere alten menschlichen Gewohnheiten nach und nach wieder durchsetzten und man sich wieder ordentlich auf die Pelle rückte, als hätte es das Virus nie gegeben – bloß um auf jeden Fall in der Frontreihe am Pool zu liegen, für drei Stationen unbedingt einen Sitzplatz in der U-Bahn zu ergattern oder als Erster in die Gondel der nach jeder Fahrt aufs Neue desinfizierten Zugspitzbahn einsteigen zu dürfen. Und spätestens, seit in Großstädten wie Berlin, München, Hamburg oder Nürnberg Spezialkräfte der Polizei anrücken mussten, um abendliche Ansammlungen Tausender feierwütiger Menschen vor Kneipen, in Parks oder auf zentralen Plätzen aufzulösen, war klar: Es hat sich gar nix geändert. Nicht nach der ersten Welle, nicht nach der zweiten und auch nicht nach einer dritten, vierten, fünften.

Der Mundschutz sowie das Desinfektionsmittel als unverzichtbare Accessoires dürften sich dagegen noch einige Zeit in unserem Alltag halten – und auf Kosten des subjektiven Sicherheitsempfindens unsere Ökobilanz ruinieren: Abgesehen von den Millionen Exemplaren, die im Hausmüll landen, sieht man schon jetzt mehr achtlos weggeworfene Einwegmasken im Rinnstein als Zigarettenkippen. Es ist vermutlich nur eine Frage der Zeit, bis die erste davon in einem Delfinmagen auftaucht.

Aber viele von uns fühlen sich einfach besser mit einem durchgeweichten Stück in China zusammengetackerten Vliespapiers vor der Nase und ein wenig Ethanol in den Händen, obwohl uns die meisten dieser Dinge insbesondere bei fehlerhafter Handhabung ebenso wenig vor einem Virus zu schützen vermögen wie ein Seitenaufprallschutz bei einem Frontalzusammenstoß. Vielleicht hätte man den Menschen erklären sollen, dass Einwegmasken deswegen so heißen, weil man sie nach *einer* Benutzung wegwerfen soll – und nicht, weil man sie wochenlang immer auf demselben *Weg* benutzt und dazwischen in der Hand-, Hosen- oder Gesäßtasche, am Autospiegel oder unter dem eigenen Kinn aufbewahrt. Andererseits wäre es wünschenswert, wenn man als paranoider Hypochonder, der keine Intensivpatienten zu behandeln und betreuen hat, auch künftig dem medizinischen Personal nicht hundertfach Klinikutensilien wegkaufen würde, nur um die eigene, oft irrationale Angst zu beruhigen.

Es bleibt die spannende Frage, welche Schlüsse wir aus alldem ziehen, wozu wir auch am Ende dieses Buches noch mal kommen werden. So wäre es, nur als Anregung, sehr erfreulich, nach den zahlreichen Covid-19-Erkrankungen in Schlachtbetrieben mal unser Verhältnis zum Fleisch zu überdenken. Denn damit ein Nackensteak für schlappe 99 Cent beim Discounter im Kühlregal liegen kann, müssen nicht nur die Schweine leiden – es wohnen eben auch 20 bulgarische Leiharbeiter gemeinsam in einem 50 Quadratmeter kleinen Container und teilen sich ein Klo und eine Dusche. Angesichts dieser für alle Lebewesen unwürdigen Verhältnisse nutzen auch die Hygieneschleusen in den Betrieben herzlich wenig. Dass Corona aber der biologischen Landwirtschaft und damit auch einer artgerechteren Tier-

und Menschenhaltung zu einem Boom verholfen hat, ist bis jetzt nicht bekannt.

Selbstverständlich gab es auch in den verrückten Monaten voller sich überschlagender Ereignisse zahlreiche Beispiele voll bewundernswerter Empathie: von Leuten, die sich selbst in höchste Gefahr begaben, um anderen helfen zu können. Es gab Nachbarn, deren Namen bislang keiner im Haus kannte und die plötzlich für alle älteren Bewohner mit einkauften. Vorgesetzte, die kulante Regeln fanden, damit man von daheim aus arbeiten und gleichzeitig auf die Kinder aufpassen konnte. Verkäuferinnen und Kassierer, die sechs Tage die Woche zwölf Stunden täglich die Stellung in den Supermärkten hielten, damit die anderen hamstern konnten. Und natürlich Krankenschwestern, Pflegekräfte und Ärzte, die bis zum Umfallen arbeiteten, um Leben zu retten.

Doch es gab eben auch die anderen. Jene, deren angeborene Blockwartmentalität zum Vorschein kam und die sich daran erfreuten, wenn sie ein paar Jugendliche anzeigen konnten, die einfach nur zusammen Fußball spielen wollten. Jene, die sich hundertfach auf öffentlichen Plätzen, an Uferpromenaden, in anonymen Mietskasernen oder anderen Orten zusammenrotteten, weil ihnen Autoritäten jeder Art und deren Spielregeln einfach schon immer am Arsch vorbeigingen. Jene, die mit überteuerten Produkten Kasse machen und mit der Sorge anderer reich werden wollten. Jene, die genug Geld auf dem Schweizer Festgeldkonto hatten und trotzdem ihren um die Existenz kämpfenden Ladenmietern keinen einzigen Euro nachließen. Jene, die ihre bizarren Verschwörungstheorien ungestraft verbreiten konnten und so noch mehr zu Verunsicherung und Spaltung unserer brüchigen Gesellschaft beitrugen. Jene, die schon am frühen Morgen sämtliche Regale leer kauften und der Allgemeinheit zumindest vorübergehend dringend benötigte Grundversorgungsartikel entzogen. Und jene, die andere anhusteten und davon Filmchen ins Internet stellten, weil sie dachten, dass das lustig sei.

Man muss nicht allzu pessimistisch sein, um zu befürchten, dass ebenjene Leute gar nicht so wenige waren. Und darum hat Corona eben doch nicht alles verändert. Manche sind genau dieselben Trottel geblieben, die sie immer schon waren. Und ihnen ist dieses Buch gewidmet.

Mit konsequenter Inkonsequenz

Wie unser Staat immer wieder falsche Prioritäten setzt

Andreas Hock

Wer auch immer in der letzten Zeit behauptet hat, unsere Bürokratie funktioniere nicht richtig – etwa weil er ein halbes Jahr auf seinen neuen Reisepass warten musste –, der sieht sich spätestens seit dem Beginn der Corona-Krise eines Besseren belehrt. Wo sonst einfache Verwaltungsakte wie der Bauantrag für eine Fertiggarage mehrere Monate dauern und man für die Ummeldung der Wohnadresse beim Einwohneramt zwei Tage Urlaub beim Chef beantragen muss, wurden binnen Stunden in Bundes- und Landesministerien, Ordnungs- und Landratsämtern, Rathäusern, Kreisverwaltungsreferaten und anderen hoheitlichen Dienststellen akribisch genaue Richtlinien ausgearbeitet, um auch wirklich alle noch so abwegigen Lebensbereiche pandemiegerecht zu gestalten. Herausgekommen sind eine Fülle an Ausnahmeregelungen und Sondergesetzen, von denen jede einzelne umfangreicher ausfiel als, sagen wir mal, die Jahresbilanz von Wirecard oder die Schufa-Einträge aller Teilnehmer von »Promi Big Brother«.

Gut, ein paar der Regeln schossen vielleicht über das Ziel hinaus. Aber so ein systemrelevanter und damit manchmal womöglich aus Versehen übereifriger Beamter konnte ja nicht ahnen, dass ein Kind mit einem leichten Sommerschnupfen kein die Allgemeinheit gefährdender Superspreader, sondern höchstens eine kleine Rotznase ist. Es war auch kaum absehbar, dass ein 16 000 Quadratmeter großes Möbelhaus mit einer zeitweilig auf 800 Quadratmeter begrenzten Verkaufsfläche keinen Umsatz macht und Insolvenz anmelden muss. Wie sollte man bei all dem Stress noch daran denken, dass ein Theater, in dem vor der ganzen Misere 400 Menschen Platz fanden, mit 50 erlaubten Zuschauern seine Unkosten nicht zu decken imstande ist? Unmöglich zu verhindern, dass in Berlin, Stuttgart, München, Frankfurt und anderswo zigtausend Verschwörungstheoretiker, Rechts- und Linksextreme, Holocaust-Leugner, Impfgegner und andere Spinner in friedlicher Eintracht und ohne Abstandsregeln, Mundschutz und sonstigen Klimbim demonstrierten – man musste schließlich kontrollieren, ob der Caféhausbetreiber nebenan seine Speisekarten ordentlich desinfizierte.

Ja, man konnte es in dieser verflixten Ausnahmesituation niemandem recht machen, selbst wenn man sich noch so große Mühe gab:

Als eine der ersten Maßnahmen wurden bekanntlich von den Herren Maas und Seehofer strengste Aus- und vor allem Einreisebestimmungen verhängt – was übrigens vor fünf Jahren noch unmöglich schien, obwohl ein Virus sich gegebenenfalls weniger von einem uniformierten Zöllner beeindrucken lässt als ein potenzieller Zuwanderer ohne Ausweispapiere. Weil sich jedoch die meisten einheimischen Gelegenheitsarbeitnehmer ungern zehn Stunden bei sengender Hitze auf einem Acker aufhalten und zum Krisengespräch im Kanzleramt vermutlich gern Beelitzer Spargel gereicht wird, beschloss man kurz darauf, 80 000 vorwiegend osteuropäische Erntehelfer einreisen zu lassen. Die durften dann anstatt wie zuvor üblich zu sechst oder zu acht nur mehr zu viert in der kleinen Behelfsbaracke nächtigen, um die Virusgefahr einzudämmen. Für Bürokräfte legten die Behörden derweil fest, dass sich möglichst nur eine Person in jedem Raum aufhalten durfte, was den Schluss nahelegte, dass ein deutscher Angestellter eine schützenswertere Spezies darstelltals ein polnischer Spargelstecher. Aber das ist womöglich zu viel hineininterpretiert.

Pizza, Fischbrötchen und Currywürste durften bundesweit zum Mitnehmen verkauft werden, Eiscreme vielerorts wochenlang indes nicht. Kindergärten blieben auch dann noch für viele Mädchen und Jungen geschlossen, als die Grenzen schon wieder offen waren. Zur körperlichen Ertüchtigung während der Ausgangsbeschränkungen empfahlen uns die Politiker möglichst viel Bewegung im Freien, während gleichzeitig Wanderwege, Spiel- und Sportplätze hermetisch abgeriegelt und deren Benutzung mit drakonischen Strafen belegt wurden.

Jäger konnten zu zweit jagen gehen, aber zusammen picknicken war streng verboten. Schleswig-Holsteinern war es erlaubt, nach Hamburg zu fahren, aber Hamburgern blieb der Weg nach Schleswig-Holstein verwehrt. Kleidungsstücke mussten nach dem Anprobieren desinfiziert und in eine Art textile Quarantäne verbracht werden, bevor sie in den Verkaufsraum zurückgehängt wurden. In Mecklenburg-Vorpommern warf man die zuvor mit Willkommensprämien ins Land geholten Bewohner mit Zweitwohnsitz hochkant hinaus. Gäste sollten beim Besuch in Restaurants oder Biergärten ihre Adresse angeben, die das Personal allerdings nicht verifizieren durfte – weshalb auf den Erfassungsbögen ungewöhnlich viele Donald Trumps, Angela Merkels oder Günther Jauchs, wohnhaft in der Leckmichamarschstraße 3, Virenhausen, standen. Und in der Bundesliga mussten sich die Ersatzspieler, die in der gesamten Woche maskenlos miteinander trainierten, mit Mundschutz und mehreren Metern Abstand zueinander auf die leeren Tribünen setzen. Es gab offenbar wirklich nichts, was nicht in einen Paragrafen gegossen wurde, egal, wie unsinnig es in der Praxis auch erschien.

Zum Glück blieb sich unser plötzlich so aktionistischer Staatsapparat in einem Punkt treu, der uns Bürger seit Jahren um den Verstand bringt: der konsequenten Inkonsequenz.

»Null Toleranz gegenüber Rechtsbrechern im Kampf gegen das Corona-Virus«, gab etwa NRW-Ministerpräsident Armin Laschet als Losung aus, um dann festzustellen, dass seine Vollzugsbehörden zwar allein bis Mitte des Jahres rund 15 000 Verstöße gegen die Kontaktbeschränkungen ausmachten, die sogleich mit Geldstrafen bis zu 5000 Euro sanktioniert wurden. Bei den Soforthilfen indes schienen unsere Ämter dann endlich wieder in den üblichen Überforderungsmodus zu fallen. Anders ist kaum zu erklären, warum Tausende Fälle von mutmaßlichem Subventionsbetrug und ähnlicher Delikte bis heute ungeahndet blieben: Vermeintlich offizielle Antragsformulare waren wochenlang auf Fake-Webseiten zu finden und fischten die Kontodaten argloser Nutzer ab; Scheinfirmen und Briefkastengesellschaften mit Sitz in Kabul, Panama City oder den Cayman-Inseln meldeten coronabedingt Kurzarbeit an, und wohlhabende selbstständige Unternehmer räumten kurzerhand ihre Konten leer und täuschten Liquiditätsengpässe vor. Doch eigentlich wäre es enttäuschend gewesen, wäre all das in dieser Zeit nicht passiert. Denn man ist es nicht anders gewohnt.

Dass irgendetwas bei uns granatenmäßig schiefläuft, weiß nämlich jeder, der schon mal selbst eine Steuererklärung ausgefüllt, ein Gesuch auf die Fällung eines Laubbaumes auf dem eigenen Grundstück bei der Naturschutzbehörde eingereicht oder als Gastronom bei der Gemeinde einen Antrag auf die Erweiterung seiner Freischankfläche gestellt hat. Oder alle, die wie meine Frau und ich ein, zwei oder mehr

Kinder in diese Welt gesetzt haben, ohne darüber nachzudenken, ob das so eine gute Idee war angesichts des gegenwärtigen Zustandes (der Welt, nicht der Kinder). Jedenfalls wird jeder neue Erdenbürger angemessen begrüßt: Bei der etwas schwierigeren Geburt unseres Erstgeborenen befanden sich er und seine geplagte Mutter noch im Krankenhaus, als ich schon einen Umschlag des Finanzamts im Briefkasten vorfand, adressiert an den Namen unseres Sohnes – seine allererste Post.

In einem winzigen Anflug voller Hochachtung für unsere Administration dachte ich tatsächlich, dass wir auf diesem Wege entweder offizielle Glückwünsche der Kommune erhielten oder gar eine Art Baby-Begrüßungsgeld, von dem ich nur deshalb nichts gehört hatte, weil es mich bis dahin nicht betraf. Aber natürlich war das nicht der Fall. Stattdessen bekam unser zu diesem Zeitpunkt exakt sechs Tage und zwölf Stunden alter Bub seine Steueridentifikationsnummer, versehen mit dem Hinweis, dass diese von nun an lebenslange Gültigkeit besitze und man das Schreiben gut aufheben solle. Es lässt tief blicken, wenn das Erste, das Eltern nach einer Geburt vom Staat hören, eine solche Kennziffer ist. Freilich soll auch unser Sohn einmal seinen finanziellen Teil dazu beitragen, dass neue Kindergärten gebaut, Schulen saniert oder Spielplätze eingerichtet werden – und idealerweise seine Mama und sein Papa von ihrer vermutlich sehr kargen Rente zumindest ein- bis zweimal im Monat anständig essen gehen können. Aber auch wenn unser Junge inzwischen schon stolze fünf Jahre auf dem Buckel hat, hat er dafür, finde ich, noch ein klein wenig Zeit.

Nicht, dass ich missverstanden werde: Ich halte die Erhebung von Steuern an sich für eine wichtige und richtige Angelegenheit. Sie ermöglichte uns in nahezu jeder ostdeutschen Kleinstadt den Bau eines Spaßbades mit drei Wasserrutschen und Wellenbecken, das inzwischen trockengelegt wurde und jetzt als praktische Lagerhalle für kommunale Betriebe dient. Dass Städte wie Köln tolle, innovative Projekte fördern wie jenes, Hunderte solarbetriebene Abfalleimer mit automatischen Müllpressen zu 8000 Euro pro Stück anzuschaffen, deren enormer Stromverbrauch von der Sonne bloß leider nicht gedeckt werden konnte. Dass der Tierschutz so große Bedeutung erfährt wie in Vilshofen (Niederbayern), wo eine 100 000 Euro teure Brücke für Haselmäuse über die Landstraße gebaut wurde, die nur von den dämlichen Mäusen nicht zur Straßenüberquerung genutzt wird. Oder dass die Sicherheit der Bürger stets im Vordergrund steht wie im hessischen Jesberg, in dem ein nagelneuer Aussichtsturm für 300 000 Euro kurz nach der Eröffnung wegen Rissen im Bauwerk für alle Besucher wieder für immer geschlossen werden musste.

Solche Fälle gibt es jedes Jahr Hunderte, von viele Milliarden teuren Dauerbrennern wie dem Berliner Flughafen oder dem Stuttgarter Hauptbahnhof ganz abgesehen. Spott wäre hier völlig fehl am Platz, denn derlei emsige Betriebsamkeit sicherte unserem Land jede Menge Arbeitsplätze: zunächst vor allem in den Ministerien selbst, aber auch im Mittelstand, etwa bei familiengeführten Mäusebrückenherstellern. Und allein der aufwendige Bau und der anschließende Abriss der Spaßbäder kurbelte die Konjunktur immer wieder aufs Neue an, wodurch idealerweise neue Steuern anfielen; ein fiskalisches Perpetuum mobile gewissermaßen.

Was mir aber nach dem Erhalt des besagten Briefes wieder mal bewusst wurde, war, wie und wo unser Land gerne seine Schwerpunkte setzt: zum Beispiel bei der Steuer, die seit jeher als Synonym für alle möglichen Ungerechtigkeiten und falschen Prioritäten steht. Manch internationaler Großkonzern mit mehrstelligen Milliardenumsätzen zahlt bei uns weniger Abgaben als ein einziger seiner leitenden Angestellten. Das funktioniert ganz legal, indem von schlauen

Unternehmen wie Amazon, IKEA oder Starbucks Tochterfirmen gegründet werden, die hohe Gebühren für die Nutzung von Patent- oder Markenrechten verlangen und so praktischerweise die Gewinne schmälern, auf dem Papier zumindest. Wenn ich hingegen als Freiberufler ein paar Tage zu spät meine Umsatzsteuervorauszahlung in Höhe von ein paar Hundert Euro im Monat anweise, stehe ich schon mit einem Bein im Knast.

Es ist kaum möglich, ohne einen Doktortitel in Finanzwissenschaften die eigene Steuererklärung korrekt auszufüllen, aber die Erschleichung von Sozialleistungen geht offenbar so einfach, dass jährlich derzeit rund 200 000 Fälle bekannt werden; die Dunkelziffer selbstredend nicht eingerechnet. Der sogenannte Spitzensteuersatz greift bereits ab 54 000 Euro und betrifft damit drei Millionen Arbeitnehmer. Unsere geschätzten Superreichen bezahlen also dieselben 42 Prozent auf ihre Millionen wie ein leitender Angestellter, nur dass Letzterer seine Kohle eher nicht in Steuerschlupflöchern im Ausland verstecken oder aus Sparzwecken in staatlich subventionierten Bauherrenmodellen in mitteldeutschen Unistädten investieren kann.

Und Neugeborene werden eben, sobald sie die Augen selbstständig öffnen können, von unserem gestrengen Fiskalwesen erfasst und lebenslang in der bundesweiten Steuerkartei abgespeichert, während bei Wirecard jahrelang nicht einmal der staatlichen Bankenaufsicht aufgefallen ist, dass fast zwei Milliarden Euro irgendwo zwischen Aschheim und Singapur verschwunden sind. Hingegen gibt es von Flensburg bis Oberammergau wohl keinen einzigen ganz normalen Lohn- und Einkommensteuerzahler, der jemals von seinem örtlichen Finanzamt aus Versehen oder Unachtsamkeit vergessen oder fehlerhaft erfasst worden ist.

Zeit genug scheint in den Behörden auf alle Fälle vorhanden zu sein, sonst hätte unser Fiskalrecht seit seiner sicherlich gut gemeinten Einführung vor 100 Jahren durch das Reichseinkommensteuergesetz von 1920 nicht derart ausufern können, dass es heute vom Alcopopsteuergesetz über das Feuerschutzsteuergesetz bis zum Versicherungssteuergesetz nichts gibt, was nicht in Hunderte hoch komplizierte Rechtsnormen gegossen wurde.

Doch die Steuern sind bei Weitem nicht alles, wofür wir mehr Energie vergeuden, als uns guttut. Nachdem ich unseren Bauantrag bei der Stadt eingereicht hatte, mussten wir von der exakten Dachrinnenkrümmung über die ordnungsgemäße Ableitung des Niederschlagswassers bis zur Mindestfugenpflasterbreite der Einfahrt mehr Auflagen einhalten als ein vorzeitig aus der Sicherungsverwahrung entlassener Schwerstkrimineller in seinem Resozialisierungsprogramm. Besonders ergreifend fand ich die Fürsorge, die das Amt dem Spitzahorn unseres Nachbarn beimaß, dessen Wurzeln durch die Erschütterung der Baufahrzeuge hätten Schaden nehmen können. Obwohl der Nachbar selbst seinen alten, morschen und vollkommen verwachsenen Mistbaum gerne zu Feuerholz verarbeitet hätte, mussten wir für mehrere Tausend Euro einen Wurzelvorhang anbringen, um die kostbare Natursubstanz nicht zu gefährden. Und selbstredend wurde die Einhaltung der Baumschutzvorgaben mehrfach vor Ort mindestens so akribisch kontrolliert und protokolliert wie die Internetnutzung in Nordkorea. Dass der Ahorn wenige Wochen nach unserem Einzug einem schweren Gewitter zum Opfer fiel, war leider Ironie des Schicksals und blöderweise nicht zu sanktionieren.

Auch andere zum Überleben unserer Spezies eher nebensächliche Dinge wie die Mülltrennung werden sehr ernst genommen. Es gibt Vorschriften zur exakten Unterscheidung von Gartenabfällen und Grünabfall, nach Farben sortierte Glascontainer, braune, grüne, graue oder blaue Tonnen vor jedem Ein- oder Mehrfamilienhaus, und es ist eine Wissenschaft für sich, zu wissen, ob nun Pizzakartons in den Restmüll oder ins Altpapier gehören und ob Teebeutel mit Heftklammer in die Biotonne dürfen. Dass geschätzt die Hälfte der gesamten Abfallmenge nach dem Trennen wieder zusammengeworfen und gemeinsam verbrannt wird, haut gewissenhaften Hobbyentsorgern die Eierschalen aus dem Kompost. Was hingegen den meisten von uns einleuchtet, ist, dass es der Umwelt wahrscheinlich effektiver helfen würde, einfach viel weniger Verpackungsmüll zu produzieren. Das ist aber leider schlecht fürs Geschäft, weshalb wir auch weiterhin glauben sollen, wir retten Wale, Delfine und Meeresschildkröten vor dem qualvollen Plastiktod, indem wir alle zwei Wochen einen gelben Sack vor die Türe stellen, dessen Inhalt unrecycelt in einer rumänischen Verbrennungsanlage verschmort oder eben doch im Ozean landet, weil das für dubiose Entsorger noch ein bisschen billiger ist.

Was haben wir nicht für einen irrsinnigen Aufwand betrieben, um mit der Einführung des Einwegpfands unser schlechtes Umweltgewissen zu beruhigen. In jedem noch so kleinen Markt befindet sich heute ein futuristischer Apparat im Wert eines Kleinwagens, der PET-Flaschen, Weißblechdosen oder Glasbehälter voneinander trennen, schreddern oder zusammenpressen kann. Abgesehen davon, dass die Dinger normalerweise riechen wie ein Festivalklosett nach drei Tagen Dauerbenutzung und selten funktionieren, haben wir es weder geschafft, die Wiederverwertungsquote zu steigern, noch, Logik in die ganze Sache zu bringen: Eine Plastikflasche mit Fruchtsaft ist nach wie vor pfandfrei, eine Saftschorle in derselben Flasche kostet aber Pfand, und Wein und Spirituosen sind generell von der Pfandpflicht ausgenommen, egal, wie ressourcenschonend die entsprechende Packung ist.

Auch beim Müll gibt es Hunderte Vorschriften, die das

gesamte Entsorgungswesen durchdeklinieren, ohne dass es nennenswerte Erfolge in Sachen Nachhaltigkeit oder Abfallvermeidung gibt. Und wer einmal in Südspanien, auf Sizilien oder an der Algarve Urlaub gemacht und in den Überlaufgraben geblickt hat, der den Hafen üblicherweise vom Rest der Ortschaft trennt, der weiß, dass sich auch unser schönstes »Gesetz über das Inverkehrbringen, die Rücknahme und die umweltverträgliche Entsorgung von Batterien und Akkumulatoren« vermutlich nicht wirklich lohnt, wenn anderswo in Europa die ausgediente Autobatterie einfach in einen trockengelegten Kanal geschmissen wird.

Großen Wert gelegt wird auch auf den Datenschutz. Wird bei uns irgendetwas beschlossen, das unter Umständen den Ordnungsbehörden ermöglicht, vor allem potenzielle Verbrecher besser dingfest machen zu können, kann man davon ausgehen, dass Tausende Menschen gegen derlei Gesetzesentwürfe auf die Straße gehen. Während ich mich als weitgehend unbescholtener Bürger sogar freuen würde, einmal einen echten BND-Agenten oder BKA-Ermittler in der Leitung zu haben, scheint schon die theoretische Möglichkeit einer Überwachung für manche Zeitgenossen die Inkarnation des Bösen zu sein.

Das mutet insofern komisch an, weil viele von uns bedenkenlos Fotos ihrer nackt im Planschbecken badenden Kinder ins Netz stellen und auch ansonsten lückenlos ihre Freizeitaktivitäten dokumentieren. Mehrere meiner Freunde sind so leichtsinnig, dass sie auf ihren öffentlich einsehbaren Profilen jeden Urlaub vom ersten bis zum letzten Tag anschaulich machen, sodass ich mich immer wundere, warum sich die Einbrecher in den jeweils leer stehenden Wohnungen nicht längst die Klinke in die Hand geben. Ein halbwegs schlauer Panzerknacker muss sich heutzutage auf alle Fälle nicht mehr tagelang gegenüber eines Hauses auf die Lauer legen, um die Bewohner auszuspionieren, dem reicht ein Facebook-Account.

Selbst eine mittelgroße Dorfmetzgerei benötigt inzwischen einen eigenen Datenschutzbeauftragten, aber an der Supermarktkasse legen Millionen Einkäufer täglich sehr gerne und total freiwillig ihre Kunden- und Rabattkarten vor, nur um für eine halbe Million Bonuspunkte und läppische 50 Euro Zuzahlung ein dreiteiliges Topflappenset abzustauben. Als Gegenleistung für derlei großzügige Gesten des Einzelhandels erhält dieser sämtliche Einkaufsdaten, idealerweise zusammen mit Mail- oder Postadresse, um uns im harmlosesten Fall mit personalisierter Werbung zuzuschütten.

Als einziger Ansprechpartner einsamer und gestresster Großstadtbewohner fungieren seit einigen Jahren häufig sogenannte Sprachassistenten wie Amazons »Echo«, Apples »Siri« oder Googles »Assistant«. Fragt man etwa die virtuelle Hilfskraft »Alexa«, ob sie einen nicht doch ein klein wenig ausspioniert, antwortet das Maschinchen zwar brav mit »Nein, ich respektiere deine Privatsphäre«. Andererseits würde ich der Auswertungssoftware nicht bedingungslos vertrauen, denn es darf vermutet werden, dass die Programmierer schlauer sind als manche Bundesverfassungsrichter. Die haben neulich nämlich die automatische Kennzeichenerfassung in Bayern wegen des »Verstoßes gegen das Recht auf informelle Selbstbestimmung« für verfassungswidrig erklärt. Nun sehe ich mein diesbezügliches Recht bei der eineinhalbstündigen Autofahrt von Nürnberg in den Bayerischen Wald eigentlich nicht als gefährdet an, wenn durch eine Kamera entlang der A6 verhindert werden kann, dass ein gesuchter Serienräuber über die Grenze nach Tschechien auf Nimmerwiedersehen verschwindet. Dass aber daheim ein mit einem ausländischen Superserver verbundenes technisches Wunderwerk theoretisch alles ausspionieren kann, was in den eigenen vier Wänden passiert, scheint niemand wirklich für bedenklich zu halten, zumindest habe ich noch kein Gerichtsurteil vernommen, in dem die gute »Alexa« wegen Datendiebstahls verurteilt worden wäre.

Während der Corona-Krise und der damit verbundenen Improvisation beim monatelangen »Home Schooling« mussten landauf, landab alle Deutsch-, Mathe-, Englisch- oder Erdkundelehrer ihren Stoff notgedrungen per E-Mail oder WhatsApp an ihre Schüler bringen. Anstatt die Tausende engagierten Lehrkräfte aber in ihrem Vorhaben zu unterstützen, ermittelte in Thüringen lieber der dortige Datenschutzbeauftragte wegen möglicher Verstöße gegen die Pauker, Bußgelder nicht ausgeschlossen. Da braucht man sich nicht zu wundern, wenn beim nächsten Lockdown eben überhaupt kein Onlineunterricht mehr stattfindet.

Weitere solcher fragwürdigen Prioritäten gibt es zuhauf. Man muss nicht verstehen, warum der sexuelle Missbrauch von Kindern mit derselben Höchststrafe belegt wird wie die Nötigung von Verfassungsorganen oder die Scheckfälschung. Weshalb sich die Exekutive aus manchen Großstadtvierteln wie Duisburg-Marxloh, Essen-Altendorf oder Wuppertal-Oberbarmen zurückgezogen und kriminellen Großfamilien das Feld überlassen hat, sich aber bei jeder schwarz gebauten Gartenlaube mit ihrer ganzen Vehemenz zu Wort meldet. Oder warum nach bestimmten Straftaten Schweigeminuten verordnet werden, sich kilometerlange Lichterketten mit Spitzenpolitikern als Schirmherren in Bewegung setzen und uns die Toten Hosen oder Herbert Grönemeyer Benefizkonzerte aufzwingen, während andere Verbrechen von Teilen der Gesellschaft und vielen Medien eher stillschweigend und achselzuckend hingenommen werden. Ich bin vielmehr der Meinung, dass jedes Opfer einer Gewalttat die höchstmögliche Aufmerksamkeit verdient hat, ganz gleich, ob der Täter ein rechtsextremes, linksextremes, inländisches oder ausländisches Arschloch war. Niemand hat das Recht, sich danebenzubenehmen, egal, wo er herkommt und was er politisch denkt – wenigstens habe ich bei meiner Grundgesetzlektüre keinen entsprechenden Artikel irgendwo zwischen der Menschenwürde, der Freizügigkeit und der Abschaffung der Todesstrafe gefunden.

Andererseits mischt sich der Staat immer intensiver in die Belange seiner Bürger ein. Es gibt Bürgermeister, die Ziegelsteine wegen ihrer schlechten Umweltbilanz verbannen und in ihren Gemeinden nur noch Holzhäuser als Neubauten zulassen wollen. Man verbietet uns Ohrenstäbchen, Mentholzigaretten und Einwegbesteck, und wahrscheinlich ist es bald auch nicht mehr erlaubt, Silvesterböller zu verkaufen, weil die Feinstaubbelastung in der Nacht vom 31. Dezember auf den 1. Januar jedes Jahr aufs Neue kritische Werte annimmt. Wir dürfen mancherorts abends keine Außenbeleuchtung mehr anschalten, weil durch die Lampen zu viele Insekten angelockt und getötet werden könnten. Laichgebiete von Knoblauchkröten oder angeblich schützenswerte Moortümpel blockieren gerne mal Bauvorhaben, die Hunderte Arbeitsplätze schaffen würden. Und es scheint nur noch eine Frage der Zeit, bis Fahrzeuge mit Verbrennungsmotoren für immer von unseren Straßen verbannt werden, Alkohol gesellschaftlich geächtet, Marihuana dafür aber legalisiert wird sowie eine Extrasteuer auf Zucker kommt.

Erstaunlich, dass ich noch ungestraft mehrere Stunden täglich an einem viel zu niedrigen Schreibtisch arbeiten und ein Buch schreiben darf: Bewegung wäre nachweislich gesünder für meinen geschundenen Rücken, als auf dem mehr als 30 Jahre alten Schreibtischstuhl meines Vaters herumzusitzen, den ich trotz heftiger Nackenverspannungen aus reiner Nostalgie behalte. Gegen die Schmerzen zwischen unterstem Hals- und oberstem Brustwirbel unternehme ich aus purem Trotz nichts, weil mir meine Krankenkasse keinen Zuschuss zu einem Vorsorgeprogramm in einem Fitnessstudio zahlen mag – also warte ich, bis sie die ungefähr 500 Mal so teure Bandscheiben-OP bezahlen muss.

Die wirklich wichtigen Angelegenheiten aber – wie eine effektivere Generationengerechtigkeit, die bessere Ausstattung unserer Schulen, eine Reform des viel zu teuren Pensionswesens, spürbarer Bürokratieabbau oder das sofortige Verbot aller gehirnzellenzersetzenden Reality-TV-Formate wie »Schwiegertochter gesucht«, »Sommerhaus der Stars« sowie »Laura und der Wendler – jetzt wird geheiratet« – machen das, was sie seit vielen Jahren tun: Sie bleiben liegen. Vielleicht sollten wir das künftig auch einfach machen, wenn uns wieder mal ein Politiker vorschreibt, was wir zu tun haben.

Von einer gebildeten Muslimin und der alten weißen Frau

Warum es jetzt sogar einen guten und einen schlechten Migrationshintergrund gibt

Monika Gruber

Seit einiger Zeit bin ich mit Zana Ramadani befreundet, einer Autorin, die außerdem als (Femen-)Aktivistin, politische Beraterin und so ganz nebenbei noch als Mutter einer wahnsinnig süßen Tochter tätig ist. Ich schätze Zana in erster Linie wegen ihrer Herzlichkeit und ihres Humors. Und für die Tatsache, dass ich mit ihr in einer Minute leidenschaftlich über Politik diskutieren und mich in der nächsten über Klamotten, Botox und sexuelle Appetitlosigkeit in längeren Beziehungen schlapplachen kann. Und da sie eine sehr gescheite und geradlinige Frau ist, hat sie keinen Blog, in dem sie irgendwelche Dämlichkeiten wie »Superfoodbowls« oder vegane Rindsrouladen abfotografiert oder 13-jährigen Schulmädchen erklärt, man müsse unbedingt eine Lücke von der Größe einer Bettpfanne zwischen den Oberschenkeln haben, wenn man sich später erfolgreich einen Gangsterrapper angeln möchte. Nein: Zana schreibt Bücher über wirklich relevante Themen wie Sexismus in unserer Gesellschaft, und in ihrem Buch »Die verschleierte Gefahr« plädiert die Tochter einer muslimischen Einwandererfamilie dafür, die falsch verstandene Toleranz gegenüber den tief reaktionären und frauenverachtenden Erscheinungsformen des Islam endlich zu beenden.

Weil sie sich eine Zeit lang mit dem Gedanken trug, eventuell ein politisches Amt anzustreben, zog sie alleine mit ihren drei Tierschutzhunden nach Berlin, wo sie eineinhalb Jahre später ihren Lebensgefährten, einen freien Journalisten einer großen, bundesweit bekannten Tageszeitung, kennenlernte und mit ihm eine Tochter bekam. Schnell war Zana aufgrund ihrer quirligen, mitreißenden Art allseits beliebt und galt durch ihre Tätigkeit als politische Aktivistin in den dortigen Politkreisen als gut vernetzt.

Da, wo ich herkomme, bedeutet »gut vernetzt« zu sein, dass du in jedem Laden Klamotten zur Auswahl mitnehmen darfst oder dass bei einer verstopften Dachrinne innerhalb von 24 Stunden ein Handwerker deines Vertrauens das Malheur behebt. Und für alle anderen essenziellen Fragen gibt es die Tankstelle vom Anzinger Martin: Du suchst eine zuverlässige Haushaltshilfe/Pflegekraft/Hebebühne, ein Baugrundstück oder selbst gemachten Holundersirup, um »Hugos« zu mixen? Martin is the Man!

In den höheren Politkreisen von Berlin hingegen heißt »gut vernetzt« zu sein: Du kennst Menschen, die tatsächlich die Handynummer eines Dealers haben, der auch um drei Uhr morgens noch Koks vors »Borchardt« liefert (das bringt Zana nix, denn, wie sie sagt, waren ihre Drogen immer »schöne Idioten«) – und du weißt, welcher bekannte Bundespolitiker sich gern von seiner Assistentin an der Hundeleine nachts um den Block Gassi führen lässt. Meine Freundin fand diesen ganzen irren Zirkus zwar irgendwie abstoßend, war aber lange Zeit der Meinung, gerade deshalb brauche es dort mehr selbstbewusste Frauen mit Hirn, Haltung, Idealismus und Chuzpe.

Vor einiger Zeit traf ich sie in einem Café in Berlin auf einen Ratsch, und unser Gespräch verlief ungefähr so:

»Du, Zana, wie schaut's denn jetzt eigentlich aus mit deiner Karriere als Kanzlernachfolgerin? Muss ich bei den Herren Dolce und Gabbana schon was bestellen für die Inthronisation?«

»Kannste vergessen. In Deutschland werde ich als ›Deutsche‹ nix!«

»Was soll das heißen: als Deutsche wirst du nix? Du sprichst besser Deutsch als ich, schreibst kluge Bücher. Du bist die perfekt integrierte junge Frau mit Migrationshintergrund. Das ist doch der Jackpot.«

»Eben nicht. Ich hab den falschen Migrationshintergrund!«

»Wie? Den falschen Migrationshintergrund? Sagt das Frau Özoguz *(die deutsche Staatsministerin für Migration, Flüchtlinge und Integration, Anmerkung der Autorin)* oder wer?«

»Nein, im Ernst. In der Politik und auch in der Medienlandschaft, da wollen die keine gut integrierten Menschen beziehungsweise Frauen mit Migrationshintergrund, die sich als Deutsche definieren und sich nicht ständig als Opfer inszenieren.«

»Du verarschst mich!«

»Leider nicht. Einer Freundin von mir, einer Moderatorin, wurde das genau so beim Bewerbungsgespräch gesagt. Wenn sie gläubige Muslima wäre, aus dem arabischen Raum, oder zumindest Türkin, dann ginge da beruflich einiges, aber so …«

»Aber das ergibt doch alles keinen Sinn! Du bist doch eigentlich das Paradebeispiel für das, was in den Medien immer gefordert wird: die gebildete, gut integrierte Muslimin.«

»Meine Liebe, ich bin leider nur Siegerländerin mit albanischen Wurzeln, die sich eben nicht nur durch den Islam definiert!«

»Gibt's jetzt schon so etwas wie einen Zweite-Klasse-Migrationshintergrund, oder was?«

»Was heißt ›jetzt‹, den gibt's schon längst, spätestens seit 2015.«

»Ja, dann sag doch, du warst bis vor drei Jahren noch ein Mann und hast Mohammed geheißen. Deine Eltern leben noch in Syrien, wo sie sich um deine blinde Großmutter kümmern, und dein Mann ist Schwarzer mit jüdischen Wurzeln und schippert gerade mit Kapitän Reisch übers Mittelmeer und rettet nigerianische Kriegswaisen. Dann müssen's dich nehmen. Vielleicht ist die blinde Großmutter a bissl viel, aber ein Bein müsst' ihr schon fehlen!«

Zana fand das ganz lustig. Ich eigentlich nicht. Der falsche Migrationshintergrund? Wo steht so was? Gibt's inzwischen eine »InStyle« für Politämter? Ist gläubige Muslima das neue Must-have, also quasi die »Celine«-Bag unter den Migrationshintergründen, während Griechin oder Kroatin nur mehr der Echtpelz unter den Nationen ist – politisch nicht korrekt und so was von passé? Sind jetzt nicht nur alte weiße Männer das Feindbild der Generation Z, sondern werden auch Musliminnen aussortiert, die ihren Glauben etwas freier auslegen als andere? Und wer ist als Nächstes dran: die alten weißen Frauen, also ICH? Oder Fleischesser, Inkontinenzeinlagenträger, notorische Singles, Raucher oder Kamin-mit-Holz-Heizer? Übergewichtige? Jogginghosenträger?

Ich musste lange über die Sache mit dem Migrationshintergrund nachdenken. Schon das Wort an sich störte mich eigentlich. Ich habe einige Freunde und Bekannte mit ausländischen Wurzeln, darunter etliche aus Großbritannien (Kim, Barry Vaughn, Catherine), die ich vor allen Dingen wegen ihres großartigen britischen Humors, ihrer Herzlichkeit sowie ihrer Trinkfestigkeit schätze. Andere stammen aus Russland, Polen, Italien, Griechenland, der Türkei. Mein Spezl Isaac ist gebürtiger Senegalese – und ja, ich habe sogar einen gebürtigen Saarländer sowie einige Oberpfälzer in meinem Freundeskreis, deren Stimmlage und Dialektfärbung sich während eines Telefonats mit Angehörigen der »alten Heimat« derartig verändert, dass ich ohne Simultandolmetscher genauso viel verstehe wie beim Abspielen eines Hörbuchs von Haruki Murakami in der japanischen Originalfassung. Allerdings habe ich bei all diesen Personen noch nie einen »Hintergrund« gesehen, außer sie stehen auf der Wies'n nach drei Maß Bier vor einer dieser Biedermeier-Fototapeten, durch die man sein Gesicht stecken und sich fotografieren lassen kann. Was soll das also sein, ein »Migrationshintergrund«, dieser von Bürokraten erdachte Plastikbegriff, den es übrigens überhaupt erst seit 2009 im Duden gibt?

Davon abgesehen wird dieser sperrige Ausdruck in anderen Ländern ganz anders ausgelegt als bei uns: In Deutschland bezeichnet der Begriff derzeit Personen, die selbst oder deren Vater oder Mutter nicht mit deutscher Staatsangehörigkeit geboren wurden, während beispielsweise in Österreich eine Migrationserfahrung beider Elternteile erforderlich ist. Je nach Geburtsort wird unterschieden in Migranten der ersten und der zweiten Generation, während in der Schweiz der Migrationshintergrund ganz unabhängig von der Staatsangehörigkeit definiert wird. Alles klar? Nein? Eben!

In Deutschland leben jedenfalls derzeit über 21 Millionen Menschen mit einem solchen Hintergrund, allerdings benutzt man diesen Ausdruck irgendwie nur für Angehörige bestimmter Staaten. Ich habe noch nie gehört, dass man von jemandem mit einem luxemburgischen, schwedischen, irischen oder chilenischen Migrationshintergrund gesprochen hat, wenn der- oder diejenige denn auch luxemburgische, schwedische, irische oder chilenische Vorfahren hat oder selbst dort geboren wurde. Ist also sogar dieses Wort, das ja ursprünglich der Diskriminierung entgegenwirken sollte, selbst schon wieder diskriminierend, wie manche Soziologen behaupten? Es gibt zum Beispiel in Baden-Württemberg ernsthafte Bemühungen, den Migrationshintergrund zu ersetzen durch die Bezeichnungen »Diverskulturelle«, »Interkulturelle«, »Menschen mit internationaler Geschichte« oder »Menschen mit Einwanderungsgeschichte«.

Das klingt alles ein bisschen danach, als hätten sich ein paar ehrgeizige Soziologiestudenten eine Nacht lang in ihrer WG-Küche eingesperrt und mit unerlaubten Substanzen und sehr, sehr viel Sechsämtertropfen berauscht – und anschließend die geistreiche Erfindung dieser total modernen und voll antidiskriminierenden Migrationshintergrundersatzbegriffe in einem Tattoostudio gefeiert, indem man sich, kosmopolitisch wie man ist, chinesische Schriftzeichen auf den Körper tätowieren lässt, die östliche Weisheit vortäuschen, meist aber nur eines bedeuten: die 86 extra scharf mit Ente.

Dabei ist es doch im Grunde völlig wurscht, wo man selbst herkommt oder der Vater oder die Tante mütterlicherseits, wenn man seinen Mitmenschen halbwegs freundlich gegenübertritt und versucht, sich in diese Gesellschaft zu integrieren. Und »integrieren« heißt in diesem Zusammenhang nicht, am Sonntag in die Kirche zu gehen und das Vaterunser zu beten, beim Spazierengehen textsicher alle drei Strophen von »Im Frühtau zu Berge« zu singen, jeden Tag zur Brotzeit drei Leberkässemmeln zu essen oder die ersten 20 Artikel unseres Grundgesetzes auswendig zu lernen. Das können nämlich die meisten Einheimischen ohne Migrationshintergrund auch nicht. Aber wenn jemand sich dieses Land schon bewusst ausgesucht hat, um seine oder ihre Zukunft hier zu gestalten, dann gehe ich als schon länger hier lebender Mensch davon aus, dass er/sie das getan hat, weil ihm/ihr die Art, wie wir leben, grundsätzlich zusagt – oder etwa nicht?

Gut, wir können hier in Deutschland natürlich nicht mit dem American Dream aufwarten, der ganze Generationen unterschiedlicher Nationen in die USA lockte und immer noch lockt, weil sie es alle vom Tellerwäscher zum Millionär bringen wollen. Aber wer sich Deutschland als neue Heimat aussucht, dem muss doch klar sein, dass hierzulande elementare Dinge wie die Gleichstellung von Mann und Frau sowie die Toleranz gegenüber Schwulen und Lesben selbstverständlich sind. Der sollte darüber hinaus auch akzeptieren können, dass beim Kindergeburtstag in der Kita Gummibärchen auf den Muffins und ein Christbaum in einem Einkaufscenter keinen religiösen Affront darstellen, sondern lediglich Teile einer – wen wundert es – christlich geprägten Tradition sind.

Und dass wenigstens ein paar Traditionen und Bräuche außer dem Königssee-Echo, dem Schwarzbrot, der Schwarzwälder Kuckucksuhr oder der Mitgliedschaft in einem Trachten- oder Schützenverein selbst zu einem Land wie Deutschland gehören, würde im Ausland niemand abstreiten wollen und vermutlich sogar von islamischen Fundamentalisten anerkannt. Nur wir selber sorgen gerne mal in vorauseilendem Gehorsam dafür, dass sich niemand ausgeschlossen fühlt, indem ein Weihnachtsmarkt in »Wintermarkt« und der St.-Martins-Umzug in »Lichterfest« umgetauft und an einigen Schulen und Kindergärten das Singen von christlichen Weihnachtsliedern abgeschafft wird.

Jedem indigenen Volk der Welt gesteht man zu, die eigene Kultur zu bewahren. Aber offensichtlich finden vor allen Dingen einige Politiker in Deutschland nicht mehr viel Bewahrenswertes, wenn nicht einmal die Integrationsbeauftragte der Bundesregierung, Annette Widmann-Mauz (CDU), zwar selbstverständlich den muslimischen Mitbürgern ein »frohes Fastenbrechen« und den jüdischen ein »fröhliches Jom Kippur« wünscht (was eine nette Geste und absolut in Ordnung ist), aber auf ihrer offiziellen Weihnachtskarte auf das Wort »Weihnachten« lieber gänzlich verzichtet und es durch ein schwammiges »Egal, was Sie glauben« ersetzt. Ich würde die Dame schon gern fragen, bei wem sie mit dieser idiotischen Nummer Sympathiepunkte gewinnen zu können glaubt.

Etwa bei den Anhängern von Reinhard Kardinal Marx und Landesbischof Heinrich »Heini« Bedford-Strohm (im heidnischen Volksmund von bösen Zungen auch »Dick und Doof« genannt), die gern mal in der Öffentlichkeit ihre Kreuze abnehmen, um Andersgläubige nicht zu überfordern, und somit demonstrieren, dass ihr oft zitierter starker christlicher Glaube offensichtlich doch nur so eine Art Hobby ist. Als Bischof sich des eigenen Kreuzes zu entledigen ist meiner Meinung nach nur noch vergleichbar mit einem FC-Bayern-Ultra, der beim Auswärtsspiel in Dortmund freiwillig seine Kutte auszieht, um dem BVB Respekt zu zollen. Sollte ich diesem Szenario tatsächlich einmal leibhaftig beiwohnen dürfen, möchte ich ab diesem Zeitpunkt bitte von allen »Walburga« genannt werden.

Oder vielleicht bei den schon vor der Maskenpflicht immer aus virologischer Sicht recht rücksichtsvollen, weil komplett vermummten Vertretern des Schwarzen Blocks, die schon die bloße Anwesenheit eines Streifenbeamten bei einer Mai-Demo als inakzeptable Provokation des verhassten Staates empfinden und jeden, der bei der Fußball-WM ein schwarz-rot-goldenes Plastikfähnchen an sein Autofenster klemmt, für die Reinkarnation von Joseph Goebbels persönlich halten. Diese Herrschaften aber gehen vermutlich sowieso nicht wählen, dagegen bin ich mir ziemlich sicher, dass es 99 Prozent aller Migrationshintergründler welchen Glaubens auch immer vollkommen egal ist, ob in unseren Wohnungen, Büros oder Gaststätten wie jedes Jahr seit zig Generationen ein Adventskranz zur Deko hängt und unsere Kinder in Kitas und Grundschulen am letzten Tag vor den Weihnachtsferien gemeinsam »Kommet, ihr Hirten« singen. Wir setzen bei unserem übervorsichtigen Handeln immer eine gewisse religiöse Grundprägung voraus, aber das ist natürlich auch eine Art Voreingenommenheit. Diese Vorurteile scheinen aber für den durchschnittlichen hiesigen Gut- und Bessermenschen absolut in Ordnung zu sein.

Ich komme ja bekanntlich vom Land, wo ein Mensch schon immer in erster Linie ein Mensch und erst in zweiter Linie ein Bayer oder ein Preiß, also ein Ausländer, war. Was nicht heißt, dass der Landmensch keine Vorbehalte gegen Menschen hat, die nicht aus seiner Gegend stammen. Ganz im Gegenteil: Jeder »Auswärtige«, wie wir Bayern alle nennen, die nicht aus dem Umkreis von rund 20 bis 30 Kilometern stammen, wird erst einmal kritisch beäugt, und der Einheimische (der »Hiasige« also) tastet sich mit gebührendem Abstand an dessen wichtigste Charaktereigenschaften heran, die da wären: Humor, Geselligkeit und Loyalität. Und erst, wenn die Hiasigen den Eindruck haben, dass der Auswärtige verstanden hat, wie der Laden hier läuft, und kein Quertreiber ist, wird er in die Dorfgemeinschaft aufgenommen. Dieses Prozedere kann sich teils sogar über Jahre hinziehen und ist keineswegs despektierlich oder ablehnend gemeint, aber die Hiasigen wollen einfach sichergehen, dass »die ganze G'schicht passt«, denn der Bayer an sich möchte eigentlich immer nur eines: seine Ruhe!

Zu diesem Thema habe ich neulich einen Leserbrief gelesen, in dem eine Dame anschaulich beschrieb, wie schwer sich ihr Spezl Albert über Jahre in seinem neuen Wohnort in Niederbayern tat. Obwohl er regelmäßig den dortigen

Stammtisch besuchte und sich in diversen Vereinen engagierte, hatte er nie den Eindruck, gänzlich von den Einheimischen als neues Gemeindemitglied akzeptiert worden zu sein. Eines Abends – der Albert saß wieder mal mit anderen Dorfbewohnern am Stammtisch der örtlichen Wirtschaft – kam es zu einem Wortgefecht zwischen ihm und Personen am Nebentisch, die ganz offensichtlich von auswärts stammten. Da Albert immer schon ein lockeres Mundwerk hatte, das nach drei Halben Helles noch lockerer saß, begann er, die Nichthiasigen immer weiter zu provozieren, bis diese sich schließlich von ihrem Platz erhoben, um ihm zu zeigen, dass sich das Jahresabo im Fitnessstudio rentiert hatte. Da die anderen zu fünft waren, bereute Albert nun fast seine flotte Zunge, und er sah die Typen schon den Wirtshausboden mit sich aufwischen, als sich plötzlich der komplette Stammtisch erhob und ein Dorfältester sagte: »Den lasst's ihr in Ruh, des is' unser Albert, den schlag'n mir uns schon selber!«

Auch in dem Ort, in dem ich aufgewachsen bin, gibt es eine ähnliche Geschichte: Der Schwiegersohn eines Dorfbewohners – ein durchaus sympathischer Zeitgenosse – lebte schon seit einigen Jahren bei uns, fühlte sich aber nie wirklich heimisch und verbrachte seine Freizeit immer noch in seiner Heimatgemeinde. Als bei einer Maifeier die damaligen Pächter der Dorfwirtschaft viel zu wenig Getränke besorgt hatten und sich bereits das Zitronenlimo für die Radlermaße dem Ende zuneigte, stand er plötzlich auf und sagte, er habe doch einen Schlüssel für das Lager seines Arbeitgebers, einer Brauerei, und dort könne man alles Erforderliche abholen. Gesagt, getan. Seitdem ist kein Frühschoppen, keine Dorffeier ohne ihn denkbar, und jeder im Ort weiß, dass er der »Retter« der Maifeier war.

Anderes Beispiel: Ein afghanischer Taxifahrer ist mit seiner Familie von München in ein Dorf namens Pastetten bei

München gezogen. Ich fragte ihn, was ihn, neben der geringeren Miete natürlich, ausgerechnet nach Pastetten verschlagen habe und ob es ihm dort gefalle. Er antwortete: »Ich geh nie wieder weg von da, weil die Leute sich noch gegenseitig helfen. Meine Frau war schwanger, und wir waren auf dem Dorffest und haben erzählt, dass wir gerade umziehen und neue Möbel bekommen. Und ganz viele Nachbarn sind gekommen und haben dann in der kommenden Woche geholfen, die Möbel in die Wohnung zu tragen, weil meine Frau ja schwanger war. Das wäre uns in der Stadt nie passiert.«

Meine Freundin Zana hat übrigens inzwischen der deutschen Politik den Rücken gekehrt und berät – zusammen mit ihrem minderwertigen Migrationshintergrund – den österreichischen Bundeskanzler Sebastian Kurz in Fragen bei Integrations- und Gleichstellungsthemen und ist unter anderem als eine von zehn Experten in seinem Kanzler-Thinktank neben Ban Ki-Moon tätig. Sie schreibt Integrationskonzepte und berät darüber hinaus auch die österreichische Integrations- und Frauenministerin. Sie sagt dazu: »Die Österreicher waren beeindruckt von meinen Leistungen und meinen Themen und wollten mich als Expertin, und zwar, anders als die Deutschen, unabhängig von meinem Migrationshintergrund, meiner Religion, meiner Sexualität oder meinem Geschlecht. Dabei sind die doch angeblich die großen Sexisten und Nazis!« Offensichtlich scheuen sich die Österreicher weniger als die Deutschen, auch mal unbequemen Leuten Gehör zu schenken, während man in Deutschland als Überbringer unangenehmer Wahrheiten ein sehr schnelles Pferd, um nicht zu sagen eines mit Lichtgeschwindigkeit benötigt.

Und übrigens: Falls der unwahrscheinliche Fall eintritt und Zana irgendwann mal keine Lust mehr auf Politik haben sollte und mich auf der Bühne keiner mehr sehen möchte, dann werden wir zusammen irgendwo in der Provinz einen Kosmetikladen eröffnen: eine Muslimin, die sich nicht über den Islam definiert, und eine Bayerin, die sich nicht über ihr Christentum definiert, machen ayurvedische Gesichtsbehandlungen und buddhistische Meditation bei steirischem Wildkräutertee, der von uns zwei Kräuterhexen bei Voll- oder aus Respekt vor anderen Kulturen auch mal bei Halbmond gepflückt wird. Wenn uns jetzt noch Henryk M. Broder mit seinem Zweiter-Klasse-Migrationshintergrund ein Grußwort auf der Homepage hinterlässt und wir glaubhaft versichern, dass zehn Prozent des Umsatzes an DITIB gespendet werden, dann müssen Frau Özoguz und Frau Widmann-Mauz uns als integrativem Vorzeigeprojekt die komplette Einrichtung finanzieren. Dafür bekommen sie auch eine Gratiszehnerkarte, und mein Münchner Lieblingstaxler Hassan fährt sie danach gerne beide zurück zum Zug nach Berlin.

Zana und ich trinken darauf einen Ouzo und schmettern ein dreifaches »Salud, Amor y Dineros«, wie der Italiener zu sagen pflegt. Und ob dieser dann einen Migrationshintergrund hat oder nicht, ist mir ehrlich gesagt wurscht. Denn: Die meisten Bayern sind inzwischen Preißn, die meisten dirndltragenden Bedienungen in Münchner Traditionslokalen stammen ursprünglich aus Ungarn und Tschechien, meine Klamotten kommen zwar offiziell aus Italien, werden aber in Wirklichkeit von Chinesen zusammengetackert, und viele Pizzerien hier werden nicht mehr von Italienern geführt, sondern von Albanern und Kroaten. Und das ist mir im Prinzip ebenfalls alles herzlich egal, solange die Preißn nett zu mir sind, die Bedienungen meine Bestellung nicht vergessen, die Klamotten eine schöne Figur machen und die Pizza schmeckt.

Raucher, Autofahrer, Fleischesser, Kinder-nicht-in-die-Kita-Schicker

Wie man sich für manche bisher normalen Dinge plötzlich rechtfertigen muss

Andreas Hock

Gefühlt muss es irgendwann zwischen dem Altpleistozän und dem späten Mittelalter gewesen sein. Tatsächlich aber liegt sie höchstens drei Jahrzehnte zurück: jene Zeit, in der alles noch entspannter, unverkrampfter und vor allem unverdächtiger war als heute. Ganz unabhängig davon, dass selbst ein taiwanesisches Tannenzapfentier noch vollkommen sicher vor Corona gewesen ist und die zivilisierte Welt noch vorwiegend an ihren traditionellen Todesursachen Übergewicht, Alkoholgenuss und Nikotinkonsum verendet ist, war es vor allem die Zeit, in der es kein Internet gab – und somit auch noch keine Begleiterscheinungen desselben: Wir glaubten nur das, was in der Zeitung stand oder was uns Dagmar Berghoff in der »Tagesschau« erzählte.

Wir schrieben uns handschriftliche Briefe, anstatt kleine gelbe Gesichter, GIF-Dateien oder Memes zu posten. Wenn die Liebe erkaltete, wischten wir den Partner nicht einfach auf dem Smartphone zur Seite, sondern sagten ihm das ins Gesicht. Erreichbar waren wir nur montags bis freitags von 8 bis 16 Uhr und keinesfalls am Wochenende oder im Urlaub. Ein Virus löste keinen weltweiten Lockdown aus, sondern allenfalls eine Woche Bettruhe. Selbst Kriminelle mussten sich ihr Geld hart auf unehrliche Weise verdienen – durch Banküberfälle oder Taschendiebstähle zum Beispiel – und konnten nicht einfach mit einer Skimmingsoftware unsere virtuellen Konten leer räumen. Es war auch nicht möglich, binnen Sekunden jeden noch so erdenklichen menschlichen Abgrund zu betrachten, wodurch die vielen Verrückten dieser Welt ihrer Fantasie überlassen blieben, was schon schlimm genug war.

Und nicht zuletzt konnte man frei seine Meinung äußern, wie es in Artikel 5 unseres guten alten Grundgesetzes vorgesehen war, ohne sich wenige Minuten später ein paar Hundert wutentbrannten Kommentaren ausgesetzt zu sehen, die einem wahlweise einen qualvollen Tod wünschen, eine Massenvergewaltigung oder ähnliche Nettigkeiten.

Ja, damals konnte man sich tatsächlich noch ausführlich über alles Mögliche auslassen, sogar über kontroverse Themen. Man konnte also den Nutzen der Kernenergie betonen, gesellschaftliche Entwicklungen kritisieren oder sich über die Frisur von Gabriele Krone-Schmalz lustig machen, ohne auf irgendeiner elektronischen Plattform anonym und mit einem sogenannten Hashtag versehen als reaktionärer Atomfetischist, Vorstadtnazi oder unbelehrbarer Chauvinist diffamiert zu werden. Natürlich hat man sich auch früher ordentlich gezofft: Ich erinnere mich an die nicht druckreifen Wortgefechte zwischen meinem Vater und unserem Nachbarn Herrn Dornberger, der immer am 1. Mai sowie am Geburtstag von Ernst Breit eine rote DGB-Fahne in seinem Garten hisste und dazu die Internationale in Endlosschleife laufen ließ. Damit wollte er Papa provozieren, weil dieser als Personalleiter eines mittelständischen Unternehmens in einem Arbeitgeberverband engagiert war – und es gelang ihm. Die beiden Herren schrien, stritten und drohten sich Prügel an, aber sie führten ihren Zwist wenigstens von

Angesicht zu Angesicht. Und nach drei Underberg war es auch wieder gut. Einen Hashtag hingegen hätten sie vermutlich für einen mit Marihuana versetzten Keks gehalten, und einen Shitstorm hat es höchstens nach ein paar Halben zu viel in der Unterhose gegeben, aber das ist ein anderes Thema.

Natürlich war auch in dieser heute so fremdartig erscheinenden Ära des unaufgeregten Diskurses, die von den Fünfzigerjahren bis immerhin Ende der Achtziger gedauert hat, nicht alles eitel Sonnenschein. Abgesehen von höchst unerfreulichen Erscheinungen wie dem RAF-Terror, dem Kalten Krieg oder der Schande von Córdoba haben im gerade wiedervereinigten Deutschland Asylbewerberheime gebrannt, waren zwischenzeitlich bis zu 4,5 Millionen Menschen arbeitslos, schmeckte der Regen saurer als der gepanschte und mit Glykol versetzte Wein oder bestand das Wasser im Rhein vorwiegend aus Chemikalien. Und der Borkenkäfer fraß unsere schönen Bäume auf. Trotzdem lässt sich mit dem Wissen von heute sagen, dass es im Vergleich zu heute eine sehr unverkrampfte Zeit gewesen ist.

Ja, selbst für Raucher war es entspannter. Nicht, dass der Tabakkonsum eine besonders großartige Errungenschaft ist. Auch früher war einem halbwegs gebildeten Menschen bereits durchaus klar, dass der Rauch einer Zigarette einige sehr unerfreuliche, weil krebserregende Stoffe enthält. Obwohl in einem Wirtshaus die Tischnachbarn oftmals nur noch zu erahnen waren, bei TV-Sendungen sogar auf der Bühne Aschenbecher aufgestellt wurden und selbst die für Kinder erdachte Comicfigur Lucky Luke anfangs nie ohne Glimmstängel auf Verbrecherjagd ging, wusste man, dass man mit diesem Laster seine Lebensdauer verkürzte und in Gegenwart von Babys oder Schwangeren nicht unbedingt eine ganze Schachtel inhalieren sollte.

Mein Onkel Hans etwa, Gott hab ihn selig, hat mehr als

nur geahnt, dass ihn seine Schwäche für filterlose Overstolz eines Tages ins Grab bringen würde – und so ist es dann auch gekommen. Aber er hat gerne geraucht, und wir haben ihn rauchen lassen, weil er ansonsten ein sehr angenehmer Zeitgenosse war. Beim Essen hat er sein Laster auf unsere Bitte hin umgehend bleiben lassen, und wenn es meiner Tante auch danach zu bunt wurde, weil man im Laufe des weiteren Abends nicht mehr vom Wohnzimmertisch bis zur Gardine sehen konnte, hat sie die Fenster aufgemacht, streng geschaut, und Hans ist für die restliche Zeit der Diavorführung des letzten Adriaurlaubs zum Qualmen an das offene Fenster gegangen. So ähnlich war das auch unterwegs, man nannte das Rücksichtnahme, und es war alles kein Problem – für beide Seiten nicht, Raucher und Nichtraucher.

Natürlich könnte man nun in der heute gebotenen automatischen Aufgeregtheit anführen, dass mein Onkel nicht nur sich beziehungsweise seine bemitleidenswerte Lunge über beinahe sechs erstaunlich rauchgeschwängerte Jahrzehnte kontinuierlich zerstört hat. Sondern dass er ein unverantwortlicher und egoistischer Mann gewesen ist, der uns alle mit seiner Nikotinabhängigkeit in große Gefahr gebracht hat, weil wir aufgrund des andauernden Passivrauchens ein höheres Risiko für Arteriosklerose, Lungenkrebs und andere schlimme Erkrankungen haben. Aber erstens war unser Hans in keiner Weise egoistisch. Und zweitens war es uns auch weitgehend egal, weil sich die Pafferei durch zwischenzeitliches Lüften ganz gut aushalten ließ und wir ihm nicht ständig oberlehrerhafte Vorhaltungen über seine und unsere Gesundheit machen wollten, wenn man sich eh nur ein- bis zweimal pro Monat sah.

»An irgendwas muss man halt sterben«, hat meine Großmutter immer gesagt, und während es bei meinem Onkel eben ein hässliches Pankreaskarzinom im 73. Lebensjahr war, hätte ihn ohne Weiteres auch ein tödlicher Autounfall oder eine Leberzirrhose ereilen können: Gerast ist er nämlich, solange er aufrecht in seinem feuerroten Opel Rekord sitzen konnte, und ordentlich gesoffen hat er auch. Unsere Oma war ohnehin der festen Überzeugung, dass der Lebenswandel eher weniger mit der Lebenserwartung zu tun hat: Sie hatte für sich die Theorie entwickelt, dass vor allem schlechte Menschen ein sehr hohes Alter erreichen würden, weil sich Bakterien, Krebszellen und andere Krankheitserreger weigerten, sich in derart garstigen Körpern einzunisten. Sie selbst starb, herzensgut wie sie war, leider ebenfalls mit Anfang siebzig an einem Hirnschlag, weshalb ich als trauerndes Enkelkind auch an ihre These glaubte, die sich in erster Linie an Werner Klossek vom Haus gegenüber Großmutters Wohnung festmachen ließ: einem übergewichtigen alten Nazi, der im Dritten Reich die halbe Straße denunziert, seine Frau betrogen und die Kinder geschlagen hatte – und der trotzdem mit Mitte achtzig jeden Tag fröhlich auf seinem Balkon saß, flaschenweise Weinbrand trank und Falschparker anzeigte.

Nicht, dass wir uns falsch verstehen: Die Diskussion um die Gefahren des Rauchens an sich war natürlich richtig – obwohl der Nichtraucherschutz im Prinzip schon seit dem Ende des 19. Jahrhunderts existierte, als sich die Raucher in den Fernzügen erstmals in eigene Abteile zurückziehen mussten, was doch im Grunde recht lang ganz gut und ohne Streit funktionierte. Aber selbstverständlich haben sich die wissenschaftlichen Erkenntnisse im Laufe der Jahrzehnte verfeinert, und während in der Nachkriegszeit eine Zigarette noch als Zeichen von Freiheit, Wohlstand und Abenteuer gegolten haben mag, weiß man heute empirisch und medizinisch gesichert, dass Freiheit, Wohlstand und Abenteuer anderweitig deutlich gesünder ausgelebt werden können. Doch ausgerechnet, als sich beinahe das ganze Land darauf besonnen hatte, die Kippe als nicht mehr ganz so lässig zu empfinden und überall weitreichende Schutzgesetze entstanden, eskalierte der Umgang mit den wenigen verbliebenen Anhängern des Tabakgenusses.

Obwohl ohnehin schon vor gemütlichen Lokalen auf die ungemütliche Straße verbannt, auf Bahnsteigen in gelb markierte Aussätzigenbereiche gezwängt oder aus manchen Fußballstadien ausgesperrt, wird ein Mensch mit Zigarette bisweilen angestarrt, als hielte er keine Fluppe, sondern einen abgetrennten Kinderkopf in der Hand. Anstatt Mitleid zu haben mit jenen süchtigen Zeitgenossen, deren Verlangen sie selbst bei heftigstem Schneeregen ins Freie oder nach Langstreckenflügen in würdelose Glaskäfige treibt, betrachten wir sie als willensschwache Verlierer, bei denen es nur noch eine Frage der Zeit ist, bis sie erst ein Bein verlieren, dann Blut aushusten und schließlich qualvoll an Lungenkrebs, COPD oder Asthma verenden.

Allenfalls Helmut Schmidt wurde als drolliges Unikat einer längst vergangenen Epoche bestaunt wie das letzte Exemplar einer dem Aussterben geweihten Tierart, aber seit dem Tod des dauerumnebelten Altkanzlers hat sich auch die letzte Hemmschwelle im Umgang mit unseren Rauchern in frische Luft aufgelöst. Zigaretten sind böse, ihre Konsumenten noch böser, und was böse ist, gehört geächtet. So wedeln heute selbst frühere Kettenraucher im Freien affektiert mit der Hand, wenn sie nur der leiseste Hauch von blauem Dunst streift, der von einem skrupellosen Egozentriker im Vorbeigehen ausgestoßen wurde. Und sollte sich im Umkreis von einem halben Kilometer ein Spielplatz befinden, muss man demnächst wahrscheinlich die Festnahme durch ein von aufgeregten Gesundheitsaposteln herbeigerufenes Antiraucher-Sondereinsatzkommando befürchten.

Dabei ist die Sache mit der an und für sich natürlich dämlichen Raucherei bloß ein Sinnbild für unsere überreagierende Gesellschaft. Die Erosion unserer gegenseitigen Toleranz für Alltagsdinge fing zwar vor einigen Jahren damit an, aber das Rauchen war es schließlich nicht alleine, was binnen kurzer Zeit vom allseits geduldeten Brauch zu einer geächteten Unsitte wurde.

Nehmen wir nur mal den Konsum von tierischen Erzeugnissen, allen voran Fleisch. Wiederum mein Onkel Hans pflegte stets zu sagen, dass er, sollte er eines fernen Tages aus welchen Gründen auch immer kein Schweinskotelett mehr bekommen, eben einen Vegetarier töten und anschließend diesen aufessen würde – was vermutlich nur halb im Spaß gemeint war. Jedenfalls war er als im Krieg Geborener in einer Zeit aufgewachsen, in der jeder Deutsche aufgrund des immer größeren Wohlstandes statistisch gesehen irgendwann mehr als zehn Kilogramm Schwein pro Jahr und Kopf verbrauchte, fünf Kilo Rind und Geflügel, 600 Gramm Pferd und ein paar Innereien, weil man von einem Tier nichts weggeschmissen hat, was man noch verwenden konnte. Das war viel im Vergleich zu den entbehrungsreichen Jahren, in denen man mit einer Ration von 1550 Kilokalorien am Tag per Bezugsschein auskommen musste – und eigentlich reichte diese Menge für eine anständige Ernährung aus. Heute hingegen essen wir beinahe einen Zentner Schweinefleisch jährlich, jeweils zehn Kilo Rind und Geflügel, zwar kein Pferd mehr, dafür aber gerne mal Strauß-, Känguru- oder Elchfilet. Obwohl sich also der Verbrauch von Fleisch in den letzten sechzig Jahren mehr als verdreifacht hat, hat sich das Ansehen derer, die es produzieren, und derer, die es essen, massiv verringert. Man konnte zuletzt fast den Eindruck gewinnen, dass der Fleischkonsum unsere Gesellschaft tiefer spaltet, als es die Rivalität zwischen Bayern München und Borussia Dortmund vermag oder die Vorliebe von Helene-Fischer-Fans und von Mozart-Liebhabern.

»Fleisch ist ein Stück Lebenskraft«, warb selbst Anfang

der Achtzigerjahre noch die Agrarmarketinggesellschaft CMA, und genauso ging man lange Zeit mit diesem Lebensmittel um: Es galt als hochwertiger Luxusartikel, der schon allein aus finanziellen Gründen ein-, höchstens zweimal pro Woche auf den Teller kam. Das erschien auch logisch, denn bevor ein Tier zum Metzgermeister um die Ecke gelangte, benötigte es Zeit zum Aufwachsen, viel Platz und jede Menge natürliches Futter. Nie wäre es meiner Oma in den Sinn gekommen, allabendlich ein Stück industriell gemästetes Vieh zu 39 Cent pro 100 Gramm in die Pfanne zu hauen: Sie war auf einem Bauernhof aufgewachsen und hatte von daher einen gehörigen Respekt vor dem Wert anderer Lebewesen. Gerade deshalb zelebrierte sie auch die Zubereitung und den anschließenden Verzehr ihres berühmten Schweinsbratens als etwas Besonderes, und wer ihn einmal probieren durfte, der wusste, dass er das auch tatsächlich war. Luxus aber ist Fleisch schon lange nicht mehr: Es gibt in jedem Supermarkt mehr als hundert Sorten Fleischwurst, Schnitzel aus Formfleisch für den Toaster oder in Konserven mit Hormonfleisch aus China, und wenn draußen nicht gerade zweistellige Minusgrade herrschen, landen ganzjährig im Schnitt allein 60 Kilo an bunt marinierten Fleischbergen auf den Grillrosten der Republik.

Seltsamerweise sind sich die meisten Verbraucher, egal, ob Fleischesser, Vegetarier oder Veganer, darüber einig, dass es sich beim Tierschutz um eine bedeutende Sache handelt. Dass es also nicht angehen kann, wenn Kühe der billigeren Produktionskosten halber vor der Verarbeitung 48 Stunden in einem Lastwagen ohne Wasser und Licht durch halb Europa gekarrt werden; wenn 13,5 Millionen Schweine pro Jahr in deutschen Mastbetrieben notgetötet werden müssen, weil sie wegen der Haltebedingungen zu krank sind für den Schlachter; wenn männliche Küken direkt nach dem Schlüpfen in den Schredder kommen, weil man keine Verwendung mehr für sie hat. Bloß dass die deutsche Tierliebe an der Kühltheke im Discounter aufzuhören scheint, weil man dann eben doch keinen höheren Preis für sein Hack oder das Nackensteak bezahlen mag. Leisten könnten wir uns gutes Fleisch auf jeden Fall, wenn wir nur weniger davon verspeisten.

Auf Grundlage dieser zugegebenermaßen durchaus hinterfragenswerten Doppelmoral hat sich in den letzten Jahren eine Bewegung entwickelt, die den Konsum von Fleisch und mittlerweile auch allen anderen tierischen Produkten nicht nur hinterfragt. Sondern immer öfter scharf verurteilt – und die Mitmenschen äußerst gerne an dieser sehr restriktiven Meinung teilhaben lässt: Die Frage, woran man einen Veganer erkennt, muss man nicht beantworten. Er wird es einem nämlich auf jeden Fall von sich aus erzählen.

In diesem Zusammenhang mag es für alle noch einigermaßen erträglich sein, heutzutage bei einer Gartenparty um des lieben Hausfriedens willen eine pflanzliche Alternative für den streng fleischlos lebenden neuen Partner eines lieben Freundes bereithalten zu müssen, weil ansonsten der ganze Abend entweder von schlechter zwischenmenschlicher Stimmung geprägt ist – oder der leidigen Diskussion darüber, welch verheerenden CO_2-Fußabdruck der eben servierte argentinische Angus-Burger auf der Erde hinterlassen hat. Kritischer wird es, wenn es um die Ernährung von Heranwachsenden geht.

Neulich wäre es im Kindergarten unseres Sohnes und unserer Tochter beinahe zu einer handgreiflichen Auseinandersetzung zwischen zwei Müttern gekommen, weil eine davon sich erlaubt hatte, zum Geburtstag ihres kleinen Niklas einen Gugelhupf mitzubringen, in dem – nach altem Hausrezept – fünf Eier verbacken waren, ein Päckchen Butter, ein Viertelliter Milch sowie ein wenig Sahne, vom Schokoladenguss ganz abgesehen. Es war ein herrlicher, saftiger

Kuchen, der aber die gleichaltrige Leni ausgrenzte, weil sie nach dem Willen ihrer Eltern auf alles zu verzichten hat, was der Schöpfung gewaltsam entrissen werden muss. Und während Niklas' Mama vorsichtig darauf hinwies, dass die oft nicht ausreichend mit Zusatzmitteln ergänzte Ernährung zu Eisen-, Zink- und Vitamin-B12-Mangel führen könnte, was schlimmstenfalls eine geringere Körpergröße oder neurologische Folgeschäden nach sich zöge, warf die Gegenseite mit fast schon religiösen Argumenten um sich, die irgendwie um den vollendeten ethischen Einklang zwischen Mensch und Natur kreisten. Weil mir das zu hoch war, packte ich unsere Kinder und das wegen Leni übrig gebliebene Stück Gugelhupf ein und zog von dannen. Ich beruhigte mich damit, dass ich mich vegan ernähren konnte, wann immer ich wollte – was wir an manchen Tagen auch bewusst oder unbewusst taten; etwa wenn wir ein Gemüsecurry kochten. Umgekehrt aber war das nicht möglich, was die Sache verkomplizierte, denn selbst ein Flexitarier – also ein Teilzeitvegetarier, der sich vielleicht ein-, zweimal im Monat ein Steak gönnt und sich ansonsten sehr bewusst ernährt – ist in den Augen vieler Dinkel- und Dörrobstdogmatiker so charakterstark wie ein katholischer Priester mit zwei Kindern.

Dabei ist es an sich völlig in Ordnung, einen gegenläufigen Lebensstil zur Mehrheit zu pflegen – wenn man ihn sich selbst aussucht und andere ihr Leben nach deren Willen führen lässt. Es ist, finde ich, vollkommen legitim, seine Haferflocken jeden Morgen lieber mit Mungobohnenmilch anzurühren und grundsätzlich auf Lederschuhe oder Wolljacken zu verzichten. Mein eigenes Seelenheil hängt weder am Schlagrahm noch am Räucherschinken, und wer mag, der kann gerne ein Stück gefärbtes Mycoprotein essen, das aus fermentierten Schlauchpilzen besteht und aussehen soll wie ein Schweinskotelett, eine Frankfurter oder eine Putenkeule. Wirklich gesund kann das durch die vielen Zusätze an Gewürzen und Geschmacksverstärkern vermutlich nicht sein, aber das ist mein fettiger Käsekrainer, den ich mir beim Stadtbummel einmal pro Woche gönne, ebenfalls nicht. Meinetwegen können sich Leute ausschließlich von Fallobst und Nüssen ernähren, wenn sie meinen, dass ihnen das guttut – und sie können mir auch gerne erklären, warum sie das tun.

Ärgerlich wird es nur, wenn diese für mich eben befremdliche Lebensweise zur einzig statthaften Form erklärt werden soll, wenn ein Ratschlag also zur moralischen Belehrung wird, wie ungesund, egoistisch und unökologisch der Verzehr einer Bratwurst ist. Zur Bevormundung ist es dann nicht weit, und der sogenannte Veggie Day war genau solch ein Vorschlag, von dem zu befürchten ist, dass er – im wahrsten Sinne des Wortes – noch lange nicht vom Tisch ist. Ich muss nicht unbedingt öfter Fleisch essen als drei-, viermal im Monat. Aber ich möchte selber entscheiden, wann, wie und warum ich das tue.

Und abgesehen davon, dass die menschliche Hirnleistung ohne den Fleischkonsum evolutionsbiologisch nach Ansicht vieler Forscher nicht möglich gewesen wäre, gehört zur ganzen Wahrheit eben auch, dass der Anbau der Sojabohne, aus denen die meisten pflanzlichen Fleisch- und Milchersatzstoffe bestehen, in Asien und Südamerika immer größere Flächen beansprucht – wodurch nach Angaben sogar des WWF einzigartige Lebensräume für Pflanzen und Tiere verloren gehen und fruchtbarer Boden zerstört und Grundwasser verseucht wird. Derlei Anmerkungen passen freilich nicht ins Konzept der – hihi – eingefleischten Vertreter einer Lebensform, die sich für die besseren Menschen halten: Obwohl geschätzt nur rund 1,3 Millionen Menschen in Deutschland vegan und etwa acht Millionen vegetarisch leben, kann man inzwischen den Eindruck gewinnen, als gewöhnlicher Fleischesser, Milchtrinker oder Eierspeisenfreund langsam einer rückständigen Minderheit anzugehören, der die Zukunft der Erde und ihrer Geschöpfe herzlich egal ist. Dabei ist das gar nicht so: Auch ich möchte nicht, dass etwa laut Gesetz ein einziger Quadratmeter für die Haltung von 26 Hühnern ausreicht. Aber ich bin, finde ich zumindest, für die Anfeindungen der Fleischverweigerer ebenso der falsche Adressat wie der nette Hühnerwagenmann, der immer donnerstags vor unserem Stammsupermarkt steht und Grillhendl verkauft, weil er irgendwie für seine Familie sorgen muss, nachdem er seinen alten Bürojob verloren hat. Hier ist die Politik gefragt, aber wer sich nur zu gerne auf Schalke einladen lässt, sieht womöglich manche Missstände nicht mehr so deutlich durch die Milchglasscheiben der VIP-Lounge.

Wie auch immer: Wenn eine solch tiefgreifende Voreingenommenheit herrscht, wird es argumentativ immer schwierig dagegenzuhalten. Die Aufmerksamkeit hat heute leider vor allem derjenige, der am lautesten schreit – was erst recht gilt, wenn sich ganz neue Kanäle für die Profilierungssüchtigen auftun, die nur darauf warten, mit immer neuen Extrempositionen befüllt zu werden. Und dann bleibt leider oft der wahre Kern eines jeden möglicherweise sehr gut begründeten Anliegens auf der Strecke.

Ein ähnliches Schicksal ereilt gerade den ganz normalen Autofahrer. Noch bis vor Kurzem waren wir mächtig stolz darauf, dass die begehrtesten Marken der Welt bei uns in Deutschland gefertigt wurden. Audi, Mercedes, Volkswagen, Porsche oder BMW galten als leuchtende Symbole international erfolgreicher Ingenieurskunst. Zu meinem ersten Golf, der noch mit unverbleitem Benzin fuhr und vermutlich während seiner mehr als 180 000 Kilometer Lebensdauer mehr Schadstoffe ausgestoßen hat als ein heutiger Airbus A350, empfand ich eine tiefe, innige Zuneigung, die zumindest eine Zeit lang weit über die Liebe zu einem anderen Menschen hinausging. Die IAA in Frankfurt stellte über Dekaden hinweg den Sehnsuchtsort für Generationen von Technikbegeisterten dar. Rennfahrer Michael Schumacher war das umjubelte Idol einer gesamten Nation, und die Lottogesellschaften warben auf bunten Plakaten gerne damit, dass man sich nach dem Millionengewinn endlich den alten Kindheitstraum vom Ferrari oder Lamborghini erfüllen konnte.

Nun hingegen scheint es, dass man sich bereits dafür schämen muss, nicht auch bei heftigstem Schneetreiben mit dem Fahrrad zur Arbeit zu fahren und seinen drei Jahre alten Diesel nicht umgehend in einen Elektroroller umzutauschen. Wer vor Corona eine Autoausstellung besuchen wollte, dem konnte es passieren, dass er sich durch ein Spalier wütender Klimaschützer kämpfen und dabei aufs Übelste beschimpfen lassen musste. Und ein handelsüblicher SUV, noch bis eben ein begehrtes Statussymbol und von jedem Hersteller in allen denkbaren Modellreihen eingeführt, gilt bei vielen Protestierenden als Kriegswaffe, die zur Not abgefackelt werden darf, was übrigens, abgesehen von der strafrechtlichen Komponente, auch jede Menge schädlicher Treibhausgase freisetzt.

Natürlich brauchte man auch früher keine 255 PS, bloß um auf der A3 zwischen Würzburg und Frankfurt im Stau zu stehen. Und ein fünf Meter langer, drei Meter breiter und zwei Meter hoher Geländewagen macht die Parkplatzsuche in der Innenstadt für alle Verkehrsteilnehmer nicht lustiger. Aber trotz dieser kleinen Widersprüche musste man sich am Steuer eines Mittelklasseautos zumindest nicht vorkommen wie ein klimahassender Lord Voldemort, nur weil das eigene Mobil einen handelsüblichen Verbrennungsmotor besaß und der Einstieg ein paar Zentimeter oberhalb der Bordsteinkante lag. Veritable Vollidioten gab es immer schon innerhalb und außerhalb von Kraftfahrzeugen, und ein bisschen bezahlte man die Unsummen für Auto, Benzin, Steuer und Versicherung ja auch deshalb, um zu zeigen, dass man sich das Ganze leisten konnte. Nebenbei sicherte man dem Standort Deutschland ein paar Millionen Arbeitsplätze.

Von denen sind nach vorsichtiger Schätzung des Umweltverbandes BUND rund 360 000 in den nächsten zehn Jahren allein aufgrund der geplanten Umstellung auf Elektroantriebe bedroht. Abgesehen davon, dass sich ein arbeitsloser früherer Arbeiter eines Zulieferbetriebs wahrscheinlich kein neues E-Auto wird anschaffen können, sondern allenfalls auf eine gebrauchte Dieseldreckschleuder zurückgreifen muss, ist die beinahe aus dem Nichts über uns hereingebrochene Diskussion über das Auto nicht mehr nachvollziehbar. In der öffentlichen Diskussion scheint es beinahe so, als wäre die Elektromobilität plötzlich so revolutionär wie die Erfindung des Rades.

Dabei hätte man bei längerem Nachdenken schon vor einigen Jahrzehnten darauf kommen können, dass man seine Karre mit Strom ein kleines bisschen emissionsärmer betreiben könnte als mit fossilen Brennstoffen; immerhin haben inzwischen ja auch die wenigsten ICE noch einen Kohletender. Wäre das geschehen, wäre man entwicklungstechnisch heute wohl etwas weiter. So aber bleibe nicht nur ich so lange beim Verbrenner, bis mir keine Geschichten mehr erzählt werden wie die eines Freundes, der auf dem Weg in den Österreichurlaub mit seinem E-Mietwagen zwei Stunden bei Arschkälte an einer Raststätten-Ladestation warten musste, weil zwei Säulen defekt und an der dritten vier Tesla vor ihm dran waren.

Argumentativ spielt es auch keine Rolle mehr, dass der Abbau von Lithium für jene Batterien, wie sie bei Elektrofahrzeugen eingebaut sind, oft unter schäbigsten Bedingungen in Dritte-Welt-Staaten vonstatten geht, der Akku selbst eine Lebensdauer von maximal zehn Jahren besitzt und nicht nur gegen die Halbwertzeit meines alten VW total abstinkt oder die fachgerechte und umweltschonende Entsorgung des ganzen vergifteten Elektroschrotts noch überhaupt nicht zu Ende gedacht ist. Aber wie das so ist in unserer Zeit, verkennen manche blind vor Eifer die Tatsachen, zu denen in diesem Zusammenhang auch gehört, dass die Produktion eines solchen E-Autos derzeit noch deutlich mehr Kohlenstoffdioxid verursacht als die Herstellung eines herkömmlichen Kfz – und dass das schicke Stromwägelchen diese Emissionen während seiner gesamten Laufzeit kaum aufholen kann; von nicht gelösten Begleiterscheinungen wie einer flächendeckenden Ladeinfrastruktur oder der Frage nach der zusätzlichen Stromerzeugung bei gleichzeitiger Abschaltung von Kraftwerken mal abgesehen. Aber zugegebenermaßen sieht Elon Musk deutlich schneidiger aus als, sagen wir mal, Ola Källenius. Wenn Sie sich fragen, wer letzterer Herr ist: Das ist der neue Chef der Weltmarke Mercedes, der ein wenig so rüberkommt wie der gemütliche Köttbullar-Koch in unserem IKEA-Restaurant.

Der Sohn eines meiner besten Freunde, früher glühender Formel-1-Fan, seit Neuestem – oder genauer gesagt: seit seiner neuesten Freundin – engagiert bei Fridays for Future und während der Corona-Krise mangels gemeinsamer Freitagsdemos ein selbst ernannter »Netzaktivist«, forderte seine Eltern nach der Rückkehr von einer der wöchentlichen Demonstrationen allen Ernstes auf, die zuverlässige Familienkutsche zu verkaufen und das eingenommene Geld an eine NGO zu spenden. Auch weigerte er sich vergangenes Jahr, wie in den 16 Jahren seines jungen Lebens zuvor, mit in den Urlaub nach Sardinien zu fahren, wo mein Kumpel dummerweise Anfang des Jahrtausends eine kleine Ferienwohnung erstanden hatte, die es nun mal zu nutzen galt. Ins Bild passte, dass die Corona-Krise Eltern und Sohn dann wie die meisten anderen auch zum Daheimbleiben zwang, was er aber ebenfalls nicht gut fand, obwohl die Oster- und auch die Pfingst- und weite Teile der Sommerferien in einem fränkischen Reihenhausgarten total klimaneutral ausfielen. Für seinen eigenen Lebensunterhalt sorgen kann er natürlich noch lange nicht, seine Kleidung holt er sich nach wie vor bei H&M, Zara oder Primark, aber dass Mama und Papa durch ihren gedankenlosen Umgang mit unseren Ressourcen quasi mitverantwortlich für den desolaten Zustand unserer Erde sind und Oma sowieso eine alte Umweltsau ist, das betont er dagegen gerne – obwohl er sowohl ein iPad als auch ein iPhone sein Eigen nennt, die wahrscheinlich beide nach Ablauf der gesetzlichen Coolnessfrist von höchstens zwei Jahren nicht in ihre Bestandteile zerlegt und gewissenhaft wiederverwertet werden, sondern auf einer Elektroschrottdeponie in Bangalore landen.

Ich weiß nicht genau, wie diese Geschichte eines Tages ausgehen wird, bin mir aber ziemlich sicher, dass mein Vater mir seinerzeit die Ohren lang gezogen hätte, wäre ich Freitagvormittag nicht zur Schule, sondern zum Protestieren gegangen. Meine Klamotten jedenfalls wurden von meiner Mutter noch gewissenhaft geflickt, selbst wenn ich noch so sehr dagegen aufbegehrte. Und für meine allererste Flugreise, die ich zum 17. Geburtstag geschenkt bekam und die mich mit meiner damaligen Freundin nach Paris führte, war ich so dankbar, dass ich mich für meine Eltern auf dem Montmartre für umgerechnet 100 DM malen ließ. Leider sah ich auf dem Porträt aus wie eine aufgedunsene Transvestitenversion meiner selbst, und zu allem Übel konnten wir uns wegen der Investition in diesen Staffeleischarlatan die letzten drei Tage nur noch Kartoffelchips zu essen kaufen, das aber nur am Rande.

Aber so haben sich eben die Maßstäbe verändert und werden globale Konflikte in Familien getragen, welche die eigene kleine heile Welt, die man sich doch so lange wie möglich bewahren sollte, gar nicht betreffen sollten. Vermutlich ist es nur eine Frage der Zeit, bis selbst die Kindergartenkinder freitags auf die Straße gehen und demonstrieren – für weniger Spinat und mehr Pudding vielleicht oder nach Geschlechtern getrennte Rutschbahnen.

Ich jedenfalls mag keine Flugscham empfinden, wenn ich mich – falls dies irgendwann mal wieder möglich sein sollte, ohne befürchten zu müssen, wochenlang in einem hermetisch abgeriegelten Hotel in Quarantäne festzusitzen – einmal im Jahr als Ausgleich für all den Irrsinn im Büro zusammen mit meiner Familie nach Teneriffa aufmache. Und zwar, weil es dort wärmer und sonniger ist als in Nordbayern und die Kinder am Strand spielen können, während meine Frau und ich auf den Atlantik hinausblicken und ein Glas Wein trinken. Der musste dummerweise auch mit dem Flugzeug dorthin gebracht werden, weil man kanarischen Wein beim besten Willen nicht saufen kann, aber über solche Sachen möchte ich in unserem einzigen Jahresurlaub einfach nicht nachdenken. Dafür trenne ich zu Hause artig meinen Müll in vier verschiedenen Tonnen, nutze bei kurzen Strecken im Sommer das Rad und im Winter, nun ja, gelegentlich öffentliche Verkehrsmittel, trinke möglichst kein Bier aus Einwegbechern und bemühe mich, möglichst saisonales Obst und Gemüse einzukaufen sowie Thunfischpizza zu vermeiden.

Doch es gibt noch anderes, für das sich Menschen heutzutage häufig rechtfertigen müssen. So wie meine Frau, die etlichen anderen Müttern jedes Mal aufs Neue erklären sollte, warum sie jeweils die ersten drei Jahre unsere Kinder zu Hause großziehen und nicht schon nach drei, sechs oder wenigstens zwölf Monaten wieder in den Beruf einsteigen wollte, um den Anschluss an die eigene Karriere nicht zu verpassen. Ich verstehe nicht, warum man anderen

Menschen immer das eigene Lebensmodell überstülpen möchte – man könnte sie doch einfach so leben lassen, wie sie es für richtig halten. Es mag für manche seltsam klingen, aber: Ich habe meine Frau weder zu Hause eingesperrt noch an den Herd gekettet. Sie wollte ganz von alleine daheim bleiben, erst ihrem Sohn und dann auch noch ihrer Tochter beim Aufwachsen zusehen, mit ihnen spielen, die ersten Bilderbücher betrachten und vormittags durch den Park spazieren mit einem Kinderwagen in der einen und einem Hipp-Gläschen in der anderen Hand. Auch wenn das alles dem vermeintlich aktuellen gesellschaftlichen Trend womöglich zuwiderläuft und man vom täglichen Kampf ums Zubettgehen oder der Abendbreizubereitung natürlich weniger Spannendes bei Instagram mitteilen kann als vom Teambuilding-Seminar im Hochseilgarten mit den Kollegen.

Von der anderen Seite gab es indes Schelte dafür, dass unser Sohn bereits mit drei Monaten die Flasche bekam, weil er die Brust nicht mehr wollte und ansonsten leider verhungert und verdurstet wäre, und dass die Impfpässe unserer Familie aussehen wie die vollen Stempelkarten einer Vorstadtpizzeria mit Bonusprogramm, passt auch nicht jedem. Leider hatte ich die Pässe nicht dabei, als ich kurz nach dem Ende der Ausgangsbeschränkungen in eine Demonstration von Hunderten Impfgegnern in der Nürnberger Innenstadt geriet, die bewusst gegen das Abstandsgebot verstießen und sich vor den Augen der Polizei umarmten. An sich hatte ich ganz und gar nichts dagegen, dass dies Menschen tun, ich selbst könnte ohne eine Umarmung nicht einen Monat überleben. Dass es aber Leute gibt, die meinen, für sie gelten gesonderte Regeln und die anderen sind die Doofen, geht mir gegen den Strich. Am liebsten hätte ich also mitten in die Menge geniest und dabei meinen Impfpass in die Höhe gehalten, aber ich ließ es dann doch bleiben.

Was mich am meisten stört, ist, dass es bei all dem vielen nur ums Rechthaben zu gehen scheint – denn komplett richtig oder vollkommen falsch gibt es vermutlich in vielerlei Hinsicht gar nicht. Aber es ist verdammt schade, wenn man aufgrund der allgemeinen Aufgeregtheit, die sich über unsere gesamte Gesellschaft gelegt hat, glaubt, Dinge richtigstellen zu müssen, die vor nicht allzu langer Zeit einfach nur eines gewesen sind: ganz normal. So wie mein Onkel oder meine Oma es waren und wie auch ich es sein möchte. Nicht mehr und nicht weniger.

Weiberdämmerung

Warum man Feministinnen besser nicht mehr die Türe aufhalten sollte

Monika Gruber

Ich bin auf nicht sehr viele Dinge stolz in meinem Leben: Ich bin beispielsweise nicht stolz darauf, Deutsche zu sein, denn die Tatsache, dass ich vor 49 Jahren in Oberbayern zur Welt kam, verdanke ich lediglich einem (sehr) glücklichen Zufall; genauso gut könnte ich in Karatschi oder in Wladiwostok oder in Fickmühlen im Landkreis Cuxhaven geboren worden sein. Ich bin weder stolz auf meine zugegebenermaßen recht umfangreiche Sammlung von Handtaschen, die das Ergebnis von harter Arbeit ist, gepaart mit einem durchaus als pathologisch zu bezeichnenden Kaufzwang. Noch bin ich stolz darauf, durch jahrelange Übung auf sonntäglichen Autofahrten mit den Eltern so laut ohne Finger und nur mit Zunge und Zähnen pfeifen zu können, dass jeder, der näher als 20 Zentimeter bei mir steht, einen bleibenden Gehörschaden davonträgt.

Ja, ich bin nicht einmal stolz darauf, dass mir mein Lieblingsnudelgericht »Penne all'arrabbiata« meistens besser gelingt, als ich es in Restaurants serviert bekomme, dank eines Rezepts aus der Zeitschrift »Meine Familie und ich«, das so idiotensicher ist, dass es auch gelingt, wenn man keine Familie zu bekochen und auch keine italienische Mamma hat, die es einem beibringen konnte.

Letztendlich bin ich eigentlich nur auf eine einzige Sache wirklich stolz. Und zu der habe ich – und das ist das wirklich Absurde daran – selber nichts, absolut gar nichts, beigetragen: auf meine Nichten und Neffen. Sie sind alle fünf wohlerzogen und trotzdem keine Duckmäuser, sie sind schlau, aber nicht altklug, sie sind pfiffig, aber nicht vorlaut, dazu witzig und warmherzig. Kurzum: Sie sind einfach alle miteinander rundherum liebenswert. Eben so, wie man sich als Kinderloser immer Kinder gewünscht hätte.

Einer meiner Neffen, der inzwischen die sechsten Klasse des Gymnasiums besucht, kam neulich von der Schule heim und erzählte ziemlich genervt, dass ihn seine Lehrerin zu einer Strafarbeit verdonnert hatte. Und zwar nicht wegen permanenten Schwätzens, Abschreibens oder des gegenseitigen Austauschens von Panini-Fußballbildern, was ich zuallererst vermutet hätte. Nein, es hatte offensichtlich auf dem Pausenhof einen verbalen Schlagabtausch zwischen den Mädels und Buben seiner Klasse gegeben, bei dem es ziemlich lautstark zuging. Die Lehrerin fragte ihn daraufhin, was der Grund des Streits sei, worauf mein Neffe antwortete: »Die Weiber ham sich halt einfach aufg'führt!«

Die Lehrerin – nennen wir sie diskretionshalber mal Elfriede Große-Macke – war erbost und erschüttert zugleich. Nicht wegen des Streits, der war ihr mittlerweile wurscht, sondern über die Tatsache, dass mein Neffe seine Klassenkameradinnen als »Weiber« bezeichnet hatte. Seine Mitschülerin Annalena wollte ihm noch mitleidvoll zu Hilfe eilen, um ihn vor der Strafaufgabe zu bewahren, und meinte deshalb zu Frau Große-Macke: »Aber mein Babba, der sagt zu mir und meine zwei Schwestern immer, wenn er heimkommt: ›Und, Weiber, wie war's in der Schule?‹«

Diesen Einwand überhörte die doppelbenamte Pädagogin geflissentlich und brummte meinem Neffen für seinen vermeintlichen Fauxpas Folgendes zur Sühne auf: Er musste zwei Heftseiten mit Gründen füllen, warum man(n) nicht »Weiber« sagen darf. Zum Beispiel: »Ich darf nicht Weiber sagen, weil das meine Mitschülerinnen traurig macht.« Oder: »Ich darf nicht Weiber sagen, weil das nicht respektvoll ist.« Mein Neffe wusste gar nicht recht, wie ihm geschah, wo doch seine ganze Familie, also wir, ständig über »Weiber« sprechen: Ich sage oft: »Ich gehe morgen mit meinen Weibern frühstücken.« Meine Mutter verkündet beim Blick in den Kalender: »Übrigens: Nächste Woche ist Weiberfasching.« Und mein Vater merkte an, als ich zuletzt über den sehr heißen September stöhnte: »Des is' halt der Altweibersommer!«

Es gibt sogar einen offiziellen und recht umtriebigen Verband namens »Weibernetz e. V.«, eine politische Interessenvertretung behinderter Frauen. Und in unserer Kleinstadt haben zwei Damen ein Fachgeschäft für Wäsche und Dessous mit der klingenden Bezeichnung »Wäscheweiber« eröffnet. Aber Frau Große-Macke war offensichtlich weder der Verein noch dieser Laden bekannt, da sie wahrscheinlich normalerweise ausschließlich im Dritte-Welt-Laden erworbene Schlüpfer aus recyceltem Ozeanplastik trug oder vielleicht sogar – aus Gründen der nachhaltigen Tenside-Ersparnis durch das Weglassen von Waschpulver – gar keine.

Als mein zweiter Neffe von der Strafaufgabe erfuhr, schlug er seinem Cousin folgenden Text vor: »Schreib halt: ›Ich darf nicht Weiber sagen, weil das noch viel zu nett ist.‹« Der Gedanke an sich war nicht schlecht, aber bei einem solchen Satz hätte die gute Frau Große-Macke ihn wahrscheinlich mit ihrem Lieblingsbuch »Der kleine unschuldige bunte Fisch und der alte weiße Mann« einmal quer durchs Klassenzimmer geprügelt und ihn anschließend gezwungen, es auswendig zu lernen, bis er begriff, was Geschlechterkampf im 21. Jahrhundert wirklich bedeutet. Zusätzlich zur Strafarbeit wurde meine Schwägerin zu einem die Fronten klärenden Gespräch in die Schule zitiert, wo Frau Große-Macke ihr unmissverständlich klarmachte: »So etwas sagen Sie vielleicht bei sich zu Hause, aber WIR hier sagen so etwas nicht.«

Zugegeben: »Weiber« ist vielleicht im Zusammenhang mit zwölfjährigen Mädchen kein allzu charmantes Wort, und in den Ohren von Frau Große-Macke, die hörbar nicht dem bayerischen Kulturkreis entstammt, klingt es sicherlich despektierlicher, als es letztendlich gemeint war und ist. Denn – und ich spreche hier in erster Linie von meinem persönlichen Umfeld – dort, wo ich früher von meinen Freundinnen als »meinen Mädels« gesprochen habe, rede ich heute in Zeiten des Präklimakteriums eben von »meinen Weibern«. Auch überregional bezeichnet der Volksmund sogar eine reife, mit besonders üppigen Formen ausgestattete Vertreterin der Weiblichkeit wie die Schauspielerinnen Monica Bellucci, Ornella Muti oder auch die »Mama Bavaria« der deutschen Schauspielriege, Christine Neubauer, voller Anerkennung (in der vielleicht sogar ein klein wenig Neid mitschwingt) als »Vollweib«.

Im Bayerischen gibt es darüber hinaus so viele verschiedene Bezeichnungen für das weibliche Geschlecht, die für Nichtbajuwaren oftmals recht derb daherkommen, es aber im entsprechenden Kontext nicht unbedingt sein müssen: Wenn der Bayer von »einer Matz« spricht, kann damit sowohl ein charakterlich fragwürdiges Frauenzimmer gemeint sein, es kann aber auch für eine sehr geschickte Person verwendet werden, der man fast schon eine gewisse Bewunderung entgegenbringt. Übrigens: Sogar einen recht verwegenen Kerl, der mit einer gehörigen Portion Bauernschläue ausgestattet ist, nennt man in Bayern auch »a richtige Matz!«. Man könnte also etwa eine junge bayerische Politikerin (oder ihr männliches Pendant) als »g'scheide

Matz« bezeichnen und es sowohl anerkennend als auch etwas respektlos meinen, was ich rein linguistisch ganz wunderbar finde.

Auch bei »a Luada« (Luder), »a Bixn« (Büchse) oder »a Mistviech« (Mistvieh) kommt es nicht auf den Wortsinn an sich, sondern nur auf den Kontext an, in dem diese Bezeichnungen für ein weibliches Wesen verwendet werden. Als ich beispielsweise vor vielen Jahren meinen damaligen Beruf aufgab, um mir mit Kellnern mein Schauspielstudium zu finanzieren, waren meine Eltern der Meinung, ich würde mich mit Riesenschritten schnurstracks in Richtung Prostitution bewegen: moralisch, finanziell und überhaupt. Auch ihren Freunden berichteten sie bei einer deftigen Brotzeit von ihren verzweifelten Versuchen, mich mittels unterschiedlichster Drohungen und Fangfragen (»Du wirst verarmen!«, »Da wirst so schaug'n, wie du da unter die Radl kommst!« oder »Ja, meinst du denn, die ham in der Branche ausgerechnet auf dich g'wartet?«) wieder auf den Pfad der Tugend zurückzubewegen. Und als meine Mutter gerade einen Teller mit selbst gemachtem »Obazdn« in die Mitte des Esstisches jonglierte, schaute sie traurig in die Runde und seufzte: »Aber was kunnst macha. Des Mistviech hört ja ned auf uns!«

Als ich aber viele Jahre später den »Bambi« gewann und die Freunde meiner Eltern wieder mal zu Besuch waren, um Mamas köstlicher Schwarzwälder Kirschtorte den finalen Kampf anzusagen, haute mir der Toni, ein enger Spezl der Familie, anerkennend mit seinen Riesenpranken auf die Schulter und sagte mit Blick zu meinen sichtlich stolzen Eltern: »Mei, sie war halt allaweil scho a Mistviech, euer Moni, gell!«

Ich empfand diesen Ausdruck nie als beleidigend, im Gegenteil. Aber ich wusste ja auch, wie er gemeint war. Vielleicht sollte daher an Schulen in Bayern (und nicht nur dort) wieder mehr Dialekt unterrichtet werden, damit solche Feinheiten auf Verständnis stoßen. Denn schon Martin Walser meinte: »Der Dialekt ist gegen Unwahrhaftigkeit empfindlicher als die Schriftsprache.«

Wenn jedoch Frau Große-Macke sich schon um die sprachliche Verrohung ihrer männlichen Schüler sorgt, dann sollte sie sich vielleicht einmal deren Ear-Pods ausborgen und kurz reinhören, was bekannte und leider in einer gewissen Altersklasse durchaus beliebte Rapper wie Capital Bra, SSIO, die Hip-Hopper von Kollegah und Konsorten sowie zahlreiche andere Hohlbrote ihren Schützlingen in die Lauscher und somit auf die Festplatte ballern. Da würde sie dann Sätze hören wie:

»Dumme Huren wollen seelischen Beistand, schon nach paar Takten putzen sie die Zähne mit meinem Schwanz.«

»Die Bitch muss bügeln, muss sein. Wenn nicht, gibt's Prügel, muss sein.«

»Baller der Alten die Drogen ins Glas, Hauptsache, Joe hat seinen Spaß.«

Aber immerhin hat der nette Herr SSIO (was auch immer das komische Kürzel bedeuten soll) sogar BWL studiert, da darf er Frauen auch gern mal als »dumme Huren« bezeichnen, denn dank der akademischen Grundausbildung kann es sich bei seiner vermutlich an Joachim Ringelnatz angelehnten Lyrik nicht um primitive, postpubertäre Ergüsse eines Bonner Proleten mit einem mutmaßlich zu kleinen Geschlechtsteil handeln. Zumal Sätze wie »Die Bitch muss bügeln, muss sein – wenn nicht, gibt's Prügel!« auch einer aktuellen Faustinszenierung an den Münchner Kammerspielen entsprungen sein könnten. Sondern um ein wohlkalkuliertes und kommerziell sehr erfolgreiches Marketing-Stilmittel, also um, nun ja, Kunst. Und gegen die ist bekanntlich nichts einzuwenden, weil es sich bei der Kunstfreiheit um ein Grundrecht handelt.

Es wird eben auch in der ganzen MeToo-Debatte gern mit zweierlei Maß gemessen, wie von der amerikanischen Schriftstellerin und Feministin Katha Pollitt, die sich in ihrem Hass auf den ausgewiesenen Sexisten Donald Trump so weit verstieg, dass sie kürzlich verkündete, sie würde den demokratischen Präsidentschaftskandidaten Joe Biden selbst dann wählen, »wenn er Babys kochen und sie verspeisen würde«. Sogar die Vorwürfe der früheren Biden-Mitarbeiterin Tara Reade, der damalige Senator habe sie sexuell belästigt, interessierten sowohl die Demokraten als auch Frau Pollitt nicht im Geringsten. Ihre Begründung dafür lautete, man habe schließlich nicht den Luxus, sich bei der anstehenden Wahl durch moralische Bedenken leiten zu lassen.

Aha! Verstehe, wenn also ein Problem wirklich dringlich einer Lösung bedarf, dann kann man sich oftmals nicht mehr den Luxus leisten, sich durch moralische Bedenken leiten zu lassen, denn wenn nur das eigene Fell dick genug ist, braucht man kein Rückgrat mehr. Damit scheint Frau Pollitt eine echte Trendsetterin einer Bewegung zu sein, der bereits viele folgen und mit zweierlei Maß messen. Denn dieselben Frauen, die es richtig fanden, dass Rainer Brüderles Karriere wegen eines flapsigen Spruchs über ein präsentables Dirndldekolleté beendet war, wären Alice Schwarzer am liebsten bei einer Veranstaltung der Goethe-Universität in Frankfurt an die Gurgel gegangen, weil diese das Kopftuch nicht etwa als Symbol für die Selbstbestimmtheit der muslimischen Frauen feierte, sondern als Zeichen der Unterdrückung ansah. Dabei gibt es doch seit einiger Zeit so eine tolle Erfindung, die sich Internet nennt, mithilfe derer man sich innerhalb von Sekunden Videos von mutigen Frauen im Iran herunterladen könnte, die sich demonstrativ in der Öffentlichkeit ihres Kopftuchs entledigen, um damit für ihr Recht auf ein tatsächlich selbstbestimmtes, freiheitliches Leben zu kämpfen, und gleichzeitig riskieren, dafür gefoltert oder gar ermordet zu werden. Denn – aber das weiß die junge Generation von deutschen Frauenrechtlerinnen wahrscheinlich nicht mehr – gerade in Ländern wie dem Iran oder auch in der Türkei lebten die Frauen bereits ihre Selbstbestimmtheit und auch Freizügigkeit aus. Eine gute Bekannte, die alle in unserem Ort nur »Tante Wacki« nennen, war in den Sechzigerjahren mit einem Perser verheiratet und lebte lange Jahre in Teheran, wo sie – Zitat – »den ersten Minirock« ihres Lebens sah und nicht etwa – wie frau vermuten möchte – in »Swinging London« an Miss Twiggy. Anstatt also diese Frauen in ihrem Kampf zur Wiedererlangung ihrer freiheitlichen Rechte zu unterstützen, solidarisieren sich sogenannte Feministinnen in Deutschland mit einem oftmals übergriffigen, rückständigen Patriarchat, das selbst vor der Sexualisierung von achtjährigen Mädchen nicht haltmacht.

Und wo hierzulande Pseudofeministinnen Geschlechterapartheid unterstützen, möchten international die ganz Gendergerechten am liebsten die grundsätzliche Geschlechteraufteilung in Männer und Frauen als diskriminierend abschaffen. Der Begriff »Frauen« beispielsweise sollte ihrer Meinung nach gendergerecht durch den Ausdruck »menstruierende Menschen« ersetzt werden, da ja nicht alle Frauen – wie etwa Transfrauen – menstruierten. Andererseits – so las ich in einer Erklärung der Genderprofis – seien nicht alle Menschen, die menstruierten, auch Frauen. Dazu gehörten nämlich ebenfalls nichtbinäre Personen und vor allem Transmänner.

Ich war ganz ehrlich bereits mit dem Begriff »Transfrauen« überfordert, was grundsätzlich wurscht ist, denn es sollte jeder so leben, wie und als was er/sie oder es das für richtig hält. Jedoch würde ich gern von Genderaktivistinnen folgende Frage beantwortet haben: Was ist, wenn ich auch weiterhin als »Frau« und nicht als »menstruierender Mensch« angesprochen werden möchte, da ich mich seit mindestens 30 Jahren als solche fühle und ich den Begriff »menstruierender Mensch« als diskriminierend empfinde, weil er meine Existenz in der ganzen physischen und psychischen Gesamtheit lediglich auf die Tätigkeit meiner Eierstöcke begrenzt?

Und apropos Eierstöcke: Was ist, wenn selbige in nicht allzu ferner Zukunft ihre Tätigkeit einstellen und sich in den wohlverdienten Ruhestand verabschieden werden? Werde ich dann als »postmenstruierender Mensch« bezeichnet werden? Und was passiert, wenn mein bereits prämenstruell recht launischer Hormonspiegel in der Menopause völlig durchknallt und ich mich nicht mehr als Frau, sondern als Chanel-Handtasche fühle? Oder als Nachtschattengewächs, die mit »Solanales« angesprochen werden möchte? Jeder in meinem Bekanntenkreis, der jemals meinen prämenstruellen Launen und Fressattacken beiwohnen durfte, wird Ihnen bestätigen, dass meine Frage a) berechtigt und b) durchaus ernst gemeint ist. Wie lang werden dann in Zukunft wohl die Formulare sein, auf denen jede noch so abstruse Unterform einer sexuellen Guerillagruppe aufgelistet sein wird? Und wenn wir Frauen in Zukunft zu »menstruierenden Menschen« degradiert werden, dürfen wir dann wenigstens – als eine Art kleiner ausgleichender Gerechtigkeit – von Männern als »wichsende Kreaturen« (kurz: Wichsern) sprechen? Oder – um dem Ganzen einen etwas wissenschaftlicheren Hautgout zu geben – onanierende Primaten, also Onananten? Ach, Fragen über Fragen.

Die weltberühmte »Harry Potter«-Autorin Joanne K. Rowling verlor angesichts dieser Diskussionen kurzzeitig den Überblick und machte sich in einem Tweet über die Wortfindung »menstruierende Menschen« lustig, indem sie schrieb: »Ich bin sicher, dass es früher ein Wort für diese

Menschen gab. Könnte mir jemand helfen? Irgendwas mit Wumben? Wimpund? Woomud?« Sie meinte natürlich *women*, also Frauen, und schrieb weiter: »Ich denke nicht, dass Frausein eine Frage der Identität oder weiblicher Gefühle ist. Es geht um Biologie.«

Der Shitstorm der LGBT-Community ließ nicht lange auf sich warten, und selbst »Harry Potter«-Darsteller Daniel Radcliffe, dem die Autorin zu einer Weltkarriere verholfen hatte, fühlte sich bemüßigt, sich für die Äußerungen von Ms Rowling zu entschuldigen, weil diese für einige Fans offensichtlich »sehr schmerzhaft« gewesen seien. Na ja, ich nehme an, eine Geschlechtsumwandlung dürfte um einiges schmerzhafter sein als die Tatsache, dass, wenn ein Arzt bei einem Neugeborenen im Schritt eine Vagina entdeckt, dieser mit ziemlich hoher Wahrscheinlichkeit »Mädchen« in die Geburtsurkunde schreibt.

Mein Freund Karli arbeitet in einem Münchner Standesamt und berichtete neulich entnervt, dass ein junger Vater seinem neugeborenen Sohn den ungewöhnlichen Vornamen Jonte Liah, Nachname Schulz, verpassen wollte mit der Begründung, er wolle seinen Sohn »genderfluktuativ« erziehen, also geschlechterfließend. Da bleibt nur die Resthoffnung, dass die Eltern des bedauernswerten Sprösslings nie zwangsweise in die Kurzarbeit geschickt werden, damit immer genug Kohle für den Kinderpsychologen vorhanden sein wird.

Ich bin zwar keiner dieser nostalgischen Sozialromantiker, die ständig behaupten, früher sei alles besser gewesen, aber zumindest ertappe ich mich immer öfter dabei, dass ich mich in die Vergangenheit zurücksehne: Erinnern Sie sich zum Beispiel an die Werbespots für eine bekannte deutsche Biermarke, die die Schauspielerin Simone Thomalla zusammen mit ihrem damaligen Lebensgefährten, Schalke-Manager Rudi Assauer, drehte? Einer ging so: Frau Thomalla rekelte bei Kerzenlicht ihren Luxuskörper auf den heimischen Laken, und während sie ein weiteres Arsenal von Kerzen anzündete, rief sie dem ahnungslosen Gefährten, der sich in der Küche gerade über ein kühles Pils hermachte, lüstern entgegen: »Ich hab 'ne Überraschung für dich!« Woraufhin der alte Macho Rudi, Gott hab ihn selig, einen kurzen Blick auf das Lotterbett und Frau Thomalla warf, ihr die halb leere Flasche entgegenhielt und cool retournierte: »Hab ich schon gefunden!« Sprach's, drehte sich auf dem Absatz um und überließ alle drei ihrem Schicksal: Frau Thomalla, ihre jäh im Keim erstickte Lüsternheit und die Kerzenpracht. Die Werbung war natürlich nur deshalb nicht peinlich, weil Frau Thomalla eben kein verhuschtes Heimchen am Herd, sondern eine selbstbewusste, starke Frau mit eigener Karriere war und ist.

Trotzdem bekäme sie heutzutage für so einen Spot wahrscheinlich einen veritablen Shitstorm aller Bloggerinnen, Influencerinnen und Kopftuchverteidigerinnen sowie eine erste Verwarnung durch die Gleichstellungsbeauftragte des Bundesfamilienministeriums, Frau Kristin Rose-Möhring (Achtung: schon wieder ein Doppelname!). Selbige hat vor einiger Zeit auch angeregt, im Text der Nationalhymne das Wort »Vaterland« durch »Heimatland« sowie die Formulierung »brüderlich mit Herz und Hand« durch die Zeile »couragiert mit Herz und Hand« auszutauschen, weil das Wort »brüderlich« ja alle »Schwestern«, also Frauen, ausschließe.

Nun, bei Frauen, die sich allen Ernstes bereits durch den Text der Nationalhymne diskriminiert fühlen, würde mich persönlich interessieren, ob sie früher im Kinderfasching auch wie ich als Prinzessin verkleidet waren oder doch schon lieber als Cowboy gehen wollten. Gehörten sie als Teenager zur kessen Sorte, die sich schon in der siebten Klasse für Jungs interessierten, oder wie ich zu den verträumten, ahnungslosen Mauerblümchen, die erst im Erwachsenenalter wachgeküsst wurden? Und auf welchen Typ Mann stand wohl Frau Rose-Möhring? Das mag jetzt oberflächlich klingen, im schlimmsten Falle sogar sexistisch, aber ich kann nichts dafür. Die Fragen kreisen einfach in meinem Hirn: Schwärmte sie wie ich für Tom Selleck in seiner Paraderolle als »Magnum« und träumte davon, sich mit den Fingern in seinem Brusthaardickicht festzukrallen? Wollte sie später wie ich Megan Cleary sein, die nach Jahren der sehnsuchtsvollen, aber unerfüllten Hingabe von Pater Ralph auf einer einsamen Insel besucht wurde und dort zwischen wogenden Palmen und schneeweißem Sand ihr Ehegelübde mit dem Schafscherer Luke brach? Oder stellte sie sich wie ich vor, dass Patrick Swayze in »Dirty Dancing« den Satz »Mein Baby gehört zu mir« nicht zu Jennifer Grey, sondern zu ihr gesagt hätte? Da Frau Rose-Möhring Jahrgang 1955 ist, himmelte sie vielleicht sogar Sean Connery an und wünschte sich, braun gebrannt im weißen Bikini wie seinerzeit Ursula Andress über den Strand zu laufen, direkt in die starken (und ebenfalls sehr behaarten) Arme von Mr Bond.

Egal, wie überholt die genannten Rollenbilder auch sein mögen: Kurioserweise scheinen sich jedoch ausgerechnet viele der extrovertierten Frauenrechtlerinnen im Schimmer ihres Nachttischlämpchens den Sado-Maso-Schenkelspreizer »Fifty Shades of Grey« reingezogen zu haben, um dann von ihren Gatten, die vermutlich ebenfalls Beamte im öffentlichen Dienst und auch sonst sehr solide sind, mit der – natürlich veganen – Lederpeitsche sachdienlich den Hintern versohlt zu bekommen. So habe ich es zumindest auf einigen Partys vernommen, bei der eigentlich äußerst gestandene Frauen – sehr zum Vergnügen der biederen Ehemänner – ohne Höschen beim feinen Dinner hockten und dies auch noch lautstark verkündeten, weil sie seit der Lektüre des Romans ihre Sexualität »völlig neu entdeckt« hätten. So weit, so peinlich.

Mit dieser XL-Softporno-Neuzeit-Variante von Hedwig-Courths-Mahler-Heftchen kann ich persönlich wenig anfangen, was zum einen an meiner konservativen Erziehung und zum anderen daran liegen mag, dass ich grundsätzlich jeglicher Art von körperlicher Ertüchtigung etwas skeptisch gegenüberstehe. Ich bin nämlich eine ziemlich faule Sau (oder wie mein österreichischer Kollege Klaus Eckel gendergerecht korrekt formulierte: Ich bin eine Transfleißige, gefangen im Körper von einer faulen Sau). Außerdem bin ich – auch aufgrund meiner bäuerlichen Herkunft – geprägt von einem zwar zugegebenermaßen antiquierten, dafür aber recht virilen Männerbild: Ich bin mit Männern aufgewachsen, die Muskeln hatten, obwohl sie kein Abo im örtlichen Fitnessstudio besaßen. Männer, die mehr Haare als Tattoos am Körper trugen und nicht umgekehrt. Männer, die sich eher einen rostigen Nagel ins Auge gerammt hätten, als einen Dutt auf dem Schädel zu tragen und damit auszusehen wie eine Kreuzung aus einem französischen Hirtenhund und Oma Erna. Männer, die Hosen trugen und keine Leggings. Männer, die nur zwei Modemarken kannten: »Levi's« und »Engelbert Strauss«. Männer, die »Work-Life-Balance« für eine neue Diät ihrer Frau hielten. Männer, die jedes Fahrzeug mit Rädern bewegen konnten, aber nie im Leben ein E-Bike gefahren wären. Männer, die die Tiere erlegen und danach ausnehmen konnten, aber nie im Traum darauf gekommen wären, Ballerspiele am Computer zu spielen. Männer, die alles, vom Auto über die Heizung bis zum Staubsauger, zu reparieren vermochten, aber in der Küche einen Tortenheber nicht von einem Käsemesser unterscheiden konnten. Männer, die erst dann zum Arzt gingen, wenn einige der eigenen Gliedmaßen sich nicht mehr am Körper befanden, und Vitamine nur in Form von

Obstbränden zu sich nahmen. Männer, die mehr Wochenstunden arbeiteten als drei Senior-Onlinemarketing-Manager zusammen und trotzdem kein Burn-out bekamen. Männer, die »Parship« für ein neues Raumfahrtprojekt der NASA gehalten hätten. Männer, die noch nie etwas von »Knigge« gehört hatten, aber trotzdem Frauen gegenüber zuvorkommend und höflich waren. Kurzum: Männer, die es leider immer weniger gibt.

Deshalb hätte ich wahrscheinlich mehr Spaß, wenn ich einen Abend mit Wolfgang Kubicki anstatt mit Frau Rose-Möhring verbringen müsste. Und wenn wir nach zwei Flaschen Wein und einem launigen Gespräch seinen Stammitaliener verlassen würden, dann dürfte er mir vielleicht sogar einen freundschaftlichen Klaps auf den Hintern geben, bevor ich ins Taxi stiege. Natürlich nur, wenn ihm mein Hintern gefiele. Und auch nur dann, wenn er vorher die Rechnung bezahlt hätte. Auch ich habe meinen Stolz.

Denn wenn wir uns geschlechtermäßig noch weiter aneinander annähern, befürchte ich, dass der nächste James Bond nach Daniel Craig mindestens von einer Frau gespielt werden wird – oder noch besser: von einer alleinerziehenden, schwarzen Transfrau und Mutter, die in London in einer staatlich subventionierten Sozialwohnung lebt und sich beim MI6 etwas dazuverdienen muss, weil ihr Verdienst als Kassiererin bei Tesco nicht ausreicht – und die natürlich den Schurken im emissionsfreien E-Auto hinterherrast, also genauer gesagt: -fährt und sie dann anstatt nach einem anständigen Wodka-Martini nach einem grünen Spinat-Algen-Smoothie mit einem lethal langweiligen Gespräch über die Rolle der Frau im poststrukturalistischen Materialismus niederstreckt, da sie als Pazifistin niemals eine Pistole berühren würde!

Sollte ich unrecht haben, können Sie mir gern empörte Briefe zukommen lassen. Sollte ich aber recht behalten, was ich nicht hoffe, möchte ich bitte von jedem, der die neue Ms Bond gut findet, einen Euro auf mein Hellseherkonto überwiesen haben, um mir dann ein Ferienhaus auf den Äolischen Inseln zu kaufen. Denn dort werde ich auch in 20 Jahren noch im Ristorante mit »Signora Gruber« (in meiner Fantasie natürlich mit »bella Monika«) angesprochen werden und nicht als postmenstruierender Eierstockträger im Ruhestand. Und sollte Wolfgang Kubicki mal vorbeischauen, dann lade ich ihn auf ein bis drei Flaschen Moscato Passito ein, und dann zahle vielleicht sogar ich.

Übrigens: Während ich dieses Kapitel verfasste, fand ich ein Post-it auf meinem Schreibtisch, das mich daran erinnern sollte, möglichst bald das wegen der Corona-Beschränkungen ausgefallene Wellnesswochenende mit meinen Freundinnen Elke, Steffi und meinem besten Freund Alex zu vereinbaren. Als ich Alex anrief, um die Terminplanung voranzutreiben, meinte er trocken: »Is' eh schon lang überfällig, so ein Wochenende Weiberwellness!«

Aus dem Mund eines schwulen Mannes klang das halt einfach charmant und alles andere als sexistisch. Und da Alex nicht studiert hat wie Herr SSIO und auch dessen Musik nicht hört, sondern gelernter und grundehrlicher Herrenschneider ist, müssen Elke, Steffi und ich auch keine Angst haben, dass er uns »dummen Huren« an der Bar Drogen ins Glas mischt und uns dann für sich bügeln lässt, denn das kann er in der Tat besser als wir.

Und was meine Lieblingslehrerin Frau Große-Macke anbelangt: Sie sollte vielleicht dringend auch dem Intendanten vom Nationaltheater eine Strafaufgabe erteilen, denn dieser alte und unbelehrbare Chauvi erlaubte sich doch tatsächlich, vor dem Lockdown eine komische Oper von Otto Nicolai mit dem Titel »Die lustigen Weiber von Windsor« aufzuführen. Frei nach der gleichnamigen Komödie von William Shakespeare, dem alten Sexisten.

»Du Opfer« ersetzt nicht die förmliche Anrede

Seit wann Benehmen und Anstand vom Aussterben bedroht sind

Andreas Hock

Die anhaltende Corona-Krise hat vor allem zweierlei schmerzhafte Erkenntnisse gebracht. Erstens: Angst ist selten ein guter Ratgeber. Und zweitens: Ein Idiot bleibt leider ein Idiot, ganz unabhängig von einer Pandemie oder anderen Ausnahmesituationen. Das gilt auch und gerade für eine in den letzten Jahren zunehmend in Vergessenheit geratene Tugend, die früher einmal unter der Bezeichnung »Benehmen« bekannt war.

Wobei: Ich geniere mich immer ein wenig, von »früher« zu schreiben. Wenn mir meine Großeltern von »früher« erzählt haben, dann berichteten sie mir von einer Zeit, in der es noch das Grammofon gab, der Herd in der Küche mit Kohlebriketts beheizt werden musste und unser Opa sein Bier in einer Glaskanne aus der Gassenschänke des Wirtshauses Hautmann ums Eck holte. Meine Eltern hatten natürlich ein anderes, späteres »Früher«: Es war das »Früher«, in dem man durch zerbombte Straßenschluchten in die Schule ging, meine Mutter für Peter Kraus und mein Vater für Cornelia Froboess schwärmte und der erste aushäusige Urlaub mit 18 oder 19 weder in einem Hideaway-

Resort auf den Seychellen noch auf einem Kreuzfahrtschiff mit der Kapazität einer Kleinstadt verbracht wurde, sondern in einem windschiefen Zelt am Jägersee etwa 20 Kilometer von Nürnberg entfernt, erreicht auf einem alten Fahrrad. Sowohl das »Früher« meiner Großeltern als auch das »Früher« meiner Eltern fühlten sich für ein Kind wie mich an, als wären sie wirklich lange her gewesen.

Mein »Früher«, an das ich heute so oft denken muss, kannte hingegen immerhin einen VHS-Videorekorder, ein Hercules-Rennrad mit zwölf Gängen, einen Commodore-Heimcomputer, den von mir sehr geschätzten Banjo-Haselnussriegel und ja – eines Tages sogar ein Handy: einen riesigen Motorola-Knochen mit einer ausziehbaren Antenne, mit dem man vor lauter Peinlichkeit eigentlich umgehend im Boden hätte versinken müssen, allerdings war in meinem »Früher« das Teil eine Zeit lang schwer angesagt. Man kann nun je nach Sichtweise angesichts derlei moderner Errungenschaften und eines Daseins bar jeder wirtschaftlichen Not ohne Weiteres anführen, dass mein »Früher« noch gar nicht so lange her sein kann und es sich deshalb nicht geziemt, ständig davon zu sprechen oder zu schreiben und vor allem: darüber zu lamentieren. Man könnte aber aus Sicht eines Teenagers auch behaupten, dass ich als Mittvierziger schon quasi mit einem Bein im Grab stehe und in etwa so fresh rüberkomme wie ein grünes Wählscheibentelefon oder eine Folge »Denver Clan«.

Wie auch immer, mittlerweile sind einige Dinge aus meiner Vergangenheit bereits ebenso verschwunden wie aus den viel früheren Früheren meiner Familie: der Videorekorder, die Firmen Commodore und Hercules, der Banjo-Riegel, die ausziehbare Antenne. Und, ein Stück weit zumindest, auch ebender Anstand und das Benehmen. Daran erinnere ich mich nämlich auch noch, ganz entfernt zumindest, dass es das mal gab, als ich noch jünger war.

Selbstverständlich wurde immer schon über den vermeintlich mangelnden Wertehorizont der jeweils nächsten Generation geschimpft. Schon dem alten Aristoteles schwante Übles, wenn er an die griechische Jugend dachte, und er bezeichnete diese als entsetzlich, unerträglich und unverantwortlich – und das ist immerhin 2400 Jahre her. Auch danach schien es mit den Umgangsformen junger Menschen nicht immer zum Besten zu stehen. Ein mittelalterlicher Geschichtsschreiber notierte etwa leidlich schockiert über eine sich ihm bietende ganz normale Gasthausszene: »Es wurde gefressen und gesoffen, als ob es kein Morgen gab. Die Anwesenden furzten, rotzten in die Hand, spuckten unter die Stühle, stocherten sich in der Nase oder den Ohren herum und schmissen ihre Speisereste hinter den Tresen.« Wer sich dabei an eigene Erfahrungen auf dem Münchner Oktoberfest erinnert, dem sei gesagt, dass es das damals noch nicht gab. Und die zumeist männliche Angewohnheit, beim Essen in der heimischen Stube oder der Taverne das Geschlechtsteil herauszuholen und mal eben unter den Tisch zu pinkeln, ist in unseren Breiten auch erst seit etwa 400 Jahren verpönt. Aber darum geht es eigentlich gar nicht: Denn ob man nun beim Essen sprach und zwischendurch rülpste oder sich schweigend den Mund nach jedem Bissen mit einer dicken Stoffserviette abtupfte, war immer auch ein Spiegelbild der jeweiligen Zeit und natürlich dem gesellschaftlichen Stand geschuldet. Epochen- und schichtenübergreifend sollten jedoch spätestens seit der Aufklärung Werte wie Respekt, Rücksichtnahme, Hilfsbereitschaft und Höflichkeit selbstverständlich sein, und genau daran scheint es in den letzten Jahren leider gehörig zu mangeln.

Vor ein paar Jahren haben Experten nach den 100 kompliziertesten Wörtern unserer Sprache gesucht. In ihrer Liste fanden sich schließlich Begriffe wie »Amphibrachys« (dreigliedriges Versmaß), »Chrysantheme« (Pflanze aus der Familie der Korbblütler), »Desoxiribonucleinsäure« (Träger der Erbinformation) oder »Koryphäe« (Mensch mit außergewöhnlichen Fähigkeiten auf einem Themengebiet). Mittlerweile scheinen aber auch Ausdrücke wie »bitte«, »danke« und »Entschuldigung« zu den äußerst schwierigen Vokabeln zu gehören, denn sie werden beinahe ebenso selten verwendet. Zählen Sie doch mal mit, wie viele Kunden beim Bäcker »bitte« sagen, wenn sie ihre Brötchenbestellung aufgeben – und wie viele Gäste sich bedanken, wenn sie im Lokal ihr Essen und ihre Getränke serviert bekommen; von einer kurzen Entschuldigung bei einem kleinen Versehen ganz abgesehen. Und dass der launige Ausspruch »du Opfer« im persönlichen Gespräch keineswegs die förmliche Anrede ersetzt, könnte ebenfalls wieder öfter berücksichtigt werden.

Wenn ich mich an mein persönliches »Früher« erinnere und an den erwähnten Zusammenhang mit dem Benehmen, dann fällt mir ein, dass mir meine Großmutter sehr oft einen kleinen Reim eingebläut hat. Ehrlicherweise vermochte ich diesen nicht immer umfänglich zu beherzigen, dennoch beschrieb er ganz treffend, wie einfach alles im alltäglichen Miteinander eigentlich sein könnte. Der Reim lautete: »Was du nicht willst, was man dir tu, das füg auch keinem andern zu!« Diese sogenannte Goldene Regel der christlichen Theologie, aufgegriffen in Omas (und Immanuel Kants) kategorischem Imperativ, machte ich mir zumindest die meiste Zeit meines Lebens zu eigen (und zwar, ohne ein besonders bibeltreuer Christ zu sein oder jemand, der jemals Kant gelesen oder gar verstanden hat). Weil ich also nun mal nicht wollte, dass unser Haus mit komischen Schmierereien übersät wurde, griff ich niemals zur Spraydose und sprühte nachts Graffiti an irgendwelche fremden Wände oder Eisenbahnwaggons. In meiner Zeit als

Aushilfskellner lernte ich, wie sehr man sich während einer Zehnstundenschicht über ein nettes, anerkennendes Wort freuen kann, was mich dazu bewog, Menschen in Dienstleistungsberufen stets mit größtmöglicher Empathie zu begegnen. Und da ich immer tierisch Schiss davor hatte, vermöbelt zu werden, zettelte ich selbst nach noch so dämlichen Provokationen keinen Streit an, der zu einer körperlichen Auseinandersetzung hätte führen können.

Natürlich habe auch ich oftmals meine – wie ich finde, an sich recht gute – Kinderstube und die von Oma propagierte »Goldene Regel« vergessen und Dinge getan, für die ich mich im Nachhinein schäme: Ich habe meiner Mutter mehrfach drei Mark aus dem Geldbeutel geklaut, um mir das neueste »Yps«-Heft kaufen zu können. Ich habe in der fünften Klasse den Ranzen von Paul Batek heimlich mit Sägespänen gefüllt und seine Schulbücher in den Papierkorb geschmissen, nachdem er mir einen Zirkel ins Knie gerammt hatte. Ich habe meiner in mich verliebten Tanzpartnerin Astrid vor dem Abschlussball eine schwere Erkältung vorgespielt, um nicht mit ihr dorthin zu müssen und stattdessen mit der blonden Barbara ins Kino gehen zu können, wo wir bei »Harry und Sally« knutschten. Ich habe nach dem Umzug in meine erste eigene Wohnung nachts einem roten Porsche 911 die Luft aus allen vier Reifen gelassen, weil sein Fahrer ihn wochenlang immer wieder ohne Berechtigung auf einem unserer Anwohnerstellplätze abgestellt hatte. Und das alles sind leider nur einige Beispiele meines persönlichen Fehlverhaltens!

Erst kürzlich, während der ersten Corona-Beschränkungen, verstieß ich mehrmals mutwillig gegen die Maskenpflicht und das Abstandsgebot, weil ich mit unserem griechischen Stammwirt Georgios, von dem ich vor der zaghaften Wiedereröffnung der Wirtshäuser einmal pro Woche Souflaki to go abholte, immer mit zwei Ouzos angestoßen und mit ihm für den Fortbestand seines Lokals zu seinem Göttervater Zeus gebetet habe. Dabei lernte ich zweierlei: Nach einem ausgiebigen griechischen Essen mit ordentlich Zwiebeln und Zaziki war das Tragen einer Maske erst recht keine gute Idee. Und: Ich bin alles andere als unfehlbar.

Trotzdem halte ich mich für einen rücksichtsvollen, hilfsbereiten sowie weitestgehend höflichen Menschen. Ich besitze zwar keinen Hut wie mein Opa, den ich ziehen könnte, aber ich grüße auf der Straße oder im Geschäft, wenn ich jemanden kenne. Ich halte anderen Leuten die Tür auf, wenn ich bemerke, dass nach mir jemand kommt, lasse ältere Menschen beim Einkaufen meistens vor und verwende die schlimmsten Fäkalwörter nur, wenn die Scheiben meines Autos geschlossen sind und ich mich alleine darin befinde. Und ich kann mich zumindest nicht daran erinnern, dass ich als Jugendlicher jemals einen Erwachsenen, der mich bat, meine Füße vom gegenüberliegenden Trambahnsitz zu nehmen, um den Platz freizugeben, mit der nicht sonderlich galanten Formulierung »fick dich« bedacht habe. Oder dass ich einen meiner Lehrer nach einer Ermahnung mit einem Butterflymesser bedrohte und seine Mutter der Prostitution bezichtigte. Oder dass ich meinen Müll einfach auf die Straße warf in dem Bewusstsein, irgendein vom Steuerzahler finanzierter armer Teufel würde diesen schon wegräumen – und wenn nicht, wäre es auch wurscht. Oder dass ich in einer Arztpraxis beziehungsweise im Krankenhaus zusammen mit einem guten Dutzend vollkommen gesunder Begleiter das Pflegepersonal anging, weil ich länger als 30 Minuten auf den Arzt warten musste.

Das alles aber kommt natürlich häufig, um nicht zu sagen immer häufiger vor, und der steigende Mangel an Respekt vor staatlichen Organen und seinen Vertretern lässt sich sogar statistisch belegen. Nicht erst seit den Vorkommnissen von Stuttgart oder Frankfurt, wo ein johlender Mob aus angesoffenen, bekifften oder einfach nur stinkblöden Halbwüchsigen brandschatzend und plündernd durch die Straßen zog und Polizeibeamte angriff, wurde klar, dass wir hier ein Problem haben: Gewaltsame Übergriffe nicht nur auf Polizisten, sondern auch auf Sanitäter, Ordnungskräfte oder Feuerwehrleute scheinen in bestimmten Kreisen geradezu en vogue zu sein. Es gab sogar Vorfälle, bei denen Retter gezielt angelockt wurden, um sie zu verprügeln. Eigentlich müsste man als Sani, Wacht- oder Brandmeister so konsequent sein, in bestimmte Gegenden und für bestimmte Herrschaften nicht mehr auszurücken oder ihnen die gleichen Nettigkeiten entgegenzurufen, die man selbst stets zu hören bekommt. Vielleicht hilft der soziale Druck, derartige Halbhirne zur Vernunft zu bringen, wenn Feuer nicht mehr gelöscht werden oder die Leitstelle beim Verdacht auf Herzinfarkt am Telefon auf den ärztlichen Bereitschaftsdienst in der Innenstadt verweist. Aber das trifft dann wahrscheinlich auch wieder nur die Falschen, denn um die Klossek-These meiner Großmutter noch mal aufzugreifen: »Die größten Deppen leben am längsten.«

Es stellt sich die Frage, woran die Zunahme an derartigen Verfehlungen und Unsitten wohl liegen könnte. Die Gründe sind wie meistens selbstverständlich äußerst vielfältig, und wer jetzt einwenden mag, dass es seit Aristoteles und sicher auch lange vor seiner Zeit immer schon schwarze Schafe – um nicht zu sagen: Arschlöcher – gab, hat zu hundert Prozent recht. Aber die Verbreitung eines gewissen Mindestmaßes an Anstand hat zuletzt in der Tat sehr abgenommen, erstaunlicherweise obwohl Studien zufolge die meisten Menschen noch immer großen Wert darauf legen, im wahrsten Sinne des Wortes anständig behandelt zu werden, theoretisch zumindest.

An dieser Stelle sei zur Sicherheit erwähnt, dass die Verrüpelisierung unserer Gesellschaft vollkommen altersunabhängig voranschreitet. Nur einige banale Exempel aus diesem unseligen, ausgangsbeschränkten Frühsommer: Ein 82-jähriger Rentner rastete in einem Münchner Supermarkt aus, weil er von der Kassiererin ermahnt wurde, eine Maske aufzusetzen; in seiner Wohnung fand die Polizei später mehrere Schusswaffen, zwei Säbel und eine Menge Schwarzpulver. In einem Baumarkt in Frechen ignorierten ein Vater (51) und sein Sohn (23) die Abstandsgebote und zettelten eine Schlägerei an, nachdem sie vom Sicherheitspersonal freundlich auf ihr Fehlverhalten hingewiesen worden waren. In mehreren Städten wie Nürnberg, Hamburg oder Essen gab es wilde Massenprügeleien zwischen Jugendlichen, die sich offenbar gezielt zum Schlagabtausch verabredet hatten. Und die Polizei stellte ganz allgemein auf den während der Beschränkungen deutlich leereren Straßen eine enorme Zunahme von teils erheblichen Verkehrsverstößen fest, die von Fahrern jeden Alters begangen wurden. Auch wenn mancher Ausbruch den blank liegenden Nervenkostümen geschuldet war, wirkt es, als benähmen sich heutzutage wirklich alle daneben, und ob das jetzt eher beruhigend oder doch besonders beunruhigend ist, soll jeder für sich selbst beurteilen.

Um kurz beim Straßenverkehr zu bleiben: Zuletzt zählte das Kraftfahrtbundesamt mehr als 3,1 Millionen Geschwindigkeitsübertretungen und damit 400 000 mehr als noch vier Jahre zuvor. Es gab weit mehr als 100 000 Bußgeldverfahren wegen nicht eingehaltener Überholverbote und fast doppelt so viele Anzeigen wegen Nötigung, was ebenfalls Rekordwerte sind. Es scheint, dass nicht unsere Augen das Spiegelbild unserer Seele sind, sondern vielmehr unsere Straßen. Wenn dem wirklich so ist, dann ist es jedoch um den allgemeinen Gemütszustand unseres Landes nicht allzu gut bestellt. Dabei wechselt die individuelle Perspektive je nach eigener Mobilitätsgrundlage: Es gibt in meinem Bekanntenkreis Radfahrer, die ohne Schuldbewusstsein mit freudvollem Elan über den Bürgersteig kacheln und sich wenige Minuten nach dem Umstieg in ein Kraftfahrzeug lauthals über Radler beschweren, die es wagen, sich an einer roten Ampel vorzudrängen. Ich kenne friedliebende Fußgänger, die hinter einem Lenkrad umgehend zu unverantwortlichen Rasern mutieren, die noch jeden Passanten am Zebrastreifen zurück auf den Gehweg gehupt haben. Und ich weiß von SUV-Besitzern mit prall gefülltem Flensburger Punktekonto, die sich vor lauter Angst vor den vielen Autos nach dem Überstreifen ihres hautengen »Team Telekom«-Trikots auf keiner Hauptverkehrsstraße mehr in die Pedale zu treten trauen.

Klar ist: Unser aller Verhalten hängt natürlich auch stark von den öffentlichen Vorbildern ab, an denen wir uns zwangsläufig orientieren. Und in dieser Hinsicht sieht es in jüngerer Vergangenheit leider ziemlich mau aus: Da gibt es die üblichen Verdächtigen wie sturzbetrunkene, aggressive und dauerehebrechende Film- oder Popstars. Politiker, die den Eindruck erwecken, sie selbst seien viel wichtiger als das Amt oder gar das Land. Prominente Steuersünder, die erkennen lassen, dass für sie andere Regeln gelten als für den Rest der Gesellschaft. Gehirngewaschene Internetprediger, die für alles einen Sündenbock benennen und unwidersprochen ihren Senf kundtun. Ganzkörpertätowierte Laiendarsteller, die Lästereien zum Lebensinhalt und Broterwerb erkoren haben. Und so weiter.

Angesichts dessen fällt es schwer, selbst auch nur halbwegs tadellos zu bleiben, wenn doch das Gegenteil regelmäßig in Fernsehen, Netz oder gar dem eigenen Elternhaus vorgelebt wird. Auch ich bin zugegebenermaßen gelegentlich ein lausiges Vorbild für meine Kinder: Erst vor Kurzem habe ich beim Versuch des Zusammenbaus eines Bücherregals aus der berüchtigten »Kallax«-Serie das gesamte schwedische Volk verflucht, den Gummihammer quer durch das Arbeitszimmer geworfen und wenig später vor lauter Frust zwei Dosen Bier noch während des Abendessens (also vor 18 Uhr!) geext.

Natürlich, es gibt zahlreiche engagierte Menschenrechtsaktivisten, idealistische Umweltschützer, hochtalentierte Künstler oder blitzgescheite Wissenschaftler, die hervorragende Idole abgäben. Deren mediale Präsenz jedoch schmiert gegen goldsteakessende Fußballprofis, polygame Reality-TV-Teilnehmer oder schleichwerbende Youtube-Amöben leider etwas ab. Gerade junge Menschen benötigen aber im wahrsten Sinne des Wortes anständige Idole, wenn sie schon gegenüber den eigenen Eltern aufbegehren, was völlig normal und in einem menschlichen Entwicklungsprozess durchaus wünschenswert ist. Leider aber ist Peter Alexander nicht nur allen Menschen unter zwanzig vermutlich vollkommen unbekannt und zudem tot, hat Günther Jauch für die Generation Tinder den Coolnessfaktor einer Flasche Pitralon und ist Magdalena Neuner in Frührente. Wer will sich schon als normaler Teenagersohn so verhalten wie der spießige und blasshäutige Papa, der TikTok für ein Pfefferminzdragee hält und sich für die Arbeit sogar eine Krawatte um den Hals binden muss? Und welche gewöhnliche pubertierende Tochter orientiert sich an der biederen Mama, die nicht mal über einen Ear-Tunnel verfügt, keine Ahnung hat, wer Juju ist, und im Sommer weiße Caprihosen trägt?

Doch auch das gab es schon immer: Als Elvis Presley und seine zahlreichen Kollegen in das Leben der Generation meines Vaters traten, waren unser Opa und unsere Oma, ihrerseits große Anhänger von Rudolf Schock und Rudi Schuricke, dem Vernehmen nach überaus entsetzt von all den sexuell aufgeladenen Tanzbewegungen, den dissonanten Elektrogitarrenriffs, der vulgären Vermischung weißer und schwarzer Musik, kurz: Sie befürchteten mindestens den Untergang des Abendlandes und wähnten ihren bis dahin wohlgeratenen Sohn wegen des schlechten Einflusses des Rock 'n' Roll schon mit einem Bein im Gefängnis. Ich für meinen Teil schaffte es rund 30 Jahre später, zu Hause aufgrund eines lebensgroßen »Bravo«-Starschnitts von Boy George gehörige Irritationen wiederum bei meinem Papa hervorzurufen: In meinem Zimmer hing an der Stelle, die bis dahin von einem Snoopy-Poster verziert worden war, plötzlich ein bleiches, androgynes Etwas mit Hut, Kajal, Lippenstift und roten Zöpfen. Ich hatte damals keine Ahnung von Mode oder Homosexualität und mochte einfach die erste Platte von Georges Band Culture Club, aber in den Augen meines Vaters war ich durch meine Schwärmerei vermutlich auf dem besten Weg, eine Karriere als heroinabhängiger Stricher einzuschlagen.

Doch solche Kontroversen mussten ausgefochten werden. Folglich stritt man mehrere Tage oder auch mal ein paar Wochen miteinander, schlug Türen zu oder schwieg sich an. Die Erziehungsberechtigten drohten in solchen Situationen mit drakonischen Strafen wie mit Hausarrest, der Zerstörung der Schallplattensammlung oder Taschengeldentzug. Und die Heranwachsenden schmollten, liefen für 12 bis 48 Stunden von zu Hause weg oder übernachteten im Garten. Schlussendlich blieben die Elvis-LPs heil und das Boy-George-Poster hängen. Alle hatten sich wieder lieb, und ich wurde später ebenso wenig zum Junkie wie mein Vater zum Knacki. Mancher generationsübergreifende Konflikt war und ist also vollkommen normal – aber ich orientierte mich parallel dazu nicht an gewaltverherrlichenden oder sexistischen Idealen, sondern eben an einem harmlosen Musiker mit einem Faible für einen extravaganten Kleidungsstil oder wahlweise an Pierre Littbarski und Karl-

Heinz Rummenigge, beide ebenfalls nicht in Verdacht, sich ihren Fans besonders vulgär, aggressiv und militant zu präsentieren.

Vor allem die Sprache, die wir später noch näher behandeln wollen, ist bei vielen gegenwärtigen Vorbildern leider deutlich rücksichtsloser, rabiater und damit bedenklicher geworden. Mir zumindest ist nicht bekannt, dass die Herren Presley und George, um bei diesen Beispielen zu bleiben, in ihren Liedtexten jemals zur Gewalt gegen Polizisten aufgerufen haben, wie es etwa die Punkband Feine Sahne Fischfilet tut. Und auch antisemitische Anspielungen oder frauenverachtende Passagen wie bei den zahlreichen selbst ernannten »Gangster-Rappern« der Jetztzeit habe ich in meiner gesamten Platten- und CD-Sammlung keine gefunden.

Zwar halte ich die meisten jungen Menschen für intelligent genug, dass sie zwischen den schiefen Reimen und Beleidigungen einer goldkettenbehängten Berliner Kiez-Kiffbirne, die so tut, als hätte sie die Testikel eines ausgewachsenen Elefantenbullen, und dem Verhalten im echten Leben unterscheiden können. Einige aber sind dazu dummerweise nicht in der Lage und halten sich weitgehend an das, was sie sich den ganzen Tag anhören oder anschauen – was natürlich ebenfalls kein neues Phänomen ist: Schon kurz nach der Veröffentlichung des Romans »Die Leiden des jungen Werthers« 1774 entleibten sich landauf, landab zahlreiche junge Männer, weil sich Goethes tragischer, aber halt fiktiver Titelheld aus Liebeskummer mit einer Pistole in den Kopf geschossen hatte. Egal, ob nun durch Schriften, Musik, Moden oder Politik: Es gab schon immer Leute, die sich leichter als andere beeinflussen ließen. Der Unterschied zu früheren Zeiten ist nur, dass die Verbreitung solcher Inhalte sehr viel leichter und vor allem schneller vonstatten geht, als das zu Lebzeiten Johann Wolfgang von Goethes oder Elvis Presleys möglich war. Und natürlich, dass Egoismus und Rücksichtslosigkeit die offenbar prägnantesten Tugenden des bisherigen 21. Jahrhunderts sind. Vielleicht täuscht der Eindruck, aber irgendwie kommt es mir vor, dass diejenigen, die einem aus der anderen Richtung den Parkplatz am Zoo oder vor dem Schwimmbad vor der Nase wegschnappen, obwohl man selbst seit fünf Minuten geduldig blinkend am Fahrbahnrand steht, in den letzten zehn, zwanzig Jahren mehr geworden sind. Dass im Bekanntenkreis öfter damit geprahlt wird, die GEZ-Gebühr zu umgehen, den Maler schwarz zu bezahlen und die Versicherung zu bescheißen. Dass in der Tram nicht mehr aufgestanden wird, wenn ältere oder gebrechliche Menschen zusteigen.

Und – für mich ganz besonders ärgerlich – dass im Kino mehr gegessen und getrunken wird, als sich auf den Film zu konzentrieren: Es kommt der Tag, an dem ich jemanden, der meint, sich zwei volle Stunden lang jedes Popcornstückchen einzeln in den Mund schieben, danach unaufhörlich mit dem Strohhalm die letzten und die allerletzten Tropfen aus dem Ein-Liter-Colabecher saugen und den Vorgang auch noch kommentieren zu müssen, töten werde. Für mich war es einer der ganz wenigen Vorzüge der Corona-Krise, dass der nächste Zuschauer im Kinosaal ein paar Meter weiter entfernt saß als zuvor.

Abgesehen davon, dass man damals aus dem Kino flog, wenn man sich nicht benahm, hatte man in meiner Jugend, also sehr wohlwollend gerechnet noch bis vor zweieinhalb Jahrzehnten, deutlich mehr auf den anderen achtzugeben, als das heute von unserer Gesellschaft verlangt wird. Zu lange wurde uns von vielen Seiten vorgelebt, dass nur derjenige mit den robustesten Ellenbogen und der geringsten Empathie am weitesten kommen werde, sodass es kaum verwunderlich erschien, dass sich zigtausend Zeitgenossen einen Spaß daraus machten, sich zu Corona-Partys zusammenzurotten, kaum dass die ersten zarten Lockerungen beschlossen waren.

Auch mussten wir seinerzeit Hausaufgaben, wenn wir sie nicht vor dem Unterricht eilig abschrieben, mühsam ausarbeiten, Liebesbriefe per Hand verfassen und uns über die allgemeine Weltlage analog, sprich vorwiegend über Zeitungen oder Bücher, informieren. Nur für das aktuelle Tagesgeschehen und zur Kurzweil gab es Fernsehen und Radio, was einen jedoch auch nicht weiterbrachte, wenn man ein Referat über »Werther« halten musste oder genau wissen wollte, über welche Themen Boy George so sang. Heute reicht eine kurze Suchanfrage bei Google, und binnen einer halben Sekunde findet man mindestens mehrere Hunderttausend Einträge vor, die auf das entsprechende Fachgebiet hinweisen. Eine solch unfassbare Fülle an Informationen kann gar nicht in jedem Kontext gesund sein – was alleine jene bis dato 1,3 Millionen Ergebnisse beweisen, die man erhält, wenn man die Begriffe »Corona« und »Verschwörung« zusammen eingibt.

Jeder von uns nutzt das Netz inzwischen fast 200 Minuten pro Tag. In diesen Wert eingerechnet sind auch nicht internetfähige Säuglinge, demente Senioren, Einsiedler ohne Stromanschluss und alle Menschen, die in jenen ländlichen Gegenden wohnen, die von Alexander Dobrindt beim Breitbandausbau irgendwie vergessen worden sind. Wie auch immer: Gehen wir von besagten durchschnittlichen 200 Minuten aus, könnte rein theoretisch jeder von uns mehr als dreieinviertel Stunden am Tag sein Wissen dahin gehend erweitern, indem er in der Onlineversion des Großen Brockhaus schmökert, fremde Sprachen erlernt, das Verständnis für andere Kulturen schärft, romantische Gedichte liest oder wenigstens die perfekte Falttechnik für gebügelte Oberhemden übt.

Praktisch aber vertiefen wir uns stattdessen in eine Vielzahl sozialer Netzwerke, um unseren Mitmenschen dank bearbeiteter Fotos und manipulativer oder belangloser Posts ein Leben vorzugaukeln, das wir in Wirklichkeit so gar nicht führen, und Menschen zu beeindrucken, die wir kaum kennen und im Zweifel auch nicht wirklich mögen. Wir glauben immer nur jene vermeintlichen Wahrheiten, die uns gerade in den Kram passen, und finden dank der irrsinnigen Datenmenge des Netzes zu jedem erdenklichen Stumpfsinn eine Referenz. Wir können alle noch so erschütternden Gewaltfantasien innerhalb einiger Klicks veranschaulichen und uns reale Bilder ansehen, die sich nicht einmal Stephen King grausamer hätte ausdenken können. Wir teilen einerseits ungefragt banalste Inhalte und persönliche Meinungen zu Nichtigkeiten mit und steigern uns andererseits mit Gleichgesinnten in dubioseste Thesen verblendeter Wirrköpfe hinein. Es gibt im Netz beispielsweise »Beweise« dafür, dass der US-Geheimdienst die Anschläge des 11. September selbst beauftragte, dass die globale Erwärmung von Wissenschaftlern herbeigeführt wurde, um weltweit den Sozialismus einzuführen, oder dass Adolf Hitler nach dem Zweiten Weltkrieg als Schichtleiter in einem argentinischen VW-Werk gearbeitet hat.

Um es klar zu sagen: Auch ich finde das Internet absolut nützlich, wenn es darum geht, sich einen Karton Lugana vom Weingut der Familie Tiraboschi aus der Nähe von Brescia zu bestellen, den man ansonsten hierzulande nicht oder nur sauschwer bekommt. Oder um während einer unvorhersehbaren Kontaktsperre ein Videotelefonat zwischen Enkeln und ihren Großeltern führen zu können. Und es ist nachweislich auch ein taugliches Mittel dafür, schnellstmöglich nachzuschauen, wer am 25. November 1989 den 4:0-Endstand beim sensationellen Sieg des 1. FC Nürnberg gegen den FC Bayern München erzielt hat – und mit dieser Kenntnis eine Partywette um einen Kasten fränkisches

Landbier zu gewinnen (75. Minute: Thomas Kristl auf Vorarbeit von Reiner Wirsching – Prost, Olli). Ansonsten jedoch halte ich das Netz für durchaus gefährlich, in mancherlei Hinsicht zumindest.

Ich habe meinen ersten Mord im Alter von zwölf Jahren bei Eduard Zimmermann in »Aktenzeichen XY« gesehen und war trotz des überschaubaren Talents der zumeist unbekannten Schauspieler in dem entsprechenden Filmchen jedes Mal für Wochen traumatisiert. Ein gefestigter junger Mensch von heute träumt womöglich nur ein paar Nächte schlecht, wenn er auf dem Handy eines Klassenkameraden ansehen musste, zu welchen Gewalttätigkeiten unsere Spezies tatsächlich imstande ist. Ein weniger stabiler Charakter wird aber vielleicht krank davon – oder steigert sich so lange in irgendetwas hinein, bis er im schlimmsten aller Fälle selbst zum Psychopathen wird.

Und böte das Netz nicht bildungsresistenten Laiendarstellern die Möglichkeit, Videos von ihren so pubertären wie kriminellen Machenschaften hochzuladen, die dann von ein paar ebenso minderbemittelten Knalltüten auch noch angesehen und weitergeleitet werden, gäbe es vermutlich auch keine derartigen Krawalle wie in diesem denkwürdigen Jahr, wo nach aufgrund monatelanger Langeweile entstandenen Gewaltexzessen schnell die entsprechenden Filmchen kursierten, in denen sich die Täter auch noch gegenseitig für ihre Gesetzlosigkeiten feierten – unter dem Hashtag »#FuckthePolice«, dem schönen Motto aller anarchischen Armleuchter.

Doch die gesellschaftliche Misere beginnt schon bei harmloseren Dingen als islamistischem oder neonazistischem Terrorismus oder Übergriffen auf Polizisten: etwa bei der Partnersuche. Wollte man bis zur Erfindung der Dating-App jemanden kennenlernen, setzte dies stets einen gewissen kreativen Aufwand voraus. Wir mussten uns tage-, ja wochenlang tiefgehende Gedanken machen, was wir in einen Liebesbrief hineinschrieben, um unser Gegenüber von der Ernsthaftigkeit unseres Vorhabens zu überzeugen. Unzählige Male wählten wir mit schwitzenden Händen die Telefonnummer des oder der Angebeteten, nur um nach dem ersten Läuten wieder aufzulegen, bis wir den Mut fassten, uns endlich zu Wort zu melden. Wir suchten für das erste Treffen den passenden Kinofilm oder ein nettes Restaurant aus, kauften Blumen, machten uns schick und duschten zur Sicherheit ein zweites Mal, um im besten Falle Händchen zu halten als zaghafte Anbahnung eines möglichen späteren intensiveren Kontakts. Solch ein anstrengendes Balzverhalten kostete natürlich eine Menge Energie, war aber bisweilen durchaus nachhaltig und schärfte zudem die Sinne.

Zwar mag es sein, dass durch die ein oder andere halbwegs seriöse Onlinebalzbörse am Ende tatsächlich der Partner fürs Leben erst im Vorschaufenster und dann zum vereinbarten Treffpunkt erscheint. Darauf verlassen sollte man sich aber nicht, denn so mancher, der auf seinem bearbeiteten Profilbild aussieht wie die junge Version von Sascha Hehn und als Hobbys »Bergwandern«, »Bienen züchten« und »Gedichte schreiben« angibt, entpuppt sich im wahren Leben als übergewichtiger Freak mit einem Faible für kurze Cargohosen und Kannibalenfilme.

Bei anderen modernen Hilfsmitteln wie Tinder, Lovoo oder Bumble werden uns die potenziellen Partner praktischerweise von der jeweiligen Technik vorgeschlagen, und wir können uns binnen Sekunden entscheiden, ob wir den Vorschlag nun attraktiv finden oder nicht. Das mutet zunächst sehr praktisch an. Wer allerdings gewohnt ist, Menschen per Wischbewegung in sein Leben hinein- oder eben außen vor zu lassen, dem dürfte eines Tages womöglich die soziale Kompetenz abgehen, hinter die Fassade eines anderen zu blicken, selbst Tiefgang und Mitgefühl zu entwickeln oder mit Enttäuschungen umzugehen. Ohnehin wird es verdammt schwierig, wenn sich das vom Algorithmus vorgeschlagene »perfect match« als intellektueller oder menschlicher Totalausfall entpuppt – weil auch der schlaueste Algorithmus vermutlich nicht wissen kann, wie es sich anfühlt, wenn das Herz vor lauter Aufregung bis zum Hals klopft, als untrügliches Zeichen, dass es tatsächlich passt.

Noch schlimmer wird es, wenn man selbst früher oder später als solch ein Totalausfall betrachtet wird und mit der Zurückweisung überfordert ist. Das wiederum ist an sich kein Wunder, denn dadurch, dass wir Konflikte kaum noch auf der persönlichen Ebene austragen, können wir mit Ablehnung durch andere immer schlechter umgehen. Als die von mir förmlich angebetete Jenny Fuchs mir in der zehnten Klasse nach etlichen erfolglosen Annäherungsversuchen mehr oder weniger unverblümt mitteilte, ich solle mich zum Teufel scheren, war ich enttäuscht, gekränkt und traurig. Niemals aber wäre ich auf die Idee gekommen, sie in der gesamten Schule zu diskreditieren, als Hure zu beleidigen oder ihr nachzustellen. Stattdessen zog ich mich ein paar Wochen mit Kartoffelchips, Rum-Cola und meinem Sega-Master-System zurück, und danach ging's bei mir wieder.

Klar, schon immer gab es ein paar Verrückte, die vor lauter Liebeskummer ihren Verstand verloren und im Extremfall sogar zum Gewalttäter wurden. Niemals aber wurde es ihnen so leicht gemacht wie heute: Schnell das im Rausch der Leidenschaft leichtfertig gedrehte Sexvideo hochgeladen und weiterverbreitet oder noch besser: einfach den Kopf des oder der Ex mittels Photoshop in einen Pornoclip hineinmontiert, per Fake-Profil ein paar gehässige Lügen verbreitet oder dank Rechercheprogrammen den neuen Aufenthaltsort ausfindig gemacht – und schon wird das einstmals vielversprechende Date zum Albtraum. 19 000 polizeilich erfasste Fälle von Stalking fanden zuletzt Einzug in die Kriminalstatistik, bei ungleich höherer Dunkelziffer, und man darf annehmen, dass das Internet für viele von ihnen verantwortlich ist.

Das gilt auch für ein weiteres Phänomen, für das selbst chronisch cholerische Zeitgenossen in analogen Tagen noch deutlich mehr Überwindung an den Tag legen mussten als jetzt. Der mehrfach erwähnte Herr Klossek aus der Straße meiner Großeltern war ein schmieriger Verleumder, wie er im Buche stand; ungerecht, überheblich und unsachlich bis zum Gehtnichtmehr. Aber man konnte, wenn man all seinen Mut zusammennahm, zu ihm hinübergehen, ihn zur Rede stellen und ihn, wenn alles nichts half, mit den eigenen Waffen schlagen und bei der Schupo melden. Würde der Mann noch leben und hätte er einen Internetanschluss, wäre er hingegen mit an Sicherheit grenzender Wahrscheinlichkeit einer jener berüchtigten »Hater«, die es sich zur Aufgabe machen, am besten unter einem Tarnnamen alles, was nicht ihrer Weltanschauung entspricht, in einer sehr drastischen Weise herabwürdigend zu kommentieren. Dank dem riesigen Empfängerkreis solcher Seiten findet sich dann immer jemand, der auf all den Mist einsteigt und Leute wie Werner Klossek in ihrer Meinung bestärkt. Fakt ist: Noch nie gab es so viele Beschimpfungen, Beleidigungen oder Herabwürdigungen anderer Menschen wie in diesen aufgeregten Zeiten, und die Anonymität des Internets ist für viele wie eine Einladung zum Denunziantenball. Dass in einer aktuellen Umfrage fast 40 Prozent aller 12- bis 19-Jährigen angaben, schon mal online oder per Handy gemobbt worden zu sein, vervollständigt das Bild.

Ich bleibe dabei, dass wir vor der Einführung des Internets deutlich rücksichtsvoller und zivilisierter miteinander umgingen, allen schon immer vorhandenen menschlichen

Unzulänglichkeiten zum Trotz. Doch der Klick auf »senden« geht einfach zu schnell, um über das Geschriebene und seine Folgen nochmals gründlich nachzudenken. Und damit wird auch erklärbar, wie sich die Verhaltensweisen aus dem Netz in die echte Welt übertragen, die es ja allen Gerüchten zum Trotz noch immer irgendwie gibt; wenn auch in einem bemitleidenswerten Zustand. Wer sich besagte statistische drei oder noch mehr Stunden am Tag dem Hass, der Wut oder der Kompensation der eigenen Enttäuschung hingibt, der hält mit Sicherheit niemandem mehr die Tür auf. Und der lässt erst recht keine Kritik mehr an seinem Verhalten gelten.

Waren bis vor wenigen Jahren noch Shitstorms – also die massenhaft geäußerte Kritik gegen eine Person oder ein Unternehmen – der Gipfel der Beleidigungen und Anmaßungen, wird heute am besten gleich mit dem Tod gedroht. Das, was manche Politiker, Journalisten oder andere Personen des öffentlichen Lebens in Foren und Netzwerken über sich ergehen lassen müssen, erfüllt in nahezu jedem Einzelfall mehrere Straftatbestände gleichzeitig und wird doch meistens nicht geahndet, weil sich die große Mehrzahl der Einschüchterer, Rufmörder und Nötiger hinter der Anonymität versteckt.

Das heißt natürlich nicht, dass man seine im Artikel 5 des Grundgesetzes zugesicherte freie Meinung nicht mehr äußern darf, denn zumindest wer sich freiwillig in die Öffentlichkeit begibt, muss auch damit zurechtkommen, dass er aneckt. Man kann ja Professor Christian Drosten für einen eitlen Selbstdarsteller halten, der sein Fähnchen nach dem Wind gedreht und sich im Licht des Ruhmes allzu gerne gesonnt hat. Aber man sollte das doch bitte schön idealerweise unter seinem Klarnamen tun – und schon gar nicht sollte man drohen, beleidigen oder Mails unter dem fiktiven Absender »NSU 2.0« oder ähnlich kreativen Fake-

Accounts verschicken, die nur beweisen, was alles im eigenen Oberstübchen aus den Fugen geraten ist. Und die Politik sollte sich dringend etwas einfallen lassen, wie wir mehr Transparenz und Nachvollziehbarkeit ins Netz bekommen.

Abschließend sei noch zu sagen, dass persönliche Begegnungen immer noch Wunder wirken. Die früheren Bekannten, die mich nach vielen Jahren über das Internet wiedergefunden und mich daraufhin kontaktiert haben, hatte ich zuvor nicht eine Sekunde vermisst. Auch auf automatisiert verschickte Geburtstagswünsche verzichte ich gerne. Die Menschen, zu denen ich mich wirklich hingezogen fühle, rufe ich an. Oder noch besser: Ich verabrede mich mit ihnen. Ich verfüge zwar nicht über 250 Facebook-, Twitter- oder Instagram-Kontakte, die mich tagaus, tagein über ihre spannenden Aktivitäten wie den Erwerb von Konsumgütern aller Art, den Verzehr exotischer Speisen oder ihre ganz persönliche Meinung zur amerikanischen Außenhandelspolitik auf dem Laufenden halten. Dafür habe ich eine Handvoll echter Freunde, mit denen ich im Gegensatz zu unseren vielen virtuellen Kameraden am Wochenende ganz in echt zum Wandern, zum Kartenspielen oder ins Stadion gehen kann. Und falls ich mich dabei mal, aus welchen Gründen auch immer, danebenbenehmen sollte, bekomme ich mindestens von einem davon direkt und unmissverständlich Bescheid gesagt, so ganz von Angesicht zu Angesicht. Und wirklich: Das hilft!

Bärwurz und Jutta Ditfurth

Wie sich Städter und Landbevölkerung immer weiter voneinander entfernen

Monika Gruber

Kennen Sie das Gefühl, dass Sie bereits am frühen Morgen nach kürzerer Lektüre der Zeitung oder verschiedener Onlineartikel den unbändigen Drang verspüren, das Feierabendbierchen vorzuverlegen? Also so ungefähr auf 7.30 Uhr? Sollte Ihnen gar mal wieder ein landesweit bekannter Experte mit der Frise eines Bobtails und der Aura eines Finanzbeamten aus der Provinz, zuständig für Buchstabe D bis N, vom »SPIEGEL«-Cover entgegenblicken, gewohnt übermüdet und gezeichnet vom ewigen Kampf gegen minderqualifizierte Berufskollegen und seine unsachlichen Kritiker, dann darf es auch gerne etwas Waghalsigeres sein – wie ein Fernet Menta zum Beispiel.

Ähnlich ergeht es mir immer, wenn den Redaktionen von Maybrit Illner, Sandra Maischberger oder Anne Will mal wieder nichts Besseres eingefallen ist, als Jutta Ditfurth zu exhumieren, die stets gift- und gallespritzend als Zölibatsverstärker bei der katholischen Kirche eingestellt werden könnte. Bereits nach den ersten Ditfurth'schen Rundumschlägen (»Die Vermutung, dass in Connewitz ein Exempel statuiert werden sollte und Polizeieinheiten mit hohem rechten Anteil ein antifaschistisches Stadtviertel niederwerfen wollten, scheint mir nicht unbegründet«, Frau Ditfurth zu den Silvesterausschreitungen in Connewitz 2019) verspüre ich den Drang, meinen Fernseher aus dem Fenster zu schmeißen. Lediglich der Gedanke an den Anschaffungspreis sowie der traurige Blick, den mir Herr Frei, der TV-Händler meines Vertrauens, zuwerfen würde, wenn ich in seinen Laden käme und ihm gestehen müsste, dass ich wegen einer stark in die Jahre gekommenen Ökoextremistin sein Glanzstück an meinem Blauglockenbaum hätte zerschellen lassen, hält mich davon ab. Stattdessen tastet meine Hand dann schon fast automatisch nach rechts in die Hausbar und landet treffsicher an der Ginflasche. Ich würde sogar so weit gehen zu behaupten, dass mindestens 60 Prozent meiner drohenden Leberzirrhose dem betreuten Denken im öffentlich-rechtlichen Fernsehen und seinen immer wieder gleichen Talkshowgästen zuzuschreiben sind. 30 Prozent verdanke ich persönlichen Erlebnissen im Supermarkt beziehungsweise Gesprächen mit Redakteuren des Bayerischen Rundfunks, und lediglich 10 Prozent meines Alkoholkonsums basieren auf privaten und somit meist schönen Zusammenkünften.

Und dann gibt es Erlebnisse, die mich so konsterniert zurücklassen, dass ich ob meiner Fassungslosigkeit glatt vergesse, wo sich mein Korkenzieher befindet. Exakt so erging es mir, als ich den Onlinekommentar einer Berliner Journalistin gelesen hatte, die offensichtlich während einer Demonstration von Landwirten in Berlin in einen Stau geraten und dadurch zu spät zu einer Hochzeit gekommen war. Darüber war die Dame so erbost, dass sie folgenden Kommentar auf Twitter postete: »Ich werde nie wieder etwas kaufen, was von einem Bauern produziert wurde!« Wenn ich diese Anekdote im Freundeskreis erzähle, lasse ich an dieser Stelle immer eine längere Pause, um die ganze Tragweite dieses Satzes richtig sacken zu lassen.

Solche Sätze traut man eigentlich nur all den bedauernswerten Protagonistinnen namens Chantal, Mandy oder Jessica zu, die von verantwortungslosen Fernsehmachern in Formaten wie »Frauentausch« und »Hartz und herzlich« für einen Monatsvorrat an Chipsletten als Gage vor die Kamera gezerrt werden. Dort lamentieren sie dann gerne und häufig darüber, wie schwer es doch sei, sich die Namen ihrer fünf Kinder von sechs verschiedenen Männern zu merken, und dass die Stütze halt leider immer nur bis zur dritten Stange Marlboro reiche: »Isch tu nix mehr kaufen, wat von die Bauern jemacht is', weil dat tun der Steven-Ray, dat Jamie-Alena, dat Pamela-Sue, der Rocky-King und dat Coco-Grace nich' essen tun! Dat kennen die nich'!«

Aber hier veröffentlichte eine ausgebildete Journalistin einer deutschen Tageszeitung, bei der davon auszugehen ist, dass sie zumindest nicht in allen Biologiestunden gefehlt haben dürfte, veröffentlicht im Netz ihren intellektuellen Offenbarungseid. Und was war die Folge? Absolut nichts! Der von mir erwartete Shitstorm für den Satz, der es unter die Top 3 meiner Rangliste der dümmsten Sätze, die ich jemals schwarz auf weiß gelesen habe, geschafft hatte, blieb aus. Stattdessen gab es Lob und Verständnis von den ganzen Saskia-Chiaras, Kim-Cheyennes und Kea-Anns, die solidarisch beschlossen, sich in Zukunft anscheinend ebenfalls nur noch von PU-Schaum und Concealer zu ernähren.

Gut, ich gebe zu: Ich als Kind eines Landwirts reagiere auf solche Aussagen vielleicht etwas sensibler als die meisten meiner Mitmenschen. Und ich war auch durchaus erleichtert, dass die Dame in Berlin ansässig ist. Denn wäre sie im Radius von 100 Kilometern um meinen Heimatort wohnhaft, hätte ich wahrscheinlich der Versuchung nicht widerstehen können, sie aufzusuchen, um sie mit abgelaufenen Tofuklößchen zu bewerfen und mit einer aus nachhaltigem Stahl gefertigten Mistgabel einmal ihre Wohnstraße auf und ab zu scheuchen. Aber lassen wir das. Gewalt ist auch keine Lösung.

Eines steht jedenfalls fest: Wäre ich Redakteur der Sendung »Goodbye Deutschland«, wäre ich garantiert umgehend nach Berlin gefahren und hätte der Dame vorgeschlagen, ein veganes Restaurant direkt am Wildtiermarkt in Wuhan zu eröffnen. Startkapital vom Sender: 100 000 Euro, steuerfrei, versteht sich. Und ich selber hätte noch mal 50 000 draufgepackt – unter der Prämisse, dass sie erst dann nach Deutschland zurückkehren darf, wenn sie anschließend auf einem niederbayerischen Bauernhof meiner Wahl eine Ausbildung zur staatlich geprüften Melkerin absolviert.

Die ganze Geschichte erinnert mich übrigens an einen Satz, den der Kardiologe meiner Mutter einmal zu mir sagte: »Die Menschen in Deutschland entfernen sich immer weiter von sich selber.« Oder wie meine Freundin Anni etwas weniger akademisch, aber ebenso treffend immer zu sagen pflegt: »Da, wo die Leut' früher ein G'spür g'habt ham, da ham's jetzt a Hornhaut!«

Dem stimme ich vollkommen zu, würde aber noch ergänzen, dass sich dabei eine signifikante Spaltung in Stadt- und Landbevölkerung auftut: Gerade die Corona-Krise hat gezeigt, dass Großstädter und Menschen aus Ballungsräumen weniger gut mit einer Ausnahmesituation zurechtkommen und deutlich aggressiver reagieren als die Menschen auf dem Land, auf die all die Diskussionen um geschlossene Kitas und Notbetreuung in Schulen, Homeoffice und Einlasssperren in Bau- und Supermärkten eher befremdlich wirken. Und während viele Großstädter – in ihren gesellschaftlichen Blasen lebend – eher dazu neigen, auf die Landbevölkerung herabzuschauen, erweist sich diese – weil sozialisiert in Vereinen und Gruppierungen und in einer gemischten Nachbarschaft lebend – als pragmatischer und nervlich belastbarer.

Umso mehr nervt mich die Stigmatisierung von Landwirten als pauschale Volldeppen, Landschaftsvernichter, Umweltvergifter, Subventionsbittsteller und Tierquäler. Dies ist nicht nur äußerst dumm, sondern wird vor allem von Menschen unternommen, die keinerlei Berührungspunkte zur Landwirtschaft haben und in der Regel eine Egge nicht von einer Walze unterscheiden können. Oder wie mein Bruder – seines Zeichens Teilzeitlandwirt – immer meint: »98 Prozent der Deutschen wissen, wie Landwirtschaft funktioniert, aber nur 2 Prozent führen sie aus!«

Zugegeben, in der Vergangenheit wurden auch hier ganz bestimmt viele Fehler gemacht, und sicherlich könnte immer noch vieles verbessert werden. Aber ich habe zeit meines Lebens ausschließlich Landwirte kennengelernt, denen das Wohl der Natur und das ihrer Tiere am Herzen lag. Von sich aus käme der gemeine Bauer etwa nie auf die Idee, lediglich Brust oder Filet eines Tieres zu verspeisen, weil ihm der Rest nicht hochwertig genug erscheint. Stattdessen verputzt er mit seiner Familie das ganze Viech, oder wie man neudeutsch sagt: »From Head to Tail«, also alles vom Kopf bis zum Schwanz. Und zwar, weil ihm dieser Respekt vor einem Nutztier von seinen Vorfahren so beigebracht wurde und nicht etwa von Jamie Oliver.

Im Gegensatz zu den meisten Städtern wissen auch die Frauen auf dem Land mit unterschiedlichen Fleischsorten noch etwas anzufangen und deuten an der Wursttheke nicht hilflos auf ein Stück Gelbwurst, während sie die geduldige Metzgereifachverkäuferin fragen: »Sagen Sie mal, essen Kinder so was?« (Selbst erlebt im November 2018 in der Metzgerei Huber, Kirchheim.) Bei uns wird auch noch gekocht – und zwar nicht in dem Sinne, dass wir uns eine Poke Bowl aus einem ayurvedischen Imbiss holen und diese dann in einen Teller umfüllen. Wir essen vorwiegend Gemüse aus dem eigenen Garten und Mehlspeisen: Fleisch gab es selbst bei Rindermastbetrieben wie dem unseren nur ein- bis zweimal in der Woche. Ja, wir waren als Rinderzüchterfamilie quasi Flexitarier, noch bevor es diesen Begriff überhaupt gab.

Ich kenne auch keinen Landwirt, der gemäß der landläufig kolportierten Meinung tonnenweise Kunstdünger oder Pestizide auf seine Äcker schüttet, weil dies a) unfassbar teuer und b) komplett sinnbefreit wäre, denn der Grund dient meist bereits vielen Generationen als Arbeits- und Lebensgrundlage. Dieses wertvolle und unersetzliche Gut gilt es zu erhalten und nicht zu vernichten. Kein Bauer wäre so dumm, den Ast abzusägen, auf dem er sitzt. Angeblich haben ja die dümmsten Bauern immer die größten Kartoffeln. Aber auch große Kartoffeln wachsen nur auf gut gehegten und gepflegten Böden, die mit Bedacht bepflanzt, bearbeitet und gedüngt werden.

Den besten Beweis für diese These lieferte tatsächlich einmal mehr die Hochphase der Corona-Pandemie: Durch das Herunterfahren der Wirtschaft und der Freizeitaktivitäten, die Reduzierung des Flugbetriebes, der Schifffahrt und des Autoverkehrs wurden Gewässer und Luft messbar sauberer. In genau dieser Zeit machten allerdings die Landwirte weiter wie bisher: Sie bestellten ihre Felder, düngten, spritzten gegen Unkraut und fuhren Gülle aus. Sie mähten Gras, fuhren Silage und Heu ein, ernteten Feldfrüchte und versorgten ihre Tiere – und trotzdem erholte sich die Natur merklich. Sollten etwa nicht die viel gescholtenen Landwirte, sondern doch Industrie, Wirtschaft und private Endverbraucher die größeren Umweltverschmutzer sein?

Ich traute jedenfalls meinen Ohren nicht, als ich Renate Künast, die zweite Empörungsfachkraft der Grünen neben Claudia Roth, im Bundestag schwafeln hörte: »Der Grund für die (Corona-)Pandemie ist die falsche Art und Weise, wie wir unsere Nahrungsmittel produzieren, Landwirtschaft betreiben und mit der Umwelt umgehen.« Laut Frau Künast sei jetzt die Zeit, »diese Erkenntnisse zu nehmen und eine

Ernährungswende einzuläuten«. Ich bin sicher, der Deutsche Bauernverband verbot seinen Mitgliedern noch am selben Tag den Verkauf von Fledermäusen und Schuppentieren auf sämtlichen Wochen- und Bauernmärkten zwischen Kiel und Freilassing, während Frau Künast bereits im Kongo weilte, um den dortigen Virologen zu verkünden, der neuerliche Ausbruch von Ebola sei auf das Tragen von allzu farbenfroher Kleidung der weiblichen Bevölkerung zurückzuführen und könne nur durch praktisch-pfiffige Bürstenhaarschnitte im Stile der U.S. Navy SEALs eingedämmt werden.

Aber das andauernde Niedermachen der eigenen Landwirtschaft bei gleichzeitigem Öffnen des Marktes für so großartige Produkte wie zum Beispiel das viel gepriesene Fleisch von argentinischen Rindern, die zwar im Freien gehalten, aber dort mit Lastwagenladungen voll Kraftfutter und Antibiotika vollgestopft werden, ist für jeden deutschen Landwirt nur schwer erträglich. Zumal es wohl in Deutschland – außer der Gastronomie – keine Branche gibt, in der die Beschäftigten Wochenstunden im dreistelligen Bereich leisten, nur um am Ende des Lebens eine Rente zu bekommen, mit der man de facto in Deutschland unterhalb der Armutsgrenze landet. Und wer sich fragt, warum das Zusammenleben von mehreren Generationen auf dem Land im Gegensatz zur Stadt immer noch funktioniert, dem sei gesagt, dass dies unter anderem auch einen wirtschaftlichen Grund hat: Mit einer landwirtschaftlichen Rente wie der meiner eigenen Eltern kann man sich in Oberbayern vielleicht eine Parkbank mieten, aber ganz sicher keine Wohnung.

Und denjenigen, die den Landwirten stets ihre ach so hohen Subventionen, die sie angeblich kassieren, vorwerfen, möchte ich folgenden Vergleich auf den Weg geben: In den 1960er-Jahren bekam ein Bauer für eine ausgewachsene Sau von rund 100 Kilogramm einen Durchschnittspreis von 300 Mark. Heute, knapp 60 (in Worten: sechzig) Jahre danach, bekommt ein Landwirt für eine ebenso ausgewachsene Sau im Schnitt 230 Euro, das ist nicht mal das Doppelte.

Viele von den Menschen, die sich – vollkommen zu Recht – über die Zustände in Großschlachtereien wie der Firma Tönnies entrüsten, haben ironischerweise kein Problem damit, ein Pfund Hack im Discounter zu kaufen, das regulär gerade mal 99 Cent kostet. Wenn alle doch ständig betonen, dass sie bereit sind, für Biofleisch viel mehr Geld auszugeben, wie kommt es dann, dass der entsprechende Bioanteil in Deutschland folgendermaßen aussieht: Für Schweinefleisch beträgt er 1,4 Prozent, für Geflügel 1,8 Prozent und für Rind 4,4 Prozent. Sind wir offensichtlich doch (fast) alle Heuchler und Pharisäer, die Wasser predigen und Wein saufen beziehungsweise in diesem Fall erstklassiges Fleisch aus kontrolliert ökologisch verträglicher Tierhaltung predigen, aber Transglutaminaseschnitzel und Formschinken fressen?

Der durch Ratgebermagazine im TV vorgebildete Durchschnittskunde fordert zwar hygienische Schlachtungen, faire Arbeitsbedingungen und möglichst umfassenden Tierschutz, aber beim Einkauf an der Ladentheke zählen für ihn dann doch nur die drei bekannten Kriterien: billig, billig und billig. Mit einer Genussreise nach Andalusien, dem neuesten SUV-Modell und dem aktuellen iPhone lässt sich eben doch schicker posen als mit der Papiertüte eines örtlichen Kleinmetzgers.

Und was letztlich der Verbraucher mit seinen eingefahrenen Gewohnheiten nicht zugrunde richtet, das erledigt dann die Politik: Früher gab es in jeder größeren Stadt einen regionalen Schlachthof, zu dem alle Metzger vom Ort ihre Tiere brachten – teilweise durften die Fleischer auch in ihrer hauseigenen Metzgerei schlachten. Die Bauern hatten somit kurze Anfahrtswege, und den Tieren wurden lange, nervenaufreibende Transporte erspart. Dies wurde alles von der EU mit der unsinnigen Begründung von mangelnder Hygiene und einer nicht mehr statthaften Abwasserentsorgung untersagt. Stattdessen wurde damit die Entstehung von gigantischen Schlacht- und Zerlegefabriken wie ebender oben genannten Firma noch weiter vorangetrieben. Ein Bekannter unserer Familie kämpft seit Jahren dafür, seine Rinder, die er in Freilandhaltung züchtet, auf der Weide zu töten, also dort, wo sie ihr ganzes Leben verbracht haben. Dadurch dürften die Tiere bis ganz zum Schluss dort bleiben, wo sie sich am wohlsten fühlen. Ein guter Gedanke, würde man meinen. Die Genehmigung dafür hat er bis heute nicht bekommen, aber er versicherte uns, dass er nicht aufgeben wird.

Die Dumpingpreise für unsere Grundnahrungsmittel sind politisch gewollt, denn Brot und Spiele funktionieren auch im Jahre 2020 noch reibungslos:

Ein Ei kostete seit den 1970er-Jahren 20 Pfennige, heute kostet ein Bio-Ei direkt vom Erzeuger 20 Cent. Ein Liter Milch kostete 1949 in Bayern 0,36 DM, 1959 0,44 DM, 1979 1,13 DM. Heute bekommt man einen Liter Milch bereits für 69 Cent. Frage: Welches Produkt – sei es in der Auto- oder Modeindustrie, im Baugewerbe, im Technologie- oder im Medizinsektor – hat seit 60 Jahren nahezu denselben Preis oder ist inflationsbereinigt sogar billiger geworden?

Und wenn man bedenkt, dass nirgendwo in Europa die Preise für Lebensmittel so günstig sind wie in Deutschland, dann müssen wir uns nicht wundern, wenn der Satz, den die eingangs erwähnte verärgerte Hochzeits-Zuspätkommerin aus Berlin zum Besten gab, irgendwann bittere Realität wird: Wir werden vermutlich in absehbarer Zeit tatsächlich auch nichts mehr essen, was von einem Bauern kommt. Denn diese Bauern werden von Politik und Discounterketten ausgepresst und vernichtet, sodass wir uns irgendwann mit Nahrungsmitteln zufriedengeben werden müssen, die in Fabriken von Konzernen wie Aldi oder Lidl oder gar Amazon oder Google produziert werden. Es sei denn, Sie kennen noch jemanden, der eine kleine Landwirtschaft, einen Acker oder einen Garten nur zum Eigenverzehr betreibt. Dann werden Sie in der glücklichen Lage sein, Lebensmittel, also Mittel zum Leben und nicht nur Nahrung, kaufen zu können.

Das wäre ganz im Sinne des Spruchs, der auf der Giebelseite des Rosenheimer Herbstfestzeltes steht, zumindest wenn es eines Tages nach der Pandemie wieder ein solches Herbstfest geben sollte: »Bauernstand und Bauerngeist, ob auch selten man ihn preist, sind des Volkes Quell und Kraft, wohl dem Land, das dies bedacht.« Das reimt sich zwar nicht ganz so sauber, aber dennoch trinke ich darauf einen selbst gemachten Eierlikör – aus wunderbaren Eiern vom Klobensteiner Herrmann, das Stück zu besagten 20 Cent. Und dafür darf man noch dem wunderschönen grün-gescheckten Gockel beim Balzen um seinen Hühnerharem zuschauen. Kostenlos.

Auf der anderen Seite wäre es natürlich ganz interessant zu wissen, wie ebenjene Hauptstadtjournalistin sich künftig ernähren wird – ganz ohne Eier, Milch, Fleisch, Kartoffeln, Gemüse, Salat, Obst oder Getreideprodukte. Ja, sie könnte sich ihre synthetisch-frutarische Ernährung, vorwiegend wahrscheinlich bestehend aus frittierten Algenchips, gerösteten Eicheln und Analogkäse aus Sojaproteinen, nicht einmal mehr schönsaufen. Denn Hopfen und Weintrauben kommen dummerweise ebenfalls, genau, aus der guten alten Landwirtschaft. Ich finde, da sind wir alle schon mal aus weitaus blöderen Gründen im Stau gestanden.

Unsere Scarlett schreibt keine Vier

Warum manche Eltern eine größere Bedrohung sind als die nächste PISA-Studie

Andreas Hock

Bevor meine Frau und ich erfuhren, dass wir Eltern werden, lebten wir gewissermaßen in einer kinderlosen Gesellschaft: Wir machten schöne Ausflüge, fuhren zum Sightseeing nach Wien, Nizza oder Prag und verbrachten unsere Hochzeitsreise auf den Seychellen, einem Ort, der für minderjährige Menschen gänzlich ungeeignet, weil zu idyllisch, zu malerisch, zu erholsam – kurz: zu langweilig – ist. Wir gingen essen in Lokalen, die vorwiegend Zweiertische aufstellten, und fuhren einen schwarzen Mini, der mit uns und zwei Kästen Mineralwasser vollauf ausgelastet war. Es war eine wirklich schöne Zeit, und uns war klar, dass wir sie ausnutzen mussten. Denn wir wollten ja ein Kind. Und kein Baby der Welt würde sich in der stickigen Augusthitze Wiens wohlfühlen, in einem langweiligen Wellnesshotel an der Costa Adeje oder im dröhnend lauten Gastraum unseres Lieblingsitalieners, der so eng war, dass bislang noch bei jedem Besuch irgendein Kellner irgendwo hängen blieb und mindestens eine Vorspeise oder ein paar Gläser fallen ließ. Erst recht würden wir selbst uns dabei nicht wohlfühlen, wenn wir unseren Sohn oder unsere Tochter fünf Stunden in einen Flugzeugsitz quetschten, bei 40 Grad im Schatten an den Strand setzten oder einen Wirt bitten müssten, unser mitgebrachtes Gläschen aufzuwärmen. Und zu teuer wäre all das mit einem Kind im Schlepptau sowieso. Wir konnten nicht wissen, dass wir mit dieser Einstellung offenbar ziemlich alleine waren.

Dass es überhaupt Leute gab, die echte Kinder großzogen, bemerkten wir erst während der Schwangerschaft. Je näher der Geburtstermin rückte, desto bewusster nahmen wir andere Familien war. Plötzlich waren sie überall: Babys, Kleinkinder, Kinder, Heranwachsende – und natürlich ihre dazugehörigen Väter und Mütter. Wir sahen sie nun in Verbünden beim Einkaufen, grüppchenweise beim Spazierengehen, wir sahen sie in bis zur Dachkante vollgepackten Kombis oder Kleinbussen – und sogar bei unserem Italiener: Es war an einem Samstagabend, der unserer Meinung nach für einen drei- oder vierjährigen Jungen deutlich zu fortgeschritten schien. Ich jedenfalls befand mich meiner Erinnerung nach in jenem Alter um diese Zeit stets im Bett und war bislang davon ausgegangen, dass es da so etwas wie einen gesetzlichen Richtwert gab, der bei Nichteinhaltung den sofortigen Entzug des Sorgerechtes nach sich zog. Dieser kleine Springteufel aber, dessen Vater sich beim Frisurstil am jungen Karl-Theodor zu Guttenberg orientiert hatte und dessen Mutter ihre Spaghetti Vongole mit einer derartigen Blasiertheit einsog, dass selbst Joan Collins beschämt zu Boden geblickt hätte, war ganz offensichtlich auch um kurz nach neun noch nicht müde. Zumindest hatte er genug Energie, um durch seine Turnübungen, die er unbehelligt zwischen den Stühlen anderer Gäste vollführte, den kompletten Betrieb lahmzulegen. Als der inzwischen ordentlich angesoffene Papa nach weiteren eineinhalb quälend langen Stunden, zwei Grappa und einem Ramazzotti aufs Haus endlich die Rechnung bezahlt hatte, wurde er vom Patrone überschwänglich verabschiedet. Dem Gespräch konnten wir entnehmen, dass die drei hier offenbar Stammgäste waren wie wir auch. Aber wir hatten sie noch nie gesehen. Oder hatten wir sie vorher einfach nicht bemerkt? Konnte es also sein, dass uns selbst die dämlichsten Kinder und ihre für diesen Zustand verantwortlichen Erziehungsberechtigten bisher so egal gewesen waren, dass wir sie nicht einmal wahrgenommen hatten?

Offensichtlich war das so. Denn mit jedem weiteren Tag fiel uns deutlicher auf, wie viele verschiedene Typen Eltern es eigentlich gibt. Wir beobachteten, wie gleichgültig und emotionslos manche ihre Kinder behandelten. Wir stellten fest, wie rücksichtslos einige Väter und Mütter ihren vermeintlichen Sonderstatus ausnutzten und für sich Dinge reklamierten, die ihnen gar nicht zustanden. Wir erkannten, wie einige ihren Kids alles durchgehen ließen und andere selbst dann vollkommen ausflippten, wenn eigentlich überhaupt nichts passiert war. Und plötzlich sahen wir auch unsere Freunde in einem anderen Licht: Da gab es etwa Markus und Vicky, deren zweijähriger Prinz einen sündteuren Elektroporsche fuhr, trotzdem keine Nacht durchschlief und sich regelmäßig einnässte. Oder Torben und Steffi, die ein nach außen hin überaus schüchtern wirkendes Brüderpaar aufzogen, das sich gegenseitig bei jeder Gelegenheit bis aufs Blut verprügelte. Oder Matze und Claudia mit ihrer Primadonna, die mit dem Wechsel von der zweiten in die dritte Grundschulklasse unmissverständlich kundtat, dass ihr ein Leben ohne iPhone beim besten Willen nicht mehr zumutbar sei – was ihr am nächsten Wochenende tatsächlich ein nagelneues iPhone einbrachte.

Je öfter wir also auf die Blagen unserer Freunde und die fremder Menschen blickten, desto klarer wurde uns, dass nicht die Kinder das Problem waren. Sondern einzig und allein die Eltern. Als zweifacher Vater kann ich sagen, dass viele Väter (und die dazugehörigen Mütter) eine der Ursachen für extreme Dämlichkeit in unserer Gesellschaft sind.

Denn mit der Geburt eines Kindes scheint sich im Gehirn vieler Erwachsener jener Bereich dramatisch zu verändern, der zuvor für die Vernunft zuständig war. Ich will mich davon gar nicht ausnehmen: Heute schäme ich mich für die hastig gedruckten Fotokarten mit blauem Rand und kitschiger Schreibschrift, die ich wenige Tage nach der Ankunft unseres Sohnes an wirklich jeden verschickte, der mir irgendwann mal aus Versehen seine Adresse gegeben hatte: Darauf zu sehen war ein provisorisch mit einem gammeligen Klinikteddy drapiertes Wesen mit geschlossenen Augen, verklebten Haaren und einem viel zu großen Strampelanzug, das optisch irgendwo zwischen Nacktmull und Schimpanse angesiedelt war. Ich aber war in diesem Augenblick felsenfest davon überzeugt, dass es sich um das hübscheste Baby handelte, das die Welt jemals gesehen hatte. Und auch bei dem Kalender, den wir seit einigen Jahren immer an Weihnachten an die Paten unserer Kinder verschenken, bin ich mittlerweile nicht mehr ganz so sicher, ob all die vermeintlich ach so niedlichen Spielplatz-, Planschbecken- und Schneeanzugbilder wirklich ein sinnvolleres Geschenk sind als ein Amazon-Gutschein. Ich jedenfalls würde, wenn ich ganz ehrlich bin, das Ding nicht aufhängen.

Bei anderen beginnt der Irrsinn spätestens bei der Namenssuche. Auch wir machten uns die Entscheidung, wie unser Sohn heißen sollte, alles andere als einfach. Immerhin würde er – eine spätere Geschlechtsumwandlung oder eine einen Künstlernamen erforderlich machende Karriere im Showbusiness mal ausgeschlossen – sein gesamtes Leben mit diesem Namen zurechtkommen müssen. Es musste also ein Vorname her, der möglichst zeitlos war, uns beiden und eines Tages hoffentlich auch mal dem Betreffenden selbst gefiel, die Großeltern nicht verprellte und sich im Idealfall auch noch zusammen mit unserem Nachnamen passabel anhörte. Nach wochenlanger, akribischer Recherche einigten wir uns auf: Maximilian. So nannten schon die Habsburger und die Wittelsbacher viele ihrer Sprösslinge, trotzdem hörte sich dieser Vorname unserer Meinung nach nicht komplett nach vorvorigem Jahrhundert an. Man konnte ihn außerdem ganz gut abkürzen, die künftigen Opas und Omas würden bei der Bekanntgabe nicht in Ohnmacht fallen, und wir hofften auch, dass dieser Maximilian nicht irgendwann vor seinen in die Jahre gekommenen Erzeugern im Wohnzimmer stehen und mit vor Wut bebender Stimme und Tränen in den Augen fragen würde: »Ey Leute, was zur Hölle habt ihr euch damals dabei eigentlich gedacht?«

Schon während unserer Entscheidungsfindung bekamen wir mit, dass nicht alle Eltern eine derartige kreative Weitsicht an den Tag legten und ihrem Junior einen Namen gaben, der seit Jahrzehnten zuverlässig in den Top 5 landete. Klar war diese Wahl also total unoriginell und langweilig, aber auch wir kannten natürlich bereits zuvor abschreckende Beispiele wie Wilson Gonzalez Ochsenknecht, der ebenso wie sein jüngerer Bruder Jimi Blue sowie seine Schwester Cheyenne Savannah das enorme Glück hat, in der schillernden Branche seines berühmten Vaters aktiv sein und damit auch seinen Lebensunterhalt verdienen zu dürfen. Aber auf einem Filmplakat oder dem Cover einer Hip-Hop-CD liest sich ein solcher Name sicherlich anders als auf, sagen wir mal, der Visitenkarte einer Anwaltskanzlei, dem Namensschild eines Edeka-Marktleiters oder der Internetseite einer Sparkassenfiliale.

Nun gab und gibt es bei den tatsächlich in Deutschland zugelassenen Vornamen Bezeichnungen, bei denen ein hellhöriger Standesbeamter normalerweise umgehend den Amtsarzt rufen und eine Haarprobe veranlassen müsste: Gehörten Connor, Diego, Milo, Kian oder Jesper in den vergangenen Jahren schon beinahe zum Standardrepertoire, fanden selbst Napoleon, Sturmhart, Borussia, Huckleberry oder Grammofon zuletzt allen Ernstes offizielles Gehör. Was aber einmal aus einem Huckleberry Huber oder einem Napoleon Niedermeyer werden soll, vermochten wir uns nicht einmal in unseren schlimmsten Albträumen auszumalen. In unserer Jugend hätte es ein kleiner Sturmhart jedenfalls wahrscheinlich nicht einmal am ersten Schultag bis zur großen Pause blessurenfrei geschafft. Jedenfalls werden, wie die Universität Leipzig herausfand, jedes Jahr in Deutschland rund 1000 Namen erlaubt, die es zuvor noch nicht gab – und das in den meisten Fällen vollkommen zu Recht.

In meiner Kindheit, unter all den Steffis, Olivers, Danielas, Alexanders, Tanjas und Christians jener Zeit, ragte nur ein einziger wirklich außergewöhnlicher Name heraus: der von Engelberta. Die aber war unsere Kindergärtnerin und gehörte zum Schwesternorden vom Göttlichen Erlöser. Und dort, wo man von Berufs wegen einen ganz kurzen Draht zum lieben Gott besaß, waren solche Extravaganzen nun mal üblich. In Wirklichkeit hieß diese herzensgute Dame natürlich anders, wenngleich ich nie erfuhr, wie.

Ich frage mich, was jene Menschen eigentlich bezwecken, die ihr Kind außer nach einem Zweirad womöglich auch nach einer alten italienischen Apfelsorte, einem idyllischen kretischen Ferienort, einem zwei Millionen Lichtjahre entfernten Planeten oder ihrer Lieblingskonfitürenmarke benennen. Ich vermute, dass – abgesehen von jenen unter ihnen, die wirklich einen gehörigen Sprung in der Schüssel haben – derartige Auswüchse wohl nur ein Indiz für ein vermeintliches Übermaß an Kreativität darstellen, die mit dem Abschluss der Namenswahl keinesfalls erschöpft sind.

Estelle – eine Klassenkameradin meiner Frau und selbst gewissermaßen ein Opfer ihrer freigeistigen Eltern, die einst davon geträumt hatten, mit dem Klang seiner Gitarre und ihrer Stimme die großen Konzertbühnen der Welt zu erobern, und die später ihr Geld als ungelernter Maurer sowie als Podologin in Teilzeit verdienten – teilte etwa über Facebook und Instagram nicht nur euphorisiert die Geburt ihrer Tochter Scarlett-Soraya mit. Sie postete dazu ein Foto, das die Kleine bereits am ersten Tag ihres Lebens und kaum der Nabelschnur verlustig gegangen nicht etwa in einem handelsüblichen weißen oder meinetwegen roséfarbenen Body von H&M zeigte, sondern in einem viel zu großen, jutesackähnlichen Etwas mit undefinierbarem buntem Batikmuster. Das Outfit hatte Estelle, wie der Nachricht in aller Ausführlichkeit zu entnehmen war, während der letzten Schwangerschaftswochen natürlich selbst genäht, und sie reichte im nächsten Post noch eine detaillierte Anleitung nach, falls eine ihrer Freundinnen davon inspiriert worden sein sollte.

Für Eltern, die schon zu Lebensbeginn ihrer Kinder großen Wert auf individuellen Ausdruck legen, scheint es bereits im Kreißsaal undenkbar zu sein, dass ihr Kind einmal eine Lehre als Kaufmann beziehungsweise Kauffrau im Einzelhandel oder im Büromanagement macht, als Verkäufer arbeitet oder Kfz-Mechatroniker wird, was statistisch gesehen jedoch die häufigsten Ausbildungsberufe hierzulande sind – also für den eigenen Nachwuchs eher nicht kategorisch ausgeschlossen werden sollten. Trotzdem ist sonnenklar, dass eine Freya-Zoe später mindestens international anerkannte Modedesignerin werden muss, weil sie bereits im Alter von zweieinhalb Jahren zwei schiefe Kreise mit dem Filzstift auf ihr weißes T-Shirt gekritzelt hat. Und bei einem Kenan-Neo kann jedwede Laufbahn als ausgeschlossen gelten, die den heute 16-monatigen Buben in seiner Erfindungsgabe einschränkt, nur weil er zufällig zwei verschiedenfarbige Legosteine aufeinandergesteckt hat. Dumm nur, dass es für all die nominell entstellten Kinder gar nicht genug Plätze an den wenigen Akademien der bildenden Künste gibt, dass geschätzt nur ein paar Hundert der in Deutschland knapp 25 000 tätigen Schauspieler von ihrem Beruf leben können und dass ein Leben als Pop- und Rockstar selbst in Zeiten von DSDS oder »Supertalent« ziemlich schlecht planbar ist.

Zu Hause bei Estelle und ihrem Mann Ludger sah es nach der Geburt aus, als wäre ein Kleinflugzeug in einen riesigen Schrotthaufen abgestürzt, der sich erst bei näherem Hinsehen als jede Menge unsinniger Krimskrams aus Naturmaterialien entpuppte. Auf dem Boden lagen Häkelteppiche in allen Farben des Regenbogens, die Fenster waren verziert mit selbst gemachten Glasmalereien, Kommoden und Regale quollen über vor Kastanienfiguren, und im Flur stapelten sich Bastelzeitschriften und Malbücher. Schon vor Jahren hatten uns die beiden erklärt, ihr Kind niemals in seiner Fantasie einschränken zu wollen, wenn sie denn eines Tages einmal eines bekommen sollten.

»Du, die Kleine soll sich ruhig total effektuieren«, pflegte Estelle bereits zu sagen, bevor Scarlett-Soraya das erste Mal etwas anderes in die Hand nehmen konnte als den Finger ihrer Mutter – die sich selbst in ihrem Leben für unseren Geschmack schon viel zu häufig effektuiert hatte. In diesem Haushalt, in dem es wegen Estelles Leidenschaft für das Bratschenspiel immer ein wenig nach Kolophonium roch, gab es nämlich im Grunde genommen überhaupt nichts Handelsübliches: Das Sofa bestand aus mehreren verschiedenfarbigen Einzelelementen anderer Garnituren, der Esstisch setzte sich aus alten Großmarktkisten zusammen, die Lampen sahen aus wie vom Sperrmüll aufgesammelt, und das Ding, auf dem der Fernseher stand, war irgendwann einmal ein Flugzeugküchenunterschrank oder etwas in der Art gewesen. Dabei lag diese zusammengewürfelte Ausstattung keineswegs daran, dass Estelle und Ludger sparen mussten – er stammte aus einer wohlhabenden Familie und verdiente gut als Programmierer. Es war einfach ihr Stil, dass alles, was man sich in gewöhnlichen Geschäften kaufen konnte, in ihren Augen kleinbürgerlich und bieder war – und wenn es sich nur um ein IKEA-Regal handelte.

Diese über die Maßen gestalterische Lebenseinstellung bedeutete für Scarlett-Soraya unter anderem, dass sie niemals in Berührung mit handelsüblichem Spielzeug kommen und weder einen Puzzleteppich noch ein Bobbycar oder gar ein Puppenhaus besitzen würde. Stattdessen bastelte Ludger, der eigentlich über keinerlei handwerkliches Talent verfügte, alle erdenklichen Spielsachen selbst – ungeachtet der Verletzungsgefahr, die von einem aus alten Spanplatten, übrig gebliebenen Schrauben und im Wald eingesammelten Ästen bestehenden Lauflernwagen für ein Kleinkind ausgehen würde. Selbst das Klingelschild an der Tür stammte von ihm, auch wenn er es zwischenzeitlich mindestens vier- oder fünfmal austauschen musste, weil der Ton im heimischen Backofen nicht anständig aushärten konnte und das Schild immer wieder auseinanderbrach.

Selbstredend, dass sich in diesem alternierenden Umfeld auch das kleine Mädchen von Anbeginn an total verwirklichen konnte. Das war ihr zwar im Alter von drei oder vier Wochen vermutlich noch nicht bewusst. Aber schon beim ersten gemeinsamen Besuch eines Gasthauses kurze Zeit später kritzelte sie mit einem Filzschreiber auf der Speisekarte herum, was von Papa und Mama sofort als positives Zeichen für ein Übermaß an Schöpfergeist gewertet wurde, weil andere Kinder gleichen Alters einen Stift noch nicht einmal zu halten vermochten. Und wiederum wenige Monate später war Scarlett bereits in der Lage, einen Apfel nicht nur zu essen, sondern ihm vor allem mithilfe ihrer Fingernägel ein lustiges Muster zu verpassen. Das machten andere Kinder zwar auch und wäre natürlich nicht berichtenswert gewesen, hätten Estelle und Ludger nicht jeder noch so instinktiv-infantilen Handlung eine ästhetische Absicht unterstellt. Und so fotografierten sie die unfreiwillig verzierten

Apfelstücke nicht nur aus jeder Perspektive und stellten die Bilder auf Facebook ein. Sie hoben die Dinger sogar auf, bis es selbst den Fruchtfliegen zu blöd wurde und diese sich anderen Lebensmitteln widmeten.

Estelle und Ludger vermieden es außerdem kategorisch, ihrer Tochter irgendwas vorzumachen. Stattdessen warteten sie geduldig ab, bis das Kind von selbst etwas tat, was dann umgehend gelobt wurde – ganz gleich, wie dämlich es auch war. Von der brachialen Zerstörung der mühsam zusammengebastelten Eigenbauspielwaren bis zum Verzehr der handgefärbten Wickelunterlage stellte alles ein individuelles Charaktermerkmal dar, das schon jetzt ein deutlicher Hinweis auf eine ganz besondere Begabung sein musste. Selbst das In-den-Hals-Stecken der Babyzahnbürste bis zum Brechreiz wurde umgehend und lautstark bejubelt.

Später wird Scarlett wohl ohnehin niemals schlechte Noten schreiben, denn Freigeistigkeit und Toleranz hören für diese Art von Eltern immer dort auf, wo normative Regeln beginnen, die nun mal selbst in einer offenen Gesellschaft wie der unseren hin und wieder zu gelten haben. Zwar liegt es nach menschlichem Ermessen durchaus im Bereich des Möglichen, dass ein Kind in einer Mathe- oder Deutschaufgabe mal eine Vier minus abliefert, weil es die Nächte zuvor mit den Freunden durchgechattet hat, aber da es sich ja um ein hochbegabtes Ausnahmetalent handelt, kann der Fehler nur a) entweder in der unklaren Aufgabenstellung oder b) in der alle objektiven Kriterien ignorierenden Korrektur seitens der Lehrkraft gelegen haben. Ich kenne Lehrerinnen, die inzwischen mehr Zeit mit sich permanent aufregenden Eltern zubringen müssen als mit den Schülern selbst. Gegen manch unsachliche Kritik erboster Helikoptermütter oder -väter hilft dann allerdings auch kein Johanniskraut mehr, sondern nur noch starker Branntwein.

Manche Erziehungsberechtigten wenden sich mit ihren

Einlassungen dagegen gleich an die Kultusministerien, wo mit den eingereichten Dienstaufsichtsbeschwerden wegen vermeintlicher ungerechter Behandlung des Nachwuchses wahrscheinlich die gesamten Behörden neu tapeziert werden könnten. Gerne wird auch mit dem Gang zum Rechtsanwalt gedroht, wenn Sanktionen verhängt, Handys abgenommen oder Strafaufgaben verteilt werden, weshalb etwa die Rechtsabteilung des Bayerischen Lehrerverbandes inzwischen die größte Einheit der gesamten Organisation ist – was sich auch durch Corona und die monatelange Daheimbeschulung nicht verändert hat.

Selbst in unserem Kindergarten müssen sich die Erzieherinnen jeden Tag mit teils absurden Sonderwünschen herumplagen, die unsere so gütige wie strenge Schwester Engelberta nicht einmal ignoriert hätte. Es gibt Mädchen, die von den Eltern aus keine Gummistiefel tragen dürfen, und Jungen, die aus hygienischen Gründen nicht im Sand spielen sollen. Während wir früher ausnahmslos alle an einem Tisch saßen und nach einem kurzen Mittagsgebet das gleiche Würstelgulasch mit Hörnchennudeln aßen, werden heute fünf verschiedene Speisepläne innerhalb derselben Gruppe bereitgestellt: halal, laktose- oder glutenfrei, vegetarisch oder vegan. Man fragt sich, wie die Menschheit 300 000 Jahre überleben konnte, wo doch offenbar ein Körnchen Sand oder ein Nanogramm Eiweiß eine gesundheitliche Katastrophe auslösen können. Und wie all die in Watte gepackten und vollkaskoversorgten Kinder wie Scarlett-Soraya einmal in der harten Lebensrealität zurechtkommen, wenn die schützende Hand der Erzeuger nicht mehr über ihnen schwebt, bleibt sowieso abzuwarten. Ich sehe da, ehrlich gesagt, ziemlich schwarz.

Bis es aber so weit ist, vergeht noch viel Zeit, in der von unseren kreativen Freunden wenig inspirierende Farbexplosionen ihres Kindes zu spektakulären Kunstwerken und erste musische Erfahrungen mit Alltagsgegenständen zu geradezu orchestralen Kompositionen erklärt werden! Dass es später nicht nur ein schnödes Instrument wie Blockflöte, Gitarre oder Schlagzeug zu erlernen gilt, versteht sich ohnehin von selbst. Wer nicht mit fünfeinhalb zumindest schon den ersten Teil von Bachs Toccata und Fuge in d-Moll auf dem Leihklavier anspielen kann, wird eben auf andere Instrumente wie Klarinette, Oboe oder Harfe umgeschult. Irgendwann wird man sich schon in der Aula ein Konzert seines Wunderkindes und seiner Klassenkameraden anhören können, das nur für ungeübte Ohren ignoranter Außenstehender an die Geräuschkulisse einer Autobahnbaustelle erinnert.

Schon zuvor indes wird auch Estelles und Ludgers ohnehin schon überfüllte Wohnung einem bizarren Lager für abstrakte Kunst gleichen, dessen Exponate zwar für die Augen fantasieloser Spießer wie mich an Scheußlichkeit nicht zu überbieten sind. Da sie aber komplett aus dem Œuvre der eigenen Tochter stammen, bleiben die schief aus einer Filzrolle ausgeschnittenen Platzdeckchen ebenso liegen wie die deformierten Sofakissen, die irgendwann im Bastelunterricht angefertigt wurden. Die Geschenke, die man zu eigenen Festivitäten von derartigen Eltern und deren Kindern überreicht bekommt, kann man derweil ungesehen in die Mülltonne schmeißen – es sei denn, man hat ein Faible für Wollelfen, Einhörner aus Pressspan oder gehäkelte Hühner, die man als Eierwärmer verwenden soll.

Doch natürlich ist auch das andere Extrem zu beobachten: Eltern, die sich einen feuchten Kehricht um ihre Kinder scheren. Die keine Geburtstagstorte backen, keine Sandburg im Sommer und keinen Schneemann im Winter bauen, die an Ostern keine Nester verstecken und im Herbst keinen Drachen steigen lassen, weil das doofe Kind die eigene Lebensplanung zerstört hat oder sonst nicht in den Lebensentwurf aus Party machen, Fernsehen glotzen und Zigaretten drehen passt. Vögeln macht nun mal zugegebenermaßen mehr Spaß als Windeln wechseln, und einen Erziehungsführerschein braucht man zu meinem Bedauern noch immer nicht. Und so gibt es leider immer mehr, die niemals auf einem Elternabend auftauchen und denen es wurscht ist, ob der kleine Diego schreiben oder die kleine Lia lesen kann. Natürlich spielen hier auch die eigene Schulbildung eine Rolle, die finanzielle und berufliche Situation oder – auch wenn's keiner hören mag – die Herkunft.

Doch Armut, Arbeitslosigkeit oder ein wie auch immer gearteter Migrationshintergrund sagen freilich überhaupt nichts über die Herzenswärme von Eltern aus. So viele liebevolle nicht gut situierte oder ausländische Väter und Mütter es gibt, so viele wohlhabende Deutsche oder Österreicher gibt es, die ihre Kinder eher als modisches Accessoire betrachten denn als menschliches Wesen – beinahe wie eine schicke Armbanduhr, ein teures Auto oder einen dieser überzüchteten Handtaschenhunde, die keinen weiteren Zweck erfüllen, außer auf Fotos niedlich auszusehen. Gäbe es spezielle Louis-Vuitton-Taschen für Babys, wäre ich mir sicher, dass manche Frauen damit jeden Tag in der Stadt spazieren gehen würden, als führten sie ihren Chihuahua aus.

Dank der sozialen Netzwerke und der in allen Lebenslagen gezückten Handykamera weiß zwar bei vielen dieser perfekt inszenierten Familien die ganze Welt über jeden Schritt der kleinen Würmchen Bescheid – und auch darüber, dass der neue Bugaboo-Kinderwagen einen Latte-Macchiato-Halter besitzt oder es Ralph-Lauren-Polohemden bereits ab Größe 62 gibt. Dabei interessieren sich die Erzeuger jedoch weniger für die tatsächliche Zufriedenheit ihres Nachwuchses, sondern mehr für die Likes, die einer ihrer Posts erhält.

Wer eigene Kinder hat, weiß, wie wichtig schon früh

Liebe, Anerkennung und Aufmerksamkeit für sie sind. Wenn aber die Mama oder der Papa auf dem Spielplatz lieber eine Stunde lang in das Smartphone starrt, als eine anständige Räuberleiter zu machen, damit auch die oberste Stufe des Klettergerüsts erklommen werden kann, muss man sich nicht wundern, wenn das Kinderzimmer irgendwann verschlossen bleibt und hinter der Tür von früh bis spät »Counterstrike« gedaddelt wird. Elterliche Zuneigung kann man durch nichts ersetzen, weder durch eine Play Station 5 noch durch das Playmobil »Magic Castle«, das ungefähr so viel kostet wie früher eine ganze Woche Urlaub in unserer angemieteten Ferienwohnung im Allgäu. Dabei ist, das kann ich aus eigener Erfahrung sagen, einem Kind der materielle Wert eines Spielzeugs vollkommen schnuppe: Unser von uns und beiden Großelternpaaren durchaus verwöhnter kleiner Max hat selbst dann noch mit großer Freude den Pappkern einer verbrauchten Küchenrolle zum selbst bemalten Fern-, Hör- oder Blasrohr umfunktioniert, als er längst im legofähigen Alter war. Und das Lauren-Polo sieht vollgekotzt auch nicht besser aus als das markenlose Sommerhemdchen, das schon ich als kleiner Bub getragen habe und das trotz seines stolzen Alters dank der luftdichten Lagerung durch meine Mutter erstaunlicherweise noch immer nicht kaputtgegangen ist.

An meinem ersten Tag bei bereits erwähnter Schwester Engelberta weinte meine Mutter ausdauernder als ich, weil sie mich einfach nicht hergeben wollte. Heute wird man als Mutter im Bekanntenkreis schnell als vorgestrig und provinziell eingestuft, wenn man nach spätestens sechs Monaten noch nicht wieder als Key Accounterin in der Agentur arbeiten geht. In München gibt es eine Kita, in der für 1300 Euro im Monat – einen Betrag, der bei vielen Alleinstehenden das monatliche Bruttogehalt darstellt – ein paar Wochen alte Säuglinge an sieben Tagen pro Woche und ohne Ferien von 6 Uhr früh bis 19 Uhr abends outgesourct werden können wie eine lästige Arbeit an einen externen Dienstleister. Lediglich an den Weihnachtsfeiertagen ist die Einrichtung leider geschlossen und müssen sich die Eltern ausnahmsweise selbst um Söhnchen oder Töchterlein kümmern, falls die aus Asien stammende Nanny nicht übernimmt.

Solche Familien freilich betrachte ich mit mindestens demselben Argwohn wie Estelle und Ludger. Und frage mich, warum es keinen Mittelweg mehr zu geben scheint: mit Eltern, die an manchen Tagen entnervt sind und überfordert und an anderen die größten Superhelden, Abenteurer und Vorbilder für ihre Söhne und Töchter. Und mit Kindern, die nicht alles von klein auf können müssen und auch nicht alles dürfen sollen, sondern die vor allem Liebe spüren und gelegentlich ein bisschen Strenge. Aber auch das ist vermutlich: aus der Mode.

Müllentsorgung mit Diplom

Wieso uns die Überakademisierung unserer Gesellschaft nicht weiterbringt

Monika Gruber

Neulich las ich in der Zeitung, dass es im bayerischen Voralpenland offensichtlich einen neuen Volkssport zu geben scheint, nämlich die sogenannte Kulikitaka-Challenge. Soll heißen, erholungssuchende Städter – vorwiegend die jüngere Altersgruppe, die eher weniger zum Almwandern, sondern vorwiegend zum Ärgermachen in die Berge geht – haben in letzter Zeit offensichtlich großen Spaß daran, sich vorwiegend Kühen mit kleinen Kälbern zu nähern, diese mit einem hektischen Tanz zu einem grausligen Lied des dominikanischen Interpreten Tono Rosario zu erschrecken, um dann abzuwarten, ob die armen panischen Tiere in den Angriffsmodus übergehen. Und dann laufen die kleinen Hobbytoreros über die Wiesen davon, während ihre Begleiter die lustige Hetzjagd filmisch für die Nachwelt auf TikTok festhalten. Einzelne Videos dieses zweifelhaften Wettbewerbs haben mehrere Hunderttausend Zuschauer, und angesichts von so viel Dummheit würde man sich fast darüber freuen, wenn eines der vierbeinigen Rindviecher es schaffen sollte, eines der zweibeinigen Rindviecher auf die Hörner zu spießen, um ihm zu zeigen, wie ein menschliches Kulikitaka-Schaschlik aussieht. In einem Bericht aus dem Tannheimer Tal in Tirol berichtete ein Landwirt sogar, dass ganze Familien über die Weidezäune klettern würden, um seine Kühe zu streicheln oder gar ihre Kleinkinder auf seine Pferde zu setzen und somit ein putziges Foto für die familiäre WhatsApp-Gruppe zu schießen. Auch Verbotsschilder hätten bisher nichts gebracht, daher überlege er, die Tiere in Zukunft einfach nicht mehr auf die Weide zu lassen.

Angesichts dessen brauchen wir uns nicht zu wundern, warum Wissenschaftler auf der ganzen Welt so eifrig an künstlicher Intelligenz forschen: Die natürliche Intelligenz scheint nämlich ganz offensichtlich vom Aussterben bedroht zu sein. Dabei studieren heutzutage so viele Menschen wie nie zuvor – fast drei Millionen sind es derzeit in Deutschland und rund 400 000 in Österreich. Und trotz dieser stattlichen Anzahl an angehenden Akademikern wird die Menschheit immer blöder, zumindest fühlt es sich verdammt danach an.

Als ich die vierte Klasse besuchte, traten von 25 Schülern genau zwei ins Gymnasium über: Gabriele Haindl und ich. Die restlichen 23 teilten sich auf Haupt- und Realschule auf, und es war weder für die Kinder noch für die Eltern ein Makel, wenn klar war, dass der kleine Rudi oder die kleine Elisabeth eben nicht aufs Abitur zusteuerten, sondern auf einen anständigen Lehrberuf, für den sie keine Infinitesimalrechnung, kein Periodensystem und kein kleines Latinum brauchten, sondern vielmehr ein praktisches und damit sehr nützliches Allgemeinwissen. Heute ist das Verhältnis fast schon umgekehrt, und trotzdem ist es leider eher unwahrscheinlich, dass die Schüler insgesamt in den letzten 40 Jahren so viel schlauer geworden sind.

Ein Bekannter von mir ist Bankangestellter und erzählte mir, dass er kürzlich ein Bewerbungsgespräch mit einem Abiturienten hatte. Der junge Mann mit guter Note kam nicht nur eine Viertelstunde zu spät, sondern trug zum Vorstellungstermin ein gammeliges Sweatshirt, seine Jeanshosen auf halbmast und eine ungepflegte Haarpracht. Ohne eine Begrüßung oder ein Wort der Entschuldigung für sein Zuspätkommen fragte er meinen Bekannten beim Betreten des Besprechungszimmers: »Alter, wo is'n hier das Klo?«

Es wird Sie nicht großartig verwundern, dass mein Bekannter ihm nicht den Weg zur Toilette, sondern lediglich den Platz zeigte, wo der Maurer vorausschauenderweise ein Loch (zum Verlassen der Baulichkeit) gelassen hatte. Ich möchte dem jungen Mann dennoch nicht alleine Schuld an seinem Verhalten geben, sondern würde dessen Eltern sehr gerne fragen, was sie sich eigentlich dabei gedacht haben, ihren Ableger zwar mit einem Abi, dafür aber ohne jegliche Form von Benehmen und Anstand in die weite Welt hinauszuschicken.

Diese Begebenheit erinnerte mich mal wieder an den Spruch der Mutter eines alten Freundes, die einmal allen Ernstes meinte: »Monika, ich habe festgestellt, dass es Leute ohne Abitur gibt, die durchaus wertvolle Menschen sein können!« Wertvoll und außerdem sauber gewaschen, möchte ich da noch anfügen. Übrigens: Ich muss nicht dazusagen, dass sie selber natürlich keine Hochschulreife besaß, sondern lediglich auf dem Standesamt promoviert hatte. Der korrekte Begriff dafür ist übrigens: Zahnarztgattin auf dem horizontalen Bildungsweg. Mein Onkel Erich dagegen – Gott hab ihn selig – pflegte immer zu sagen: »Was nützt dir ein Abitur, wenn du nicht genügend Baugrund hast?«

Und da wären wir wieder beim Thema. Corona hat unter anderem gezeigt, dass es – zumindest auf dem Papier – viele sogenannte systemrelevante Berufe gibt. Darunter waren natürlich auch Menschen mit abgeschlossenem Hochschulstudium, wie zum Beispiel Ärzte und Physiker (Frau Dr. Merkel). Was ein Germanistik-, Psychologie- oder Ökotrophologiestudium samt Diplom oder Doktortitel allerdings wert sind, wenn das Klo verstopft ist, das Auto streikt oder einem die Haare nicht nur auf dem Kopf, sondern auch aus Ohren und Nase wachsen, bleibt dahingestellt. Sicher kann man sich auch von einer Ernährungswissenschaftlerin oder einer angehenden Psychologin mit dem Langhaarschneider die Matte mähen lassen und lässig anmerken: »Ich hab neulich auf Arte eine Dokumentation über schwule Rikschafahrer in Baku gesehen, da trägt man das jetzt so!« Aber was würde ein Student der Theaterwissenschaften wohl bei einer kaputten Heizung oder einem Steinschlag in der Windschutzscheibe raten? Vermutlich so etwas Kluges wie: »Die Welt ist aus den Fugen, aber keiner lernt mehr Fliesenleger …« (Zitat aus »Hamlet« von William Shakespeare). Im Haus bliebe es aber trotzdem kalt, und die Scheibe hätte nach wie vor ein Loch.

Für alle zukünftigen Lockdowns, während derer unsere armen Kinder wieder in den eigenen vier Wänden von ihren genervten Erziehungsberechtigten den Satz des Pythagoras und Gedichte von Ovid gelehrt bekommen, wird man sich schon die Frage stellen, was man in Zukunft eigentlich mit Hunderttausenden von Lehrkräften machen wird. Das Taxigeschäft ist schließlich auch nicht mehr das, was es mal war. Und Uber wurde bereits von Kohorten von Soziologiestudenten, arbeitslosen Konzertmusikern und angehenden Schauspielstars überrannt. Sie kennen ja sicher den Witz: Wie beginnt man ein Gespräch mit einem promovierten Germanisten? »Einmal in die Maximilianstraße 7, bitte.«

Meine Freundin Annette sagte einmal zu mir, als wir auf das Thema »Studium vs. Ausbildung« kamen: »Moni, aber denk doch mal an die finanzielle Seite. Akademiker verdienen einfach besser.«

»Ach ja?,« fragte ich. »Dann ruf bitte das nächste Mal, wenn deine Toilettenspülung nicht funktioniert, deinen Installateur an und bitte ihn, er möge doch sofort vorbeikommen. Weißt du, was der dann zu dir sagt? ›Ja, Gnädigste, wenn das tatsächlich ein unaufschiebbarer Notfall ist, dann komme ich natürlich zu Ihnen, so schnell ich kann. Also, wenn nichts dazwischenkommt, dann bin ich ungefähr übernächste Woche da! Das kostet dann allerdings einen Expressaufschlag. Und bis dahin – kleiner Tipp vom Fachmann – tun's bitte schön a bissl weniger saufen, damit's weniger zum Spülen ham!‹«

Um es ganz unmissverständlich zu sagen: Wir brauchen um Gottes willen nicht noch mehr mittelmäßige Akademiker. Von der Sorte haben wir bereits mehr als genug: junge und eigentlich sehr leistungsfähige Menschen, die allerdings keine anständige Arbeit finden, weil sie niemals hätten studieren dürfen. Aber viele von ihnen haben sich irgendwie jahrelang durch das Studium durchgemogelt und vielleicht sogar hin und wieder den Studiengang gewechselt, frei nach dem Motto: »Es mangelt dir an Geisteskraft, dann reicht's noch für Betriebswirtschaft.«

Und dann hockt dieser Mensch mit Anfang dreißig nach seinem Endlosstudium mit einem Dreierdurchschnitt in einem Raum ohne Fenster bei irgendeinem Versicherungsanbieter und rechnet an einem Bildschirm Zahlen zusammen. Für ein Gehalt, für das mein Installateur nicht einmal seinen Landsitz mit Weingut verlassen würde, um eine Mischbatterie auch nur von Weitem anzuschauen.

Ich frage mich, wohin diese ganze Überakademisierung führen soll, während es doch immer heißt, wir hätten einen eklatanten Fachkräftemangel: Und tatsächlich gibt es sage und schreibe 160 000 unbesetzte Stellen im Handwerk und folglich nicht ansatzweise genug Klempner, Schreiner, Dachdecker, Maler, Fliesenleger und Elektriker, dafür aber rund 19 000 (!) verschiedene Studiengänge für alle noch so abwegigen Interessen.

Ich warte auf den Tag, an dem ich meine Mülltonne auf

die Straße schiebe und statt der üblichen stets sehr freundlichen Angestellten unserer örtlichen Müllabfuhr zwei schmächtige Herren mit Brille und Anzug auf dem Fahrzeug bemerke, von denen einer meine Tonne feierlich entgegennimmt und zu mir sagt: »Guten Tag, mein Name ist Dr. Kloibner, ich habe in Müllentsorgungswissenschaft promoviert, und wir sind Ihre neuen akademischen Abfallentsorgungsdienstleister.«

Und dann werde ich fragen: »Aha, und wo sind meine normalen Müllmänner?«

»Ich bitte Sie, was die alles verkehrt gemacht haben: den Anfahrtsgrad des Fahrzeugs ungenau berechnet, den Schüttwinkel der Tonne immer falsch angelegt, die Deckelneigung beim Kippvorgang nicht ausreichend berücksichtigt – und dann noch diese grässlichen orangen Uniformen, das schafft ja kein Vertrauen beim Bürger.«

Anschließend schieben die beiden schmächtigen Herren meine Tonne zwei Meter weit, bis die akademischen Kräfte schwinden und das Ding umfällt. Daraufhin schaut mich einer der beiden Hochbegabten ernst an, und sein Kollege sagt: »Frau Gruber, hier liegt offensichtlich ein tiefergehendes Problem vor. Aber keine Angst, wir schreiben sofort einen Bericht, ach was: mehrere Berichte, das geht bis nach Brüssel – und das Europäische Parlament wird in den nächsten Jahren sicherlich eine praxisnahe Verordnung für eine problemadäquate Lösung entwickeln. Seien Sie froh, dass wir da sind, denn mit dem klassischen Müllmann wäre das Problem überhaupt nicht aufgetaucht. Da hätten Sie nie gemerkt, dass zwei halb verhungerte Hochschulabsolventen so eine Tonne gar nicht tragen können. Da haben Sie noch einmal richtig Glück gehabt.«

Nur so nebenbei: Wissen Sie übrigens, warum Akademiker so wenige Kinder haben? Die haben den Sex so kompliziertgeredet, dass sie selber da nicht mehr durchfinden. Zu viel Theorie, zu wenig Praxis. Oversexed and underfucked, gewissermaßen. Die haben einfach zu lange darüber nachgedacht: »Du, Schatz, wie schreibt man eigentlich ›schnackseln‹ nach der Rechtschreibreform?«

Sie können doch jeden Tag in der Zeitung lesen, was dabei herauskommt, wenn Menschen vom vielen Studieren vollkommen verblödet sind. Nehmen Sie nur den Vorschlag unserer Familienministerin Franziska Giffey, die demnächst die Begriffe »Vater« und »Mutter« in offiziellen Formularen durch »Elternteil 1« und »Elternteil 2«, kurz »ET1« und »ET2«, ersetzen möchte, weil »Vater« und »Mutter« leider zu geschlechterspezifisch sind und damit nicht mehr zeitgemäß erscheinen. Abgesehen davon, dass ich es nicht als größte Herausforderung unserer Zeit betrachte, dass Väter und Mütter auch geschlechterspezifisch sein können, frage ich mich, wie Frau Giffey denn in Zukunft »Oma« und »Opa« benennen möchte? »K1« und »K2« für »Kadaver 1« und »Kadaver 2« vielleicht?

Ich behaupte, dass ein Mensch, der jeden Tag in seiner Backstube steht und aus ein paar einfachen Zutaten herrlich duftende Brote, Semmeln und Brez'n zaubern kann, der mit seinen bloßen Händen und ein paar Schraubschlüsseln kaputte Automotoren repariert, der Wände streicht, Baugruben aushebt, Heizungen und Fotovoltaikanlagen installiert, einen Dachstuhl zimmert, stabile Mauern hochzieht oder Blumen zu wunderschönen Sträußen bindet, nie im Leben auf so einen himmelschreienden Blödsinn käme.

Und wo wie gerade dabei sind, fällt mir eine kleine und leider wahre Begebenheit ein, die mir ein guter Bekannter, der seit Jahren bei der Münchner Berufsfeuerwehr tätig ist, vor Kurzem erzählt hat: Vor ein paar Jahren wurden er und seine Kollegen in das Olympiadorf gerufen, in dem die Stadt München einen Teil der Wohnungen, die sich in ihrem Besitz befinden und die an Studenten (damals hießen die noch so) vermietet waren, sanieren beziehungsweise abreißen wollte. Ebendiese Damen und Herren Studenten kamen bei einer sogenannten Abrissparty auf die glorreiche Idee, die offizielle Abrissbirne nicht abzuwarten, sondern die Wohnungen gleich selber mittels mehrerer Matratzen, die auf die Herdplatten gelegt wurden, komplett abzufackeln. Dass man mit diesem kleinen Feuerchen der guten Laune die Menschen in den Nachbarwohnungen und -häusern, die von der Sanierung nicht betroffen waren, in Lebensgefahr brachte, kam den zukünftigen Nobelpreisträgern selbstverständlich nicht in den Sinn, ganz im Gegenteil. Als mein Freund und seine Kollegen am Einsatzort eintrafen, wurden sie von der Polizei gebeten, mit dem Beginn der Löscharbeiten noch zu warten, da die künftigen Hoffnungsträger der Nation gerade dabei waren, die Einsatzkräfte mit Flaschen und Möbelstücken zu bewerfen. Ein Teil der Partytruppe zog sich daraufhin auf das Dach des Gebäudes zurück, auf dem sie schließlich von Helikoptern beleuchtet, von einer Hundertschaft der Polizei umzingelt und mit Einsatz von Wasserwerfern dazu gezwungen werden konnte, die Feuerwehr ihre Arbeit machen zu lassen, um ein Übergreifen der Flammen auf andere Gebäude zu verhindern.

Weil aus mir unerfindlichen Gründen in keiner Zeitung über diesen Vorfall berichtet wurde, ist auch nicht bekannt, ob unsere Akademiker in spe für ihre Sachbeschädigung, die Behinderung von Einsatzkräften und Gefährdung ihrer Mitbürger in irgendeiner Weise zur Rechenschaft gezogen wurden. Ich zumindest hätte jedem Einzelnen mindestens 100 Sozialstunden sowie anteilsmäßig die gesamten Einsatzkosten aufgebrummt. Und ich verwette meinen dicken Hintern, dass ein Großteil der brandschatzenden Bildungselite bei der Demonstration gegen Polizeigewalt auf dem Münchner Königsplatz mitmarschiert ist.

Also bitte: Wenn Ihr Kind Ihnen verkünden sollte, dass es

keine Lust hat, aufs Gymnasium zu gehen, oder dass es nach dem Abitur nicht etwa BWL, Rechtswissenschaft oder Medizin studieren, sondern eine Schreinerlehre oder eine Ausbildung zum Stuckateur absolvieren möchte, dann bekommen Sie gefälligst keine Schnappatmung. Öffnen Sie stattdessen lieber eine Flasche Champagner: Mit einem Kind, das Handwerker werden möchte, können Sie sich so etwas in Zukunft öfter leisten! Und wenn ich demnächst lese, dass wieder irgendeine Akademiker-Amsel mit ihrem nicht angeleinten Köter im Schlepptau über eine Almwiese gestapft und dabei von einer Kuh verletzt wurde und nun den Almbauern auf Schadensersatz verklagen möchte, dann bete ich zu Gott, dass er mir endlich mehr Gelassenheit schenken möge. Dann werde ich nämlich dafür sorgen, dass diese tapfere Kuh nicht gegessen wird, sondern friedlich bis ans Ende ihrer Tage weitergrasen darf – wegen großer Verdienste für die Menschheit.

Aber wie sagte meine Mama neulich schulterzuckend: »Gott? Mei, der is' auch nicht mehr das, was er mal war!«

Love me, Gender

Wie unsere Sprache missbraucht wird

Andreas Hock

Unsere Sprache hat bereits einiges über sich ergehen lassen müssen in den vergangenen paar Hundert Jahren. Elitäre Kleriker etwa, die sich lieber des Lateinischen oder des Griechischen bedienten, damit das doofe Volk nicht verstand, was in der Bibel wirklich niedergeschrieben worden war, und die dadurch ihre Macht manifestierten. Friedrich II., der Deutsch für hässlich und minderwertig erachtete und sich mit seinesgleichen lieber auf Französisch unterhielt, weil ihm das vornehmer erschien. Nationalistische Hetzer, die Worte als Waffen missbrauchten, menschenverachtende Begriffe erschufen und Bücher verbrannten. Oder aufschneiderische Wirtschaftslenker, die englische Vokabeln importierten wie »Shareholder Value«, »Outsourcing« oder »Break-Even-Point« und sich »Manager« mit irgendeinem Zusatz nannten, weil das in ihren Ohren wichtiger klang.

An all das musste ich denken, als ich vor einigen Monaten die Sendung »Anne Will« sah, in der es – wie konnte es anders sein – um Corona und die Folgen ging, diesmal um die Folgen finanzieller Art, und in der plötzlich die Rede war vom »Bund der Steuerzahlerinnen«. So begrüßte die Gastgeberin Reiner Holznagel, den Vorsitzenden jenes Vereins, der mir bislang als »Bund der Steuerzahler« im Gedächtnis geblieben war. Sie machte nach dem Wortteil »-zahler« die notwendige Pause als akustische Entsprechung eines Leerzeichens und schob dann triumphierend die Endung »-innen« nach, als müsste sie extra betonen, dass es auch Frauen gab, die Steuern zahlten.

Ich besitze nirgendwo eine Mitgliedschaft außer beim zumindest vom Namen her geschlechtsneutralen 1. Fußballclub Nürnberg. Aber mir ist im Zusammenhang mit solchen Vereinen und Vereinigungen unter anderem auch der »Bund Deutscher Radfahrer« geläufig, bei dem ich mir nicht nur dank des Präsidenten Rudolf Scharping, des legendären Politplayboys aus Rheinland-Pfalz, ziemlich sicher bin, dass er auch Sportlerinnen vertritt. Oder der »Deutsche Turner-Bund«, der »Deutsche Schützenbund«, der »Apothekerverband«, die vielen »Ärztekammern« und »Anwaltskammern« und so weiter. Allein der »Deutsche Mieterbund« vertritt die Interessen von über 1,2 Millionen Menschen, unter denen sich mutmaßlich auch sehr viele Frauen befinden. Genau weiß ich es natürlich nicht, weil ich auch im Mieterbund nicht engagiert bin, aber ich würde meine kleine Eigentumswohnung samt Inventar darauf verwetten, dass es so ist. Und all diese Institutionen und sicher auch die meisten ihrer Mitgliederinnen kamen bislang eigentlich ganz gut damit zurecht, dass sie nur die männliche Form im Titel hatten, weil der Steuerzahler wie auch der Schütze oder der Arzt im Deutschen nun mal ein generisches Maskulinum ist, das als allgemeingültige Bezeichnung für beide Geschlechter verwendet werden kann.

Über diese grammatikalische Regel regte sich im Grunde seit den alten Germanen oder zumindest seit Konrad Dudens Lebzeiten niemand auf. Wenn auf einem Schild die Aufforderung geschrieben stand: »Radfahrer bitte absteigen«, stiegen natürlich auch Frauen ab. Wenn in den Nachrichten über einen »Lehrerstreik« berichtet wurde, war klar, dass weibliche Lehrkräfte mitdemonstrierten. Und wenn vom »Bürger« die Rede war, waren alle gemeint, denn von »Bürgerinnen« bekam man höchstens einen Knoten in der Zunge. Dieser gängige Sprachgebrauch reichte sogar bis ganz nach oben: Ich weiß aus übereinstimmenden Erzählungen Berliner Journalisten, dass Angela Merkel im Gespräch mit ihr unbekannten Personen durchaus Wert auf die Anrede »Frau Dr. Merkel« legt, während es mitnichten überliefert ist, dass sie jemals auf »Frau Doktorin« bestanden hat.

Was also wollte Frau Will ihren Zuschauern – und vor allem den Zuschauerinnen – mit der Zwangsverweiblichung des Steuerzahlerbundes, die Herrn Holznagel sichtlich unangenehm war, eigentlich mitteilen? Nach eigener Aussage ging es ihr um die sogenannte Gendergerechtigkeit, auf die in den vergangenen Jahren sehr viel Energie verschwendet worden ist; leider, wie ich finde. Selbstverständlich halte auch ich es für ein richtiges Anliegen, Frauen und Männer dort gleichzustellen, wo es notwendig ist; außer beim Fußball vielleicht, weil ich eine Schiedsrichterin nach einer eventuellen Fehlentscheidung nicht mit den gleichen Flüchen belegen kann wie einen Kerl. Nun wird wenigstens Bibiana Steinhaus hoffentlich das Gleiche pro Einsatz verdienen wie ihre männlichen Kollegen. Denn ich empfinde es ganz aufrichtig als Unding, dass das Statistische Bundesamt noch immer einen Gehaltsunterschied von 20 Prozent zwischen beiden Geschlechtern ausmacht, was nicht nur an der höheren Quote von Teilzeitberufen oder geringfügigen Beschäftigungen liegt. Sondern eben auch daran, dass viele Frauen für die gleiche Leistung tatsächlich weniger Gehalt als Männer bekommen, weil sie schlechter verhandeln oder weil ihnen weniger Kompetenz beigemessen wird. Dafür aber kann unsere Sprache doch nix!

Angefangen hat das mit diesem »Gender Mainstreaming«, so der Sammelbegriff für den ganzen Quatsch, schon vor über 30 Jahren auf der UN-Weltfrauenkonferenz, und Ende der Neunzigerjahre wurde es als erklärtes Ziel der Europäischen Union festgelegt. Spätestens dann begannen wichtige Expertinnen (sic!) und Experten auf dem Gebiet der Übererfüllung ohnehin schon fragwürdiger bürokratischer Vorgaben mit ihrer Arbeit. Mit als Erstes schafften zahlreiche altehrwürdige Universitäten die »Studenten« ab und führten die »Studierenden« ein, für teuer Geld, versteht sich, weil Einrichtungen umbenannt oder Dokumente neu gedruckt werden mussten. Schon dagegen könnte ich den Einwand anführen, dass auch ich einmal für ein paar Jahre erfolglos in Jura an der Uni Erlangen eingeschrieben war und folglich zweifellos (zumindest formal) ein »Student« war, dabei jedoch nicht wirklich ernsthaft studierte, demnach also kein »Studierender« sein konnte, aber nun gut – wir wollen nicht zu kleinlich sein.

Städte und Kommunen texteten ebenfalls ihre Formulare um, machten unter anderem aus »Antragsteller« »Antragstellende«, aus dem »Führerschein« die »Fahrerlaubnis« und aus dem »Landrat« die »Landkreisleitung« – und gaben beseelt von der sprachlichen Gleichstellungswut dicke Broschüren heraus, in denen so diskriminierende Begriffe wie »Ansprechpartner«, »Wählerverzeichnis« oder »Rednerpult« durch neutrale Formulierungen wie »Auskunft gibt …«, »Wählendenverzeichnis« oder »Redepult« ersetzt wurden, obwohl ich noch nie ein Pult reden gehört habe.

SprachforscherInnen erfanden das Binnen-I, Kolleg_Innen den Unterstrich und wiederum andere Wissenschaftler*innen das besonders entsetzliche Gender-Sternchen, das uns in letzter Zeit auch aus immer mehr allgemeinen Publikationen entgegenlacht. Bald sprangen auch noch große Unternehmen, der öffentliche Dienst, Kulturbetriebe und natürlich das öffentlich-rechtliche Fernsehen auf den Zug auf und verfassten Verhaltensfibeln für ihre

Angestellten, in denen fortan toxische Wörter wie Abiturient, Athlet, Bewerber, Dozent, Einwohner, Fahrgast, Feuerwehrmann, Gutachter, Intendant, Mitarbeiter oder Passant und Hunderte mehr verboten wurden. Wie meschugge das war, wurde an gendertechnischen Exzessen wie dem »Konfirmanden« deutlich, der in progressiven evangelischen Gemeinden fortan zu einer »zu konfirmierenden Person« degradiert wurde. Sogar das putzige DDR-Ampelmännchen, das sowohl den Kommunismus als auch die Wende unversehrt überstanden hatte, soll nun als »Ampelfigur« allen Interessen gerecht werden.

Abgesehen davon, dass ich persönlich noch nie eine Frau getroffen habe, die sich vom zugegebenermaßen sehr männlichen Substantiv »Passant« oder von einem roten oder grünen Leuchtsignal mit Hütchen in ihrer Würde herabgesetzt gefühlt hätte, verstand ich von Anfang an nicht, worum es ging: Die Gender-Aktivist-Sternchen-Schrägstrich-Unterstrich-Innen taten so, als könnte man durch die Verstümmelung unserer Sprache alle Unterschiede zwischen Männlein und Weiblein hinwegfegen und dafür sorgen, dass Frauen endlich die Anerkennung erhalten, die sie verdienen. Dass sich aber ein chauvinistischer Chef selbst dann noch von einem Fahrer chauffieren lassen würde, wenn es sich um eine Fahrerin handelte, begriffen diese EifererInnen eher nicht. Und dass es mindestens einen signifikanten Unterschied zwischen unseren Geschlechtern gibt, wusste ich spätestens, seit mir in der ersten Klasse auf der Grundschule die sehr frühreife Tanja Brandmüller aus der Parallelklasse bis aufs Jungenklo folgte, um beim Pinkeln meinen Penis zu betrachten und mir ungefragt mitzuteilen, sie habe so was nicht. Ich hatte mir etwas in der Art schon gedacht, nun aber wusste ich endgültig Bescheid.

Seit Neuestem müssen gar auch die Belange eines dritten Geschlechtes sprachlich berücksichtigt werden: etwa in

Stellenanzeigen, in denen es neben »männlich« und »weiblich« seit Anfang 2019 die Zusatzbezeichnung »divers« geben muss, um einer etwaigen Diskriminierung entgegenzuwirken. Da nach einer ersten Bestandsaufnahme des Bundestags ganze 69 Personen von der gesetzlichen Möglichkeit Gebrauch machten, ihre Geschlechtszugehörigkeit als nichtbinär eintragen zu lassen, darf vermutet werden, dass auch an dieser Stelle mal wieder mit Kanonen auf Spatzen und selbstverständlich auch auf Spatzinnen geschossen wurde.

Um bei Anne Will zu bleiben: Wer ernsthaft glaubt, Maßnahmen wie die Umbenennung eines anno 1949 gegründeten Vereins wie des »Bundes der Steuerzahler«, dessen Name seit damals nie in irgendeinem Kontext mit der Ungleichbehandlung des weiblichen Geschlechts genannt wurde, würde das Verständnis für die Belange von Frauen in unserer Gesellschaft steigern, hat meines Erachtens selbst ein ziemlich antiquiertes Geschlechterverständnis: Die- oder der- oder dasjenige unterstellt uns Männern nämlich, wir seien sogar zu doof, allgemeingültige Bezeichnungen wie »Bäcker«, »Handwerker«, »Makler«, »Passagier« oder »Verbraucher« auch auf Frauen zu beziehen. Außerdem vergällen sie mit derlei ästhetischen Attentaten auf eine an sich sehr schöne und vielseitige Sprache auch noch dem Letzten die Lust an selbiger. Zumindest geht es mir so, wenn ich Ausdrücke höre wie »Sporttreibende« statt »Sportler«, die mein deshalb vermutlich sehr rückständiges Frauenbild in keiner Weise beeinflusst haben.

Doch das Gendern ist es nicht alleine, was einem – wie ich finde, sprachlich ganz normal gebildeten – Menschen wie mir den Magen umdreht: Ich bin weder Germanist noch Linguist, und ich kenne mich nur deshalb ein bisschen mit der sehr vielschichtigen Materie aus, weil ich seit meinem Volontariat bei einer Tageszeitung von Berufs wegen viel mit unserer deutschen Sprache zu tun habe. Aber ich mag es einfach, mit Wörtern umzugehen (es gibt im Deutschen immerhin 300 000 davon, von denen wir sowieso nur 75 000 benutzen) oder halbwegs anständige Sätze zu bilden, die noch Subjekt, Prädikat und Objekt enthalten. Und ich halte es für ein Gebot an Höflichkeit, eine E-Mail vor dem Absenden noch mal durchzulesen und etwaige Rechtschreibfehler zu korrigieren, sofern sie mir denn auffallen. Was ich hingegen gar nicht mag, ist, wenn man Sprache politisiert und in sie Dinge hineininterpretiert, die so gar nicht vorhanden sind; jedenfalls nicht, wenn man nicht selbst einen bösen Willen hat.

Vorneweg: Selbstverständlich verkraftet unser Deutsch den Verlust von heute in Verruf geratenen Wörtern wie »Negerkuss«, »Eismohr« oder »Zigeunerschnitzel«. Man kann aber trefflich darüber streiten, ob eine Schaumwaffel mit Schokoladenüberzug, ein Eis mit kakaohaltiger Fettglasur und ein Stück Schweinerücken mit Paprikasauce tatsächlich herabwürdigenden Charakter haben und man deswegen gleich das ganz große gesellschaftspolitische Fass aufmachen muss. Ich etwa wurde von meinen Eltern so erzogen, möglichst niemanden verbal zu verletzen (von Schiedsrichtern ehrlicherweise abgesehen), weshalb ich niemals einen dunkelhäutigen Menschen als »Neger« bezeichnen würde, schon gar nicht, weil man als halbwegs aufgeklärter Europäer mit mehr als vier Jahren Schulbildung vermuten muss, dass ihn das verletzt.

Trotzdem könnte ich, sollte ich ein Weißbier mit Cola trinken wollen, theoretisch im Biergarten einen »Neger« bestellen, ganz ohne ein Rassist zu sein (was ich jedoch nicht tue, weil mir das nicht schmeckt). Oder bei uns in Nürnberg in der »Mohren Apotheke« einkaufen, die es seit 1442 gibt und die somit die älteste Apotheke meiner Heimatstadt ist, mit seitdem ebendiesem Namen, versteht sich. Dass aber das schöne Hotel »Drei Mohren« in Augsburg nach fast 400 Jahren in »Maximilian's« umbenannt wurde und verschiedene Hersteller ihre »Zigeunersauce« durch eine »Paprikasauce nach ungarischer Art« ersetzten, macht im Gegenzug aus einem intoleranten Fremdenhasser auch keinen weltoffenen Menschenfreund.

Und die Gängelung geht weiter. Wir sollen auch nicht mehr »Flüchtling« sagen, weil die Endung »-ing« negativ konnotiert ist, wie »Fiesling« oder »Eindringling«. Andere Kritiker stören sich hingegen daran, dass ein Wort mit »-ing« einen – kein Witz – verniedlichenden Charakter hat wie zum Beispiel »Liebling«. Zulässig hingegen sind nach beiderlei Lesart allenfalls »Geflüchtete«, noch besser: »Schutzsuchende« oder auch »Hilfesuchende«.

Auch ein notorisch schlechter Schüler, bei uns früher der Einfachheit halber als »Sitzenbleiber« bekannt, bekommt nun die beschönigende Auskunft, vom »Bildungssystem nicht erreicht« zu werden, was auch immer das ihm und vor allem dem Bildungssystem bringen soll. Wer einst als »schwer erziehbar« galt, erhält inzwischen den drolligen Stempel »verhaltensoriginell«, was einer Klassenlehrerin, die täglich aufs Neue von einem aggressiven Nachwuchsrowdy bedroht und beleidigt wird, sicherlich enorm bei ihrer Arbeit weiterhilft. Und eine »Putzfrau« soll sich gefälligst durch die Betitelung als »Raumpflegerin« besser wertgeschätzt fühlen; ein Wort, das die von mir sehr geschätzte und leider viel zu früh verstorbene berühmte SPD-Kritikerin und leidenschaftliche Putzfrau Susanne Neumann abgrundtief gehasst hat.

Ich glaube leider nicht, dass wir wirklich toleranter und weitsichtiger werden, nur weil uns die selbst ernannte Sprachkontrolle manche Bezeichnungen untersagt. Wer sich tatsächlich an der bloßen Hautfarbe eines anderen stört, der hat ganz andere Probleme als eine politisch vermeintlich unkorrekte Sprache. Außerdem soll es ja entgegen aller diesbezüglichen Bemühungen noch immer einige unbelehrbare Leute geben, die zu Polizisten »Scheißbullen« sagen oder zu Ausländern »Kanaken«. Solche Äußerungen erfüllen ohne Zweifel den Tatbestand der Beleidigung und werden trotzdem von linken, rechten und sonstigen Idioten benutzt. Und man muss leider sagen, dass diese Klientel trotz der Umformulierung angeblich strittiger Vokabeln in den letzten Jahren weder weniger noch klüger geworden ist. Umgekehrt frage ich mich immer wieder, welche abseitigen Vorstellungen jemand haben muss, wenn bei im Vergleich dazu harmlosen Begriffen wie »Heimat«, »Brauchtum« oder »Volk« stets niederträchtiges Gedankengut vermutet wird. Stattdessen stärkt die Debatte nur den Vorbehalt, man dürfe nicht mehr sagen, was man denke – was am Beispiel der Abkürzung »Nafri« sichtbar wird, die einst von der Kölner Polizei intern für Personen aus dem nordafrikanischen Täterkreis verwendet wurde und nach Bekanntwerden auf den Index wanderte. Warum das nicht mehr zulässig sein soll, normale Streifenpolizisten sich dagegen seit Neuestem ständig als »Rassisten« beschimpfen lassen müssen, erschließt sich mir nicht. Ich denke und sage also, dass wir weiß Gott wichtigere Probleme zu lösen haben, als aus einem »Eskimo« einen »Inuit« zu machen oder aus einem »Indianer« einen »indigenen Ureinwohner«.

Man könnte sich deswegen unter anderem mal dem Phänomen der bereits angesprochenen »Hate Speech« widmen, zu Deutsch »Hassrede«, die in den letzten paar Jahren drastisch zugenommen hat und der man sicher nicht durch die Einführung von geschlechtsneutralen Begriffen oder Unisex-Stellenanzeigen entgegenwirkt und auch nicht durch die Umbenennung einer traditionellen Süßspeise.

Während meiner Jugend war ein Troll noch als lustiges Fabelwesen bekannt, das aussah wie ein putziger Zwerg, blaue, grüne oder knallrote Haare hatte, lediglich vier Finger an jeder Hand besaß und Menschen normalerweise sehr freundlich gegenübertrat. Wie groß Trolle heute sind, vermag ich nicht zu sagen, vermutlich aber sind sie im Schnitt nicht allzu viel kleiner als wir alle. Auch besitzen die meisten von ihnen inzwischen fünf Finger pro Hand, mit denen sie den ganzen Tag von ihrem abgedunkelten Computerzimmer aus Unflätigkeiten in die Netzwelt hinaustippen, ohne dass sie sich dank einer leicht umzusetzenden Verschleierungstechnik als Urheber ausmachen lassen. Angesichts dessen ist es echt schade, dass es zwar im Strafgesetzbuch so praktische Paragrafen wie § 86 (Verbotene Sprache), § 111 (Öffentlicher Aufruf zu Straftaten), § 130 (Volksverhetzung) oder § 187 (Verleumdung) gibt, diese jedoch nur auf jene weich gekochten Eierköpfe Anwendung finden, die sich beim total altmodischen, weil analogen Beschmieren von Hauswänden erwischen lassen. Wer allerdings regelmäßig in der Anonymität des virtuellen Raumes tätig ist und ein bisschen was von Proxy-Servern versteht, dem explodiert eher die Computermaus in der Hand, als dass er von den Ermittlern bei seiner Hetze erwischt wird.

Die Politik geht hier aber selbst oftmals mit schlechtem Beispiel voran. Erstens, weil sich um das oben genannte, äußerst bedenkliche Thema jemand wie Dorothee Bär kümmern muss, die sich als Staatssekretärin für Digitalisierung bislang hauptsächlich damit hervorgetan hat, dass sie in einem hautengen Latexfummel als Lara-Croft-Klon auf einer Computerspielmesse auftrat oder zur Lösung innerstädtischer Verkehrsprobleme die zügige Einführung von Flugtaxis forderte. Und zweitens, weil sie sich (also die Politik an sich, nicht die arme Frau Bär) manchmal selbst eines höchst bedenklichen, weil äußerst martialischen Wortschatzes bedient – zuletzt in der Corona-Krise. Da wurde das Virus sogleich als »Plage« benannt, die es »auszumerzen« galt, später dann als »unsichtbarer Feind«, dem man den

»Krieg« erklärte, weiterhin sprach man gerne von einer »Durchseuchung« der Bevölkerung, und Frau Merkel wehrte sich gegen »Öffnungsdiskussionsorgien«, als fielen die Ministerpräsidenten bei den vollkommen nachvollziehbaren Diskussionen über Lockerungen übereinander her. Auch wenn man mit dem kleinen, fiesen SARS-CoV-2-Dingens sicher kein Mitleid zu haben braucht, stellt sich schon die Frage, ob man dafür gleich NS-Weltkriegsvokabular oder andere hässliche Superlative verwenden muss. Und das Wort »Lockerung«, mit dem uns die Politriege für unseren bedingungslosen Corona-Gehorsam belohnte, kommt eigentlich aus dem Strafvollzug und hinterlässt dadurch irgendwie das Gefühl einer vorzeitigen Haftentlassung durch gute Führung. Wenigstens bei mir.

Aber unsere Politiker gaben sich auch schon zuvor wenig Mühe, mit einer adressatenfreundlichen Sprache auch jene paar Menschen zu erreichen, die nicht jede zweite Woche auf Phoenix alle Bundestagsdebatten verfolgen. Im Vergleich zu früheren Jahren, als Spitzenpolitiker noch weitgehend sagten, was war, und vor allem: was getan werden musste, verschleiern die Mandatsträger von heute ihre Absichten durch Phrasen, die sie möglichst unangreifbar machen sollen – getreu dem Motto: »Wer sich festlegt, hat verloren.« Und zwar die nächste Listenaufstellung, denn unbequeme oder gar aufrichtige Mitbewerber kann man sich in den Parteien nicht leisten.

Dafür teilt man uns regelmäßig mit, demnächst »die Zukunft gestalten« zu wollen, »nachhaltige Politik« für unser Land zu machen oder »Verantwortung zu übernehmen«. Was sich dahinter im Klartext verbirgt, erschließt sich dem Normalbürger kaum – und soll es vermutlich auch nicht. »Für ein Deutschland, in dem wir gut und gerne leben«, stand etwa auf den Plakaten der Union zur letzten Bundestagswahl, »Die Zukunft neu denken« wollte hingegen die SPD. Beides besaß ungefähr den Informationsgehalt eines Interviews mit einem nass geschwitzten Fußballspieler 90 Sekunden nach dem Abpfiff, der dem Reporter zu Protokoll gibt, man könne immer nur so gut spielen, wie es der Gegner zulasse, habe alles versucht und müsse nun von Spiel zu Spiel denken. Da wäre es oftmals aufschlussreicher, würde man sich über das Wetter unterhalten.

Mit ihren Leersätzen und Nullwörtern jedoch, perfektioniert von Angela Merkel und ihrer steten Aussage einer »alternativlosen Politik«, die alle anderen Diskussionen über andere Herangehensweisen mehr oder weniger mundtot machen soll, überlassen die etablierten Parteien die klare Kante jedoch mehr und mehr den radikalen Kräften. Es ist komisch: Wir wünschen uns Politiker mit einer unmissverständlichen Botschaft – und sind empört, wenn wir diese ausnahmsweise empfangen wie beim damaligen Vizekanzler Sigmar Gabriel, der rechtsradikalen Krawallmachern den Ausdruck »Pack« entgegenrief und sich danach für seinen für das Amt unangemessenen Ton rechtfertigen musste. Dabei sollten auch die Medien ihre Rolle hinterfragen, bei allzu abwaschbaren Aussagen lieber einmal mehr nachhaken und andererseits nicht aus jeder Kleinigkeit eine Staatskrise machen, bloß um eine weitere Eilmeldung zu produzieren, die eh nur von den eigenen Berufskollegen wahrgenommen wird.

Die AfD-Sprüche »Wir stehen auf Bikinis statt Burkas« unter zwei leicht bekleideten Damen oder »Der Islam passt nicht zu unserer Küche«, abgebildet zusammen mit einem kleinen Ferkel, stehen ebenso wenig in Verdacht, für einen Niveau- oder Originalitätspreis nominiert zu werden, wie der Reim »Bezahlbare Miete statt fetter Rendite« von der Linkspartei. Aber sie werden von jenen Menschen, an die sie gerichtet sind, vermutlich besser verstanden als FDP-Mann Christian Lindners 2017er-Bundestagswahl-Losung »Digital first, Bedenken second«. Wenn allerdings die klare Sprache nicht mehr von den Wehners, Straußens, Schmidts oder Genschers gesprochen, sondern vorwiegend den radikalen Kräften überlassen wird, macht mich das, meine Damen und Herren, ein Stück weit betroffen.

Genauso wie Jugendliche, die sich nicht mehr zu artikulieren vermögen. Dabei geht es gar nicht mal so sehr um die Begrifflichkeiten, die von vielen jungen Menschen verwendet werden. Eine lebendige Sprache muss sich, so viel ist klar, immer weiterentwickeln, weil es nicht nur albern wäre, würden wir uns heute noch so unterhalten wie zu Zeiten Walther von der Vogelweides – sondern auch sehr variationsarm. Und sicherlich haben meinen Großeltern auch ordentlich die Ohren geklingelt, als ihnen mein Vater das erste Mal von meiner Mutter erzählte und dabei den Ausdruck »steiler Zahn« gebrauchte. Nun ist aus dem »steilen Zahn« eben die »Schleckrosine« geworden, aus dem »Kumpel« der »Bro«, aus dem »Spargeltarzan« der »Lauch«, den »Dorfdepp« nennt man »Opfa« und »gammeln« heißt neuerdings »vor sich hin fermentieren«. Manche Neuschöpfungen der Jugendsprache finde ich sogar ausgesprochen originell und kreativ, wie die Bezeichnungen »Snackosaurus« für einen verfressenen Menschen, »Datenzäpfchen« für einen USB-Stick oder »Vollpfostenantenne« für diesen unsäglichen Selfiestick, den man an sein Telefon schraubt, um sich besser vor Sehenswürdigkeiten fotografieren zu können.

Einigermaßen schlimm finde ich aber, dass kleine gelbe Gesichter oder andere Pixelzeichnungen mittlerweile vollständige Kommunikationsriten wie ein Gespräch oder einen Brief ersetzen. Als ich meiner ersten festen Freundin Barbara meine Liebe gestand, legte ich meine gesamten Gefühle auf eine bis zur jeweils letzten Zeile vollgeschriebene Vorder- und Rückseite Garfield-Papier. Ich überlegte mir jedes einzelne Wort und dessen Wirkung haargenau, schrieb zunächst mit Bleistift, korrigierte und radierte, und erst als ich mir meiner Formulierung sehr sicher war, verfasste ich die endgültige Version mit meinem Tintenfüller. Danach war ich der Meinung, nicht einmal der gerade im Deutschunterricht besprochene Heinrich Heine persönlich habe eindringlicher und leidenschaftlicher über Emotionen geschrieben als ich mit meinen fünfzehneinhalb Jahren. Dass mir Barbara einige Zeit später trotzdem den Laufpass gab, konnte folglich nicht an meinen literarischen Fähigkeiten gelegen haben, sondern war einzig und allein der Tatsache geschuldet, dass ich noch keinen Führerschein besaß, der dumme Thomas aus der Klasse über uns, mit dem sie danach ging, aber schon, weil er bereits zwei Mal sitzen geblieben war.

Von einem Brief oder einem Füller jedoch haben Menschen unter 20 Jahren wohl nur vom Hörensagen gehört. In einem Zeitalter, in dem selbst in manchen Schulen die Handschrift abgeschafft worden ist und Hefte durch Tablet-PCs ersetzt werden, verständigt man sich, indem man Hunderte Mal am Tag ein paar Dutzend Smileys hin und her schickt. Egal, ob wütende, weinende, lachende, schwitzende, tanzende oder kotzende Gesichter: Es gibt für jede Lebenslage sogenannte Emojis, die an Geburtstagen ebenso zum Einsatz kommen wie an Weihnachten oder zum Jahreswechsel, und wenn man sich mit dem Empfänger der körperlichen Liebe hingeben möchte, schickt man sich eben eine Aubergine, einen Pfirsich, eine Banane, einen Schmalzkringel oder einen Hotdog und weiß Bescheid. Angesichts dessen, dass sich Beziehungen derweil auch trefflich mit ein paar Comic-Codes unmissverständlich beenden lassen, verlernen womöglich ganze Generationen, sich tiefgründiger als über ein rotes Herzchen, eine Blume oder einen Kackhaufen auszudrücken.

Da ist es dann auch kein Wunder, wenn Rechtschreibung und Satzbau auch bei vielen Einheimischen mittlerweile aussehen und klingen wie in der allerersten Deutschstunde für vor wenigen Wochen aus Hinterindien, Schwarzafrika oder Südamerika zugewanderte Mitbürger. Während ich eine meiner wenigen abgegebenen Juraklausuren von Herrn Professor Vieweg nicht wegen meiner, wie ich fand, einwandfreien rechtlichen Bewertung eines Ladendiebstahls mit einem jämmerlichen Punkt zurückbekam, sondern weil ich seinen Namen fälschlicherweise mit Dehnungs-h geschrieben hatte, können sich Lehrer und Dozenten von heute mit solchen Nebensächlichkeiten nicht mehr aufhalten. Wenn ernst zu nehmenden Studien zufolge rund 50 Prozent der Erstsemester nicht mehr korrekt schreiben können, weil sie auf Artikel verzichten, Groß- und Kleinschreibung durcheinanderbringen, Interpunktion nicht kennen oder noch nie etwas von einem Konjunktiv gehört haben, sind die Korrektoren schon froh, wenn sie überhaupt wissen, was der Verfasser gemeint hat.

Und fährt man als unvorbereiteter Zeitungsleser mit gesundem Halbwissen in einer Stadt mit den öffentlichen Verkehrsmitteln und muss der Unterhaltung mehrerer Schüler beiwohnen, kann es einem schon angst und bange werden um den sprachlichen Zustand unseres Landes. Auch wenn ich vielleicht zu einer aussterbenden Spezies gehöre, bei der Formulierung »Was guckst du, bin ich Kino?« zucke ich zusammen, und das Pronomen in »Alder, gib mich die Pommes« stimmt auch nicht so ganz. Isch schwör!

Aber bitte mit Charme

Wieso das Fernsehen von heute auch nix mehr retten kann

Monika Gruber

Als ich vor fünf Jahren an der Bandscheibe operiert wurde, war ich zur Voruntersuchung bei Dr. Neudert, einem sympathischen Neurologen in der Münchner Innenstadt, und wir hatten ein sehr anregendes Gespräch, das zunächst nicht von meinen Beschwerden handelte, sondern den Zustand unserer Gesellschaft betraf. So etwas liebe ich sehr: Wenn man sich mit Menschen, die beruflich etwas völlig anderes machen – egal, ob nun Kellner, Ärzte, Taxifahrer oder Physiotherapeuten für Koi-Karpfen (gibt es wirklich!) –, über deren Sicht der Gesellschaft im Allgemeinen und der Menschen im Besonderen austauscht. Er erzählte mir, dass ein Großteil seiner Kundschaft nicht etwa aus Schmerzpatienten wie mir bestehe, sondern überwiegend aus berufstätigen Frauen zwischen 35 und Ende 40, die mit dem Spagat zwischen Familie, Kindern, einer beruflichen Karriere und einer erfüllten Partnerschaft völlig überfordert seien. Ich antwortete, dass ich mir das sehr gut vorstellen könne, denn allein beim Gedanken an drei Kinder und einen Ehemann, die täglich an meinem Essen herumnörgeln, während ich mit einer Hand die dreckigen Klamotten in die Waschmaschine stecke und mit der anderen meinen Ablegern die Kleidung für den nächsten Tag herauslege und Lunchboxen vorbereite, um anschließend noch einen Conference Call mit Singapur in meinem Homeoffice abzuhalten, wurde ich so müde, dass ich mich auf der Stelle hinlegen wollte.

Irgendwann schaute mich Dr. Neudert an seinem Schreibtisch sitzend nachdenklich-intensiv an und sagte: »Wissen Sie, Frau Gruber, Sie haben etwas, das in der heutigen Zeit sehr selten geworden ist.«

Ich muss zugeben, ich hatte etwas Bammel vor dem, was er gleich sagen würde, denn der letzte Arzt, der mich länger als 30 Sekunden angeschaut hatte, war mein Augenarzt gewesen, der für eine Gleitsichtbrille meine Augen vermessen sollte, mit seinen 1,60 Metern Lebensgröße zu mir aufsah und sagte: »An Ihnen ist alles groß, Frau Gruber.« Ich überlege heute noch, ob er es eventuell doch als Kompliment gemeint haben könnte, aber ich fürchte, nicht.

Aber von dem freundlichen Dr. Neudert hatte ich so etwas nicht zu befürchten, denn er sagte es langsam und ernst, ohne eine Spur von Koketterie oder Zudringlichkeit – als ob er mir die Bedeutsamkeit seiner Worte bewusst machen wollte: »Sie haben Charme, Frau Gruber, und das ist in der heutigen Zeit sehr, sehr selten. Dabei ist Charme so wichtig für uns Menschen.«

Anschließend humpelte ich an die Bar des »Schumann's«, wo ich trotz der frühen Stunde ein Gläschen »Vernissagenlimo« zu mir nahm. Ausnahmsweise hatte ich auch überhaupt kein schlechtes Gewissen, da es sich erstens beim »Schumann's« genau genommen nicht um ein Café, sondern qua Definition um eine »Tagesbar« handelte und dort somit derlei Getränke als Geschäftsgrundlage tagsüber zu sich genommen werden *müssen* – und zweitens ich bei schweren Rückenschmerzen auf die zugegebenermaßen nicht besonders ratsame Kombination von Alkohol in Verbindung mit einer 600er-Tablette Diclofenac schwöre. Bevor nun Suchtmediziner, Internisten und Leberspezialisten laut aufschreien: Ich verwende das wirklich nur im äußersten Notfall, ansonsten halte ich mein Kreuzweh tapfer aus, denn es beweist mir zumindest ein gewisses Maß an Rückgrat.

Wie auch immer: Bereits nach zehn Minuten waren die Schmerzen sanft entschwunden, und ich konnte wieder klar denken. Und da grübelte ich immer noch über den Satz von Dr. Neudert. Ich hatte mir noch nie zuvor Gedanken darüber gemacht, ob mich jemand für charmant halten könnte. Und dabei hat man mich zweifelsohne schon vieles genannt, hier ein kurzer Auszug aus den letzten beiden Jahren: »niederbayerische Ulknudel«, »oberbayerisches Urviech«, »Fachkraft für Stammtischkabarett«, »sprechendes Maschinengewehr« (im Dialekt: »Schwertgoschn«), »sympathische Mitvierzigerin«, »kracherte Endvierzigerin«, »billige Klamauktante«, »geistreiche Kabarettistin«, »Comedy Queen«, »Volkstribunin« und andere Nettigkeiten mehr.

Aber noch nie, wirklich noch nie in meinem Leben hatte mir jemand Charme attestiert. Es gefiel mir aber. Doch brauchen wir Menschen wirklich Charme in unserem Leben? Und sollte er tatsächlich so selten geworden sein, wie Dr. Neudert sagte? Ab diesem Tag, genauer gesagt, ab jener Minute begann meine Suche nach Charme in der Neuzeit. Just in diesem Moment betrat eine offensichtlich gut situierte, weil sehr teuer gekleidete Dame, ungefähr Ende 50, besagte Tagesbar und suchte nach einem Tisch, was zu dieser frühen Uhrzeit noch kein Problem darstellte. Den Gruß des freundlichen Servicepersonals überhörte sie offensichtlich, und als ihr die für sie zuständige Kellnerin lächelnd die Karte reichte, blieb auch dieses Lächeln unerwidert. Dafür ließ sie ihre flächendeckende Sonnenbrille auf, was mich auf Folgendes schließen ließ: Entweder, sie hatte gerade einen der ortsansässigen Schönheitschirurgen zwecks Komplettrenovierung der Außenfassade konsultiert, oder häusliche Gewalt ist in besseren Kreisen ein Tabuthema.

Ihre leicht nach unten hängenden Mundwinkel waren entweder auf eine übereifrige Gravitation, eine mürrische Gesamtstimmung oder auf die Restwirkung einer Betäubungsspritze zurückzuführen; es sei denn, sie hatte beim Beauty-Doc aus gegenüber dem Herrgöttinenschnitzer nicht eingestandener Kurzsichtigkeit versehentlich nicht Angelina Jolie, sondern Angela Merkel als gewünschtes Endergebnis angekreuzt.

Als sie jedoch begann, die Speisekarte zu lesen, wechselte sie nun doch zu einer ungetönten Brillenversion, und siehe da: Sie hatte keine postoperativen Nachwehen und zum Glück auch keinen offenkundig gewalttätigen Gatten, sondern einfach nur schlechte Laune, oder wie es »Ranger« im »Schuh des Manitu« treffenderweise formulieren würde: Sie war mit der Gesamtsituation unzufrieden. Als die Servicekraft die Bestellung entgegennahm, wurde sie von der mürrischen Dame keines Blickes gewürdigt. Ob die miese Stimmung der Grund dafür war oder eine gewisse kultivierte Arroganz, ein deplatzierter und überholter Standesdünkel? Ich würde es nie erfahren. Ich wusste nur: Diese Dame war definitiv nicht sympathisch und schon gar nicht charmant. Ganz im Gegensatz zum anwesenden Personal: Jeder Gast wurde freundlich und mit einem Lächeln begrüßt, viele sogar mit einer neckischen Bemerkung, alle waren – wie immer – höflich, zuvorkommend und beim passenden Gegenüber zu einem kleinen Späßchen aufgelegt, das eine wohlige Vertrautheit vermitteln sollte. Wahrscheinlich ist ein gewisser Grundcharme schon ein wichtiges Einstellungskriterium für den Inhaber Charles Schumann. Falls dem so sein sollte, gibt ihm der Erfolg jedenfalls recht, denn er ist seit nunmehr fast 40 Jahren eine feste Institution in München: einer Stadt, in der man sehr gerne sehr oberflächlich miteinander umgeht und in der jeden Monat mehr Lokale neu eröffnen und alsbald wieder schließen, als während der Wies'n Bierleichen auf dem Kotzhügel liegen.

Aber was versteht man eigentlich landläufig unter »Charme«? Doktor Duden definiert ihn als »Anziehungskraft, die von jemandes gewinnendem Wesen ausgeht«, und auch als »Zauber«. Damit jedoch ein gewisser Zauber von einem ausgeht, muss man und frau allerdings etwas mehr draufhaben als ein herausgenuscheltes »Grüß Gott« und ein aufgesetztes Zahnarztfrauen-würden-Dingsbums-empfehlen-Lächeln. Also achtete ich in der folgenden Zeit verstärkt auf Spuren dieses ominösen »Zaubers« und suchte Menschen mit einem »gewinnenden Wesen«, die »Anziehungskraft« verbreiteten, um ganz bald festzustellen, dass Charme meist nicht in direktem Zusammenhang mit körperlicher Attraktivität stehen muss.

Nehmen wir zum Beispiel Markus Lanz, den gesamtdeutschen Smalltalker fürs Grobe und manchmal auch fürs Feine. Objektiv gesehen ist Herr Lanz zweifelsohne ein überaus attraktiver Mann. Und als gebürtiger Südtiroler hat er bei mir an sich sowieso so viele Pluspunkte, dass ich ihm nicht einmal gram sein könnte, wenn er Nägel kauen, täglich drei Schachtel Salem ohne Filter rauchen, sich seine Haare mit der Nagelschere schneiden würde und ein lebensgroßes Poster von Dolly Buster im Schlafzimmer hängen hätte. Darüber hinaus ist er smart, augenscheinlich gebildet, eloquent, spielt ausgezeichnet Klavier und adelt mit seiner Anwesenheit jedes Event – egal, ob er nun einen Kongress von Chefärzten im Kampf gegen Mukoviszidose in Genf oder einen Tontaubenschießwettbewerb in Selbitz-Wacholderbusch (Landkreis Hof) moderieren würde. Aber ist der ansonsten famose Herr Lanz auch charmant?

Ich entsinne mich lustigerweise an eine Ausgabe seiner abendlichen Talkshow, in der er unter anderem die österreichische Musicaldiva Dagmar Koller zu Gast hatte. Ich kann mich deshalb so gut erinnern, weil ich eigentlich nie eine Talkshow bis zum Schluss anschaue, aber Frau Koller, die damals um die Mitte 70 gewesen sein dürfte, mit ihrer jugendlichen Ausstrahlung und ihrer wohl durch ihren künstlerischen Beruf geprägten Allüre, gepaart mit ihrem herzigen Wiener Dialekt, bot bestes Entertainment. Man hörte ihr einfach gern zu: die Zuschauer im Studio und ich auch. Gerade als sie wieder mit kokettem Augenaufschlag und ausladend gestikulierend eine charmante Anekdote über ihr Eheleben mit dem verstorbenen Gatten, Wiens Ex-Bürgermeister Helmut Zilk, beendet hatte, fuhr ihr Markus Lanz in die K.-u.-k.-Parade: Er fragte sie, ob sie denn noch Sex habe. Rumms! Mit einem Schlag war der zarte Hauch von leicht frivolem Wiener Feine-Damen-Schmäh von einem donnernden Orkan hinweggefegt worden. So, als ob man ein zartrosa glasiertes Petit Four samt delikater Füllung mit einer Kettensäge zerfetzt hätte. Raunen beim Studiopublikum, und mir zu Hause entfuhr ein »Oida, bist deppert … des g'hört sich ned!«.

Eine Frau von Mitte 70, genauer gesagt: eine Grande Dame, noch dazu eine Witwe, nach ihrem Sexleben zu fragen? Puh. Da, wo ich herkomme, konnte man sich schon für weit weniger eine paar saftige Bockfotzen (umgangssprachlich für: »Ohrfeigen«) einfangen. Ich war gespannt, wie Frau Koller diesen Säbelangriff parieren würde. Sie aber blickte ihn nur aus perfekt geschminkten Augen sanft, fast ein wenig mitleidig an, klimperte dabei mit ihren stark getuschten Wimpern, beugte sich leicht in seine Richtung, legte ihre manikürte, beringte Hand auf seinen Unterarm und fragte ihn leicht gurrend: »Herr Lanz, was möchten Sie denn hören? Ich würde Ihnen so gern einen Gefallen tun!« Touché! Das war die charmante Version einer echten Lady für: »Eigentlich müsste ich Ihnen für so eine unverschämte Frage in die Eier treten, Sie Hanswurst, aber ich bin viel zu sehr Dame, um mich auf Ihr Niveau herabzulassen. Außerdem bin ich eine Künstlerin, und das Publikum möchte etwas sehen für sein Geld!«

Ohne Zweifel: Dagmar Koller könnte an der Volkshochschule Kurse mit dem Titel »Wie versprühe ich auch im hohen Alter noch mehr Charme und Anmut als eine Busladung voller italienischer Tenöre und Thomas Gottschalk zusammen?« geben.

Apropos Gottschalk: Auch die Moderatoren der alten Schule konnten unglaublich charmant sein. Frank Elstner zum Beispiel ist ein ausgesucht höflich-charmanter Mann, der etwas macht, was heutzutage fast kein Moderator mehr tut: Er hört seinen Gästen genau zu. Er ist nicht abhängig von einem Knopf im Ohr oder irgendwelchen Stichwortkarten, sondern er konzentriert sich voll und ganz auf seinen Gesprächspartner. Aus eigener Erfahrung kann ich bestätigen, dass man nach einer Plauderei mit Herrn Elstner ein bisschen verliebt in ihn ist. Also, wenn das kein Zauber ist, dann müsste mir jemand Zauber neu definieren. Und das, obwohl man sich nicht in einer dezent ausgeleuchteten Nische eines gemütlichen Restaurants, sondern in einem nüchternen TV-Studio in Baden-Baden mit gleißendem Scheinwerferlicht, viel zu dickem Make-up und umgeben von mehreren Dutzend beige gewandeten Tagestouristen mit praktischem Schuhwerk befindet, die sich andauernd räuspern und auf ihren Stühlen herumrutschen, weil sie schon längst mal aufs Klo müssten.

Auch Harald Schmidt zeigte sich zu seinen besten Late-Night-Zeiten zu Damen oft von seiner liebenswerten Seite. Außer er hatte das Gefühl, sein Gegenüber habe den IQ eines Warndreiecks, dann konnte man sich als Zuschauer genüsslich zurücklehnen und Herrn Schmidt beim Filetieren der Talkware beiwohnen.

Selbst die alte Garde der Sportmoderatoren wie Dieter

Kürten und Harry Valérien habe ich deshalb in so guter Erinnerung, weil sie – wie Frank Elstner – ihre Gäste immer mit ausgesuchter Höflichkeit behandelten und immer gut aussehen ließen, auch die weniger eloquenten und vor allem die besonders nervösen.

Aber heutzutage? Klar, die Zeiten ändern sich, es gibt neue supercoole Formate und Moderatoren, die ich manchmal mag, oft auch nicht, aber es gibt eines, was mir auffällt: Der Charme ist meistens weg. Menschen werden nicht als Gäste behandelt, sondern vorgeführt wie seltene Tiere im Zoo. Der Moderator wartet oft nicht, bis der nervöse Gast oder die nervöse Gästin sich gesammelt hat, versucht oft auch gar nicht, ihn oder sie zu beruhigen, sondern erhofft sich stattdessen tausende von Likes mit dem Youtube-Clip der tapsig-unbeholfenen Siglinde aus Niederscheißleiten, die sich mit ihrer pinkfarbenen Leggings an der Sprossenwand verheddert, während sie versucht, Schwarzwälderkirschtorte von einem schwingenden Medzinball zu lecken.

Da ist man als Best Ager fast schon erleichtert, wenn man sich mal sonntagvormittags von Andrea Kiewels durchaus sympathischer Animateusen-Attitüde durch den ZDF-Fernsehgarten treiben lässt, um sich schließlich nach Kaffee, Kuchen und fünf Eierlikör zum Abfedern abends völlig überpilchert in den reißenden Lindström zu werfen.

Genauso schlimm, wie zwei alleinerziehenden Sozialleistungsempfängerinnen bei der gegenseitigen Zerstörung ihrer ohnehin schon geringen Reputation oder einer Gruppe hormonell über- und intellektuell unterversorgten Geschlechtsteilreinigern bei ihren Paarungsversuchen auf einer einsamen Insel zuzuschauen, sind allerdings viele der gegenwärtigen Abendshows: clownesque Endlos-Bundesjugendspiele für mild durchwehte Hipster und zugedröhnte BWL-Studenten. Eine alte Schachtel wie ich, die früher mal

»Wetten, dass …?« oder »Die Peter-Alexander-Show« geliebt hat, kann mit Sendungen, in denen zwei E- oder F-Prominente fünf Stunden lang gegeneinander antreten und dabei so spannende Dinge vorführen wie Entenangeln, Tonleiterpupsen oder Knetgummiweitspucken, so viel anfangen wie mit einer 150-Kilo-Langhantel. Sicher, auch diese Zurschaustellungen völliger Kreativ- und Hoffnungslosigkeit haben ausreichend Zuschauer in der werberelevanten Zielgruppe und damit wohl ihre Berechtigung, aber ich möchte mich bereits nach zehn Minuten mit einem Duschvorhang erhängen, von denen ich glücklicherweise keinen mehr besitze.

Auf der Suche nach der offenbar doch sehr raren Ware »Charme« in der deutschen Fernsehlandschaft stieß ich eines Samstagsabends, als das erste Corona-Wellchen gerade am Abklingen war, auf folgende Programmankündigung der ARD: heute Abend um 20.15 Uhr Livesendung »Schlagerlovestory.2020«, moderiert von Florian Silbereisen. Ein Funken Resthoffnung keimte in mir auf, denn ich hatte vor einigen Jahren mit Florian auf dem Münchner Oktoberfest einen unglaublich lustigen Abend verbracht, an dem ich bei einigen Flaschen Pfälzer Wein alle Vorurteile, die ich je über den »König der volkstümlichen Musik« hatte, über die Brüstung der Hausbox in »Kufflers Weinzelt« geworfen habe. Florian ist wirklich ein ausgesprochen unterhaltsamer, unprätentiöser und uneitler Zeitgenosse, der sehr liebenswürdig zu seinen Fans ist. Kurzum: Florian Silbereisen ist eine richtig coole Sau. Und ich weiß, wovon ich rede, denn ich hatte schon mal ein 30-Sekunden-Gespräch mit einer anderen coolen Sau: Sir Tom Jones!

Überhaupt gibt es im Schlager- und Volksmusikgeschäft im Gegensatz zum Schauspielmilieu und entgegen allen bösen Vorurteilen und Klischees überdurchschnittlich viele grundsympathische Menschen: »Mister Musikantenstadel«

Andy Borg habe ich als selbstironisch und sehr bodenständig kennengelernt. Caroline Reiber, die »Grande Dame der Volksmusik«, ist nicht nur eine der reizendsten Damen überhaupt, sondern auch eine liebevolle und aufmerksame Gastgeberin, die einem mit ihrer schwungvoll-ästhetischen Kalligrafen-Handschrift die wunderbarsten Briefe und Kärtchen zukommen lässt. Und sollte ich jemals die leibhaftigen Amigos kennenlernen, würde ich mich wahrscheinlich nach dem ersten Schluck Bacardi-Cola unsterblich in einen der Zottel-Trucker verlieben!

Der langen Rede kaum Sinn: Ich bewaffnete mich an ebenjenem Samstag mit einem kleinen Snackpotpourri von Schokoküssen, Gummibärchen und Chilichips und harrte der Charmeoffensive von unserem Flori. Zugegeben: Er war an jenem Abend nicht ganz so jauchzend-jubilierend aufgelegt wie sonst, was wohl primär daran gelegen haben dürfte, dass im Studio aus Seuchengründen kein Livepublikum zugelassen war. Dennoch sah er gut aus in seinem feschen Karoensemble zu weißen Sneakers: drahtig-sportlich und jugendlich ohne den barocken Overkill, über den sich stets halb Deutschland bei Thomas Gottschalk lustig gemacht hat. Und mit Andrea Berg, Roland Kaiser, DJ Ötzi, dem netten Herrn Borg und Howard Carpendale hatte die ARD die »Crème de la Crème« der Schnulzen- und Schmalzszene aufgefahren, um schlageraffine Gebührenzahler wie mich aus ihrer viralen Lethargie zu schunkeln.

Aber was dann geschah, lässt sich nur mit einer Massenkarambolage auf der Gegenfahrbahn einer Autobahn beschreiben: Man ist froh, dass man nicht direkt verwickelt ist, kann aber die vor Schreck geweiteten Augen nicht von der Katastrophe abwenden. Denn Deutschlands polyamore Blaslegende Stefan Mross machte das wahr, was er schon im November 2019 beim »Adventsfest der 100 000 Lichter« angedroht hatte: Er heiratete, mal wieder – und zwar eine sehr blonde, sehr attraktive junge Frau. So weit nichts Neues, allerdings mit dem Unterschied, dass es diesmal live im deutschen Fernsehen geschehen sollte. Wahrscheinlich, damit sein Nachwuchs aus früheren Ehen nicht ständig fragen muss: »Mensch, Mama, wo is'n eigentlich der Papa abgeblieben?« – »Kinder, das stand doch in der ›TV Today‹: Der heiratet heute diese DSDS-Tussi!«

Sage und schreibe fünf Millionen Zuschauer mussten stundenlang Nüsschen und Chips in sich hineinstopfen, bis sie endlich um 23.03 Uhr aus dem Glutamatkoma gerissen wurden und die Corona-Drive-in-Hochzeit des Jahres ihren Lauf nahm: Zwei Haflinger zogen die weiße Kutsche samt Ehefrau Nummer 3 in die Messehalle Leipzig, wo ein sichtlich nervöser Stefan Mross mit Tränen in den Augen und Schimmersakko von »Herrenmoden Kreitmeier« zu Florian Silbereisen raunte: »Ich bin wahnsinnig nervös. Ich möchte gern durchatmen, aber das geht nicht, sonst zerreißt es mir die Weste.« Tja, Stefan, das ist meistens so, wenn man die ollen Klamotten von der letzten Vermählung aufträgt, ohne sie vorher noch mal daheim anprobiert zu haben. Egal. Denn in dem Moment, in dem der hochzeitserprobte Herr Mross seine wunderschöne Anna-Carina in vollem Prinzessinnenornat erblickte, konnte er nur flüstern: »Wahnsinn, meine Anna, mein Engel. Ich liebe dich.« Als die wartende Standesbeamtin jedoch beim Vollzug der Eheschließung mein persönliches Lieblings-Unwort »seelenverwandt« (bei Prominenten eigentlich immer die direkte Vorstufe zu »unüberbrückbaren Differenzen«) in den Mund nahm, begann ich, die Daumen zu drücken, dass die Braut aus der Puppenspielerdynastie Woitschack neben der Heiratsurkunde auch einen Ehevertrag zu ihren Gunsten unterschrieben hatte.

Am besten noch vor der kirchlichen Trauung, denn die beiden Turteltäubchen wünschen sich unbedingt ein Baby.

Ach Gott, bei so viel Romantik konnte die »Bunte« nur seufzend kommentieren: »Mehr Romantik geht nicht!«

Nein, mehr ging wirklich nicht mehr: Ich war leicht angeschickert, saumüde und nahm mir vor, gleich am nächsten Morgen – noch vor dem Frühstück – meinen Lebensgefährten anzurufen, um ihm zu sagen: Falls er jemals in einem Anfall von herbstlichem Lebensübermut auf die waghalsige Idee kommen sollte, mir in der Öffentlichkeit einen Antrag zu machen, würde ich ihn auf der Stelle töten. Ich weiß, das ist ganz und gar nicht charmant, aber damit liege ich zumindest voll im Trend.

Aber warum ist unser gutes altes Fernsehen zu einer solch toxischen Mischung aus Erziehungsjournalismus im Nachrichtenbereich auf der einen Seite und eitlen Selbstdarstellern, rampenlichtgeilen Castingkandidaten und wohlstandsverwahrlosten Proleten auf der anderen Seite geworden? Und warum gibt es so viele Protagonisten im TV, die die wichtigste Fähigkeit, die ein Moderator haben muss, nämlich seinem Gegenüber zuzuhören, irgendwo auf der Straße zwischen Eitelbach und Profilneurosenhausen verloren haben? Und warum gibt es zwar gefühlt 150 verschiedene Krimiformate mit Mord, Totschlag und krudester Gewalt in allen Varianten, aber so wenig Humor, Warmherzigkeit und flockig-leichte Unterhaltung?

Auch wenn es keiner mehr hören kann: Früher gab es Persönlichkeiten wie den Autor Curt Flatow (»Ich heirate eine Familie«), Helmut Dietl (»Monaco Franze«, »Kir Royal«) und Produzent Wolfgang Rademann (»Traumschiff«, »Schwarzwaldklinik«), die mit ihren selbst erdachten Formaten die deutschen Straßen leer fegten und dafür sorgten, dass sich die ganze Familie vor dem Fernseher versammelte – und zwar freiwillig. Nehmen wir nur die »Schwarzwaldklinik«. Da war für jeden was dabei: Mama schwärmte für den ewig eleganten Klausjürgen Wussow als

Professor Brinkmann, ich heimlich für Sascha Hehn (unvergessen ist mir bis heute die Szene, wie er sich in engen weißen Arzthosen und mit halb geöffnetem Hemd, aus dem ein fettes Goldkettchen samt wallendem Brusthaar lugte, in ein Goldcabrio schwang. Seufz!), Paps fand Lernschwester Elke fesch, und Oma mochte die schöne Landschaft des Schwarzwalds. Wir Kinder liebten alle den Familienhund Jerry, und die ganze Familie erfreute sich jedes Mal an den Neckereien zwischen dem aufmüpfig-pfiffigen Pfleger Sascha und der kratzbürstigen Oberschwester Hildegard. Geküsst wurde lediglich auf den Mund ohne die heutigen Schlabber-Ganzkörperwaschungen, und wenn zwischen Professor Brinkmann und der charmanten Schwester Christa der horizontale Nahkampf bevorstand, zogen sich Kamera und Zuschauer diskret zurück. Es gab kein peinliches Matratzengeturne, keinen nackten Busen und schon gar keinen bescheuerten RTL-Dirty-Talk à la »Aber Herr Professor, ist das Ihr Stethoskop oder freuen Sie sich etwa, mich zu sehen?«. Ein kleiner Schlitz im Beinkleid von Lernschwester Elke, ein lasziv in den Nacken geworfener Haarschopf in Verbindung mit dem perlenden Lachen von Schwester Christa, das reichte uns Deutschen als erotisches Wochenleckerli: handfest, anständig, wie mit Perwoll gewaschen.

Gewalt und Fäkalsprache waren genauso überflüssig wie eine Trashmetal-Band auf einer Bauernhochzeit. Die Männer waren charmant, die Frauen fesch, und es schien meist die Sonne, außer im Gesicht von Professor Brinkmanns leicht verhärmter Haushälterin Carsta Michaelis, gespielt von der großartigen Evelyn Hamann. Überhaupt die Darsteller: Fast alles, was in Deutschland Rang und Namen hatte, war in der Serie vertreten. Als ich mir vor einigen Jahren nach einer üblen Zahn-OP alle 80 Folgen hintereinander reingezogen hatte, wurde ich angesichts mancher Gesichter wehmütig. Und obwohl (oder vielleicht gerade weil) die Episodeninhalte seicht, harmlos und hanebüchen waren, stellt sich bei mir immer noch bereits nach den ersten James-Lastigen Takten der Anfangsmusik dieses wohlig geborgene Gefühl ein: das gleiche Gefühl, das ich als Kind hatte, wenn ich meiner Mutter, Oma Leni, Tante Anneliese und Großtante Rosl bei Quarksahne und Filterkaffee lauschte, wie sie über die neuesten Neuigkeiten aus Stadt und Landkreis ratschten: urbi et orbi im Hause Gruber.

Selbst die Krimis wie »Derrick« ließen mich damals mit dem angenehmen Gefühl zurück, dass die Welt nach 60 Minuten Spannung und Seelenpein durch den Grandseigneur-Charme von Horst Tappert, der so trocken war wie eine Spätlese, wieder zurechtgerückt worden war. Denn bei diesen Fällen handelte es sich nicht um verworrene Psychothriller mit kryptischen Dialogen und plumper Gewalt, sondern meist um banale zwischenmenschliche Dramen in den feineren Kreisen von Grünwald und München-Bogenhausen, wo man perfekt geschminkten Damen beim Weinen um den ermordeten Gatten-Schrägstrich-Geliebten zuschauen durfte. Es waren kleine voyeuristische Ausflüge in eine fremde Welt der kultivierten Upperclass mit eleganten Villen, wo es keine überquellenden Mülleimer, keine leeren Bierdosen und herumliegenden Socken gab, sondern teure Möbel, Gärtner und Haushälterinnen, die oft auch schon morgens neben dem Kaffee literweise Cognac in schweren Kristallgläsern reichen durften.

Die Bösewichte – allesamt gebrochene Charaktere, denen das Schicksal vorher übel mitgespielt hatte – wurden in immer wiederkehrendem Turnus von Darstellern wie Manfred Zapatka, Artur Brauss, Klaus Löwitsch oder Horst Frank gespielt. Die Verhöre wurden im Büro des Kommissars durchgeführt, einer tristen braunen Sechzigerjahre-Amtsstube mit einem verkrüppelten Ficus elastica Robusta, und nicht etwa in einer grauen Gummizelle mit Neonstrahlern und venezianischem Spiegel. Es gab also nichts, wovor man wirklich Angst haben musste. Wir Kinder durften länger aufbleiben und staunten Salzstangen knabbernd über die schicken Autos, während Mama an ihrem Silvaner nippend die schönen Seidenkleider der Damen bewunderte und sich fragte: »Warum wird'n eigentlich diese Evelyn Opela ums Verrecken ned älter?« Danach ging man beruhigt ins Bett, denn in einer Welt, in der Siegfried Lowitz und Horst Tappert in sandfarbenem Glenchecksakko mit ihren Assistenten Gerd Heymann (Michael Ande) beziehungsweise Harry »Hol den Wagen« Klein (Fritz Wepper) nach dem Rechten sahen, konnte man sich sicher fühlen.

Heutzutage möchte ich bei manchen »Tatort«-Folgen im ganzen Haus das Licht anlassen: Zum einen, weil in der ARD das Budget für die Beleuchtung offensichtlich so gekürzt wurde, dass Städte, Orte und Menschen jedes Mal nur noch schemenhaft zu erkennen sind. Zum anderen, weil es mir mit zunehmendem Alter immer schwerer fällt, meinen Sonntagabend mit einer Mischung aus roher Gewalt und tristen Orten voller vor sich hin nuschelnder Durchgeknallter zu beenden, die Probleme haben, die ich weder akustisch noch intellektuell nachvollziehen kann. Und wenn landschaftliche Ödnis mit Dauerregen auf psychisch angeschlagene Kommissare trifft, dann frage ich immer: Da gibt's doch bestimmt auch was von Ratiopharm?

Sicher sind diese ganzen Serien von früher heutzutage inhaltlich und überhaupt genauso zeitgemäß wie ein tiefer gelegter VW Scirocco oder Bilder von röhrenden Hirschen über Eiche-Brutal-Wohnzimmerschränken. Und wahrscheinlich brächte man in Zeiten von Netflix oder Amazon-Prime keine komplette Familie mehr dazu, sich vor dem TV-Gerät im Wohnzimmer zu versammeln. Aber jedes Mal, wenn ich beispielsweise eine Folge »Monaco Franze« anschaue, weiß ich, dass manche Dinge nie altern – völlig wurscht, wie modern, angesagt und cool eine Folge »Big Little Lies« auch sein mag. Und ich glaube fest daran, dass sich die Menschen – auch heute oder vielleicht sogar gerade heute – nach Warmherzigkeit, befreiendem Lachen und Leichtigkeit sehnen. Wie soll man einen Tag, an dem einem morgens schon nervige Radiomoderatoren alle weltweiten Katastrophen- und Horrormeldungen um die Lauscher knallen, anders überstehen als mit Charme, Humor und Selbstironie?

Und es gibt sie durchaus, diese humorvollen, charmanten, großzügigen Zeitgenossen, die einem neben diesen ganzen Corona-Denunzianten, Dauernörglern und Neidern den Tag oft schon durch einen Satz verschönern können. Meine Nachbarn, die jedes Mal winken, wenn sie vorbeifahren; die netten Bäckereiverkäuferinnen, von denen ich weiß, dass sie unter ihrem Mundschutz lächeln, wenn sie die Kunden begrüßen, auch wenn es niemand mehr sieht; mein Freund Hansi, der mich jede Woche per SMS daran erinnert, dass mein Vater sein Vitamin D nehmen soll; Handwerker, die sich beim Gehen extra nochmals für das Mittagessen bedanken; mein Tankwart, der meinem Lebensgefährten neulich einen Piccolo und Pralinen für mich mitgegeben hat – einfach nur so. Jemand, der einem im Restaurant die Tür aufhält. Ein Taxifahrer, der MICH fragt, ob es MIR etwas ausmacht, wenn ER kurz telefoniert. Der Fahrer vom Pizzadienst, der mir jedes Mal eine Flasche Wein zur Pizza schenkt. Kleine Gesten, die so viel für denjenigen bedeuten, der sie empfängt.

Neulich fand ich beispielsweise eine Schachtel Konfekt samt einem handgeschriebenen Brief in meinem Postkasten: Beides stammte von einer Dame, deren Mutter im angrenzenden Seniorenheim lebt, und als ich den Brief öffnete, fand ich auch noch einen 100-Euro-Schein im Kuvert, weil – so die mitfühlende Dame – ich doch jetzt wahrscheinlich länger nicht auftreten könne, die Schokolade sei die dazu passende Nervennahrung. Ich schrieb ihr zurück, dass ich zwar unglaublich gerührt von ihrer Sorge sei, das Geld aber unmöglich annehmen könne. Wenn sie allerdings damit einverstanden sei, würde ich es an eine Hilfsorganisation für verarmte Senioren spenden. Worauf sie mir antwortete, die Idee finde sie sehr gut und sie wolle den gleichen Betrag noch einmal an ebendiese Organisation spenden.

Oder: Bei uns in der Nähe gibt es einen Kramerladen, der seit über 40 Jahren von einer Dame namens Auer Lilli geführt wird, die von ihren Kunden nur liebevoll »d'Auer Lil'« genannt wird. Diese resolute Dame ist mittlerweile 91 Jahre alt und steigt immer noch täglich – wie bereits ihre Mutter – um sechs Uhr früh die Stufen von ihrer Wohnung in den Laden hinab, um tagein, tagaus bis spätabends für ihre Kunden da zu sein. Neben Brot, Wurst, Käse, etwas Obst, Waschmittel, Nudeln, Kaffee und Süßigkeiten bietet sie quasi alles von A wie Alleskleber bis Z wie Zimtstangen an. Außerdem kann man in Frau Auers Laden auch Lotto spielen und seine Pakete dorthin liefern lassen, denn die meisten Menschen im Ort sind ja berufstätig und daher untertags eher selten daheim anzutreffen. Auf die Frage eines Reporters des Bayerischen Rundfunks, der sie anlässlich ihres 90. Geburtstages interviewte, was sie denn in ihrem kleinen Laden nicht anbiete, überlegte die Lilli kurz und sagte dann: »Radl!«

Nun ist es allerdings so, dass der Laden in Zeiten großer Discounter-Riesenläden, gepaart mit der durch die Werbung hergezüchteten »Geiz ist geil«-Mentalität, unter dem Strich völlig unrentabel, vielmehr sogar ein richtiges Draufzahlgeschäft ist. Genauer gesagt gestand die Lilli dem Reporter, dass sie sowohl ihre komplette Rente als auch die Mieten von zwei Eigentumswohnungen in den Laden investiere. Auf die Frage, warum sie sich das antue und sich nicht stattdessen einen angenehmen, weil entspannten Lebensabend gönne, antwortete sie wie aus der Pistole geschossen: »Ja, weil mich meine Kunden brauchen! Ums Geld darf's ned geh. Deswegen steh i ned herin!« Sprach's und packte einem Kunden, der gerade eine Wurstsemmel kaufen wollte, eine zweite in die Tüte, ohne diese zu berechnen, weil man auf einem Bein ja schließlich nicht stehen kann.

Wie liebenswert, ja berührend, dachte ich mir. Und: charmant. Im Duden müsste neben der Definition von Charme, also »Anziehungskraft, die von jemandes gewinnenden Wesen ausgeht«, ein Foto von der Auer Lilli sein. Ich bin mir sicher, der freundliche Dr. Neudert würde dieser Erklärung zustimmen.

Von Burkinis, Schwimmbadkultur und Handtuchhelden

Monika Gruber

Im Frühjahr 2020 las ich folgende Kurzmitteilung in einem Rosenheimer Lokalblatt: »Weil Asylbewerber oft nicht schwimmen können, setzen die Malteser in Stadt und Landkreis Schwimmkurse für geflüchtete Menschen fort, sobald es wieder möglich ist. Die ehrenamtlichen Helferinnen betreuen die Teilnehmenden im Wasser. Zu den weiteren Zielen der Kurse gehört, die Männer und Buben an die westliche Badekultur heranzuführen, die Bevölkerung an den Anblick von Burkinis zu gewöhnen und Misstrauen abzubauen.«

Ich war verwirrt. Was wird wohl im Fach »westliche Badekultur« den geflüchteten Männern und Buben von den eifrigen Helferinnen unterrichtet werden? Dass offensichtlich nur Frauen Schwimmunterricht geben können? Dass ein String-Bikini bei Frauen nur dann angebracht ist, wenn ein Schmetterlingstattoo die Arschbacke ziert? Dass man im Freibad nicht ins Becken schifft, in den Baggersee aber schon, weil das Wasser trüber ist? Dass sich vorwiegend Herrschaften über 100 Kilo Lebendgewicht mit Hang zu Cellulite gern nathlos bräunen? Dass im Freibad nicht nur Kinder sondern auch nostalgisch veranlagte Erwachsene IMMER Pommes mit Ketchup gefolgt von einem Flutschfinger oder einem Magnum-Mandel verzehren? Dass eine Arschbombe vom Zehner-Brett erst ab 2 Promille Sinn ergibt? Dass ein männlicher Badegast, dem versehentlich eine Klöte aus der Badehose baumelt, kein Aufhebens darum macht, sondern den kleinen Ausreißer einfach im Gehen zurückstopft oder gleich lässig einen auf Freischwinger macht? Und dass es im Westen sogar eigene Badestrände für Hunde gibt?

Und wie möchte man die Bevölkerung an den Anblick von Burkinis gewöhnen? Und was noch viel wichtiger ist: Warum? Wenn doch die geflüchteten Buben und Männer jetzt schon mal an die westliche Badekultur gewöhnt sind, die bei Frauen eben das Tragen von Bikinis und Badeanzügen oder von eben gar nix beinhaltet, wozu muss sich dann die hiesige Bevölkerung an den Anblick von langen Badekleidern gewöhnen? Werden die geflüchteten Frauen und Mädchen etwa nicht an die westliche Badekultur herangeführt, sondern davon ausgeschlossen? Und ist das nicht diskriminierend und letztendlich auch integrationsverhindernd?

Genauso wie der Vorschlag eines gewissen Abdullah Zeran, der in Frankfurt ein Schwimmbad ausschließlich für Muslime bauen möchte mit der Begründung: »Muslime wollen sich integrieren. Das geht, wenn ihnen Vertrauen entgegengebracht wird – doch häufig fehlt es daran.« Also ich würde sofort darauf vertrauen, dass es für viele muslimische Mädchen leichter wäre, sich zu integrieren, wenn sie – gemeinsam mit ihren anderen Klassenkameraden – am Schwimmunterricht teilnehmen dürften. Und zwar in der gleichen Badekleidung wie ihre Mitschülerinnen. Welcher Vertrauensvorschuss in Ab- und Ausgrenzung durch separate Schwimmbäder stecken soll, darüber hätte ich gern eine Antwort von Herrn Zeran.

Und dann möchte man auch noch »Misstrauen abbauen«? Welches Misstrauen? Wessen Misstrauen? Das Misstrauen der geflüchteten Menschen, weil sie vielleicht bezweifeln, dass das Frittierfett vom Badekiosk nicht regelmäßig gewechselt wird oder vier Halbe Augustiner bei 30 Grad sinnvoll sind? Oder weil sie sich fragen, ob die deutsche Bevölkerung noch ganz dicht ist, weil sie zwar grundsätzlich mit Helm radfahren und mit Mundschutz allein im eigenen Auto hocken, sich aber bei 30 Grad im Schatten die käsige Haut aufbrutzeln lassen, bis sie ausschauen wie ein paar Käsekrainer vom »Bitzinger« an der Wiener Albertina? Oder ist das Misstrauen der Bevölkerung gemeint, die sich fragt, ob man als Nichtschwimmerin mit einem Burkini nicht leichter untergeht als in sportlich-funktionaler Badebekleidung? Fragen über Fragen. Da sich meine schwimmerischen Fähigkeiten ausschließlich aufs Brustschwimmen beschränken und ich schon allein beim Gedanken, meinen Kopf unter Wasser halten zu müssen, und sei es nur für zwei Sekunden, klaustrophobische Schübe bekomme, trage ich mich ernsthaft mit dem Gedanken, mich bei den Maltesern für einen Schwimmkurs anzumelden. Vielleicht kann mich eine der ehrenamtlichen Helferinnen beim Einführen in die westliche Badekultur endlich darüber aufklären, warum die Deutschen im Urlaub immer morgens vor dem Frühstück ihre Sonnenliege mit dem Handtuch vorreservieren und gern alkoholische Getränke aus Behältern, die die Größe einer Kinderbadewanne haben, konsumieren. Solchen Mitmenschen – und Aperol-Sprizz aus der Dose – begegne ich tatsächlich mit Misstrauen. Um nicht zu sagen mit leichter Verachtung, was einmal im Griechenland-Urlaub darin kulminierte, dass ich extra früh aufgestanden bin, um sämtliche Handtücher der deutschen Mitreisenden, die bereits auf den Strandliegen platziert waren, wieder wegzunehmen und auf einen riesigen Haufen zu werfen. Ich muss wohl nicht erwähnen, dass es keine zwei Stunden später zu tumultartigen Szenen am Hotelstrand kam, die ich aus der sicheren Entfernung meines Balkons bei einem gemütlichen Frühstück verfolgen durfte.

Berufswunsch Influencer

Warum es ein schlechtes Zeichen ist, dass man mit einem Obstsalat-Foto Millionär werden kann

Andreas Hock

Neulich, beim Ausmisten des Kellers, ist mir eine Kiste voller alter Schulsachen in die Hände gekommen. Erst ärgerte ich mich, dass ich den ganzen Kram über all die Jahre aufgehoben und nicht längst auf dem Wertstoffhof entsorgt hatte, aber wie das immer so ist: Man fängt dann doch das Blättern und Lesen an und kann sich irgendwann kaum mehr lösen von all den Erinnerungen an eine Ära, in der es bei uns Terrorismus nur als Fiktion in den für mich ohnehin verbotenen »Rambo«-Filmen gab, Killerviren höchstens in Science-Fiction-Comics vorkamen und Ausgangssperren nur in totalitären Staaten verhängt wurden, deren Namen so klangen, als hätte sie Karl May erfunden. Bei dieser sehr persönlichen Zeitreise entdeckte ich einen Aufsatz, den ich einst bei Frau Zahn in der vierten Klasse schrieb. Er trug den Titel: »Was ich einmal werden will«, und wir sollten drei Berufe angeben, die wir uns für später vorstellen konnten.

Frau Zahn war eine kleine ältere Dame mit einem akkuraten grauen Dutt, der farblich perfekt zu ihrem kerzengerade geschnittenen grauen Kostüm passte, in dem sie so aussah wie Romy Schneider in »Mädchen in Uniform«. Nur kleiner. Und grauhaarig. Und ganz insgesamt weniger attraktiv. Egal. Sie war eine menschlich gütige, in der Sache jedoch strenge Lehrerin, die uns Kindern eines immer wieder vermittelte: dass wir fast alles werden konnten, wenn wir uns nur genug anstrengten. Als Beispiele führte sie Karrieren ehemaliger Zöglinge an, die es mit viel Fleiß zum Oberarzt gebracht hatten, zum Orchesterdirigenten oder zur Staatsanwältin, obwohl die jeweiligen Eltern nicht viel Geld besessen und keine Beziehungen nach oben gehabt hatten. Unter meinen Mitschülern befand sich auch der Sohn eines Landtagsabgeordneten, der immer damit prahlte, dass er ohnehin ausgesorgt habe und sein Vater ihn bald auf der besten Schule der Stadt unterbringen werde, einem humanistischen Gymnasium. Frau Zahn dagegen hielt ihn für einen Tunichtgut, und sie hatte recht: Nach zwei Jahren auf derselben Jahrgangsstufe im Lyzeum nützte ihm auch der Papa nix mehr, und mit 18 überfiel er im Drogenrausch einen Lottoladen und wurde eingesperrt. Aber wer sich richtig reinhängte, der hatte bei Frau Zahn einen Stein im Brett – und ihrer Meinung nach eine große Zukunft vor sich. Ich machte mich an die Arbeit und gab an, dass ich am liebsten Pilot werden wollte, Tierarzt oder Zirkusdirektor. Das war der grobe Plan im Jahr 1985.

Frau Zahn vergab eine Drei plus und schrieb unter meinen Text, ich hätte sehr anschaulich und nachvollziehbar erklärt, warum ich eine Flugkapitäns- oder Veterinärslaufbahn anstrebte, allerdings glaubte sie mir die Sache mit dem Zirkusdirektor nicht, weil mein Banknachbar Stefan nahezu dieselben Gedanken vortrug. Und weil sie nicht wissen konnte, wer von wem abgekupfert hatte, stufte sie uns beide eine Note herunter. Tatsächlich war das mit dem Zirkus in meinem Fall totaler Quatsch, ich hatte höllischen Respekt vor Artistenzubehör wie einem Trapez und wusste nicht, ob ich vor Clowns oder Löwen mehr Angst hatte, aber mir war in diesem Augenblick zum Schluss nichts Originelleres eingefallen als das, was Stefan sich ausdachte. Die anderen beiden Berufe stimmten aber mit meinen damaligen Wünschen absolut überein, auch wenn sie sich kurz darauf erledigten: Das Pilotenthema hatte wegen meines Asthmas keine Zukunft, und das Tierärztedasein scheiterte an meiner Katzen- und Pferdehaarallergie.

Als ich so da saß in meinem Keller, fragte ich mich, was die anderen Kinder damals wohl in ihr Heft geschrieben hatten und wer wirklich das geworden war, was er oder sie sich mit neun oder zehn erträumt hatte – möglicherweise niemand: Ich kannte zumindest keinen Astronauten, keine Primaballerina und keinen Fußballprofi, Stefan wurde auch kein Zirkuschef, sondern Gas-Wasser-Installateur, und keiner schrieb als Kind »Großhandelskaufmann«, »Industriemechaniker« oder »Fleischwaren-Fachverkäuferin« in sein Heft, und wenn doch, dann stimmte wahrscheinlich etwas mit ihm nicht.

Viele junge Menschen von heute hingegen wissen schon sehr früh sehr genau, welche Karriere sie einmal einschlagen werden, und oftmals klappt das sogar: In vielen aktuellen Schulheften dürfte, sollte es überhaupt noch immer derartige Aufsätze geben, ein Wort stehen, bei dem ich am liebsten das Ladekabel meiner drahtlosen Tastatur durchbeißen würde: »Influencer«. Oder wahlweise auch: »Blogger«, »Vlogger«, »YouTuber«, »Instagrammer« und andere Tätigkeiten, die genauso dämlich sind, wie sie sich anhören. Im Klartext bedeutet das, dass man inzwischen Geld, manchmal auch viel Geld und gelegentlich sogar sehr viel Geld verdienen kann, wenn man wildfremden Leuten jeden feuchten Furz aus seinem Leben mitteilt, völlig gleichgültig, ob der Furz wirklich aus dem eigenen Hintern kam, sprich: ob das alles stimmt, was man postet.

Bis vor Kurzem war ich vollkommen unbefleckt, was diese relativ neue Entwicklung betrifft: Erst seit gut zehn

Jahren machen es sich geschäftstüchtige oder oftmals einfach nur unfassbar dreiste Zeitgenossen zu eigen, sich beziehungsweise ihre Social-Media-Accounts, deren Ursprungscharakter mal ein rein privates Netzwerken gewesen ist, für werbliche Zwecke zu nutzen, um Geld zu verdienen. Dabei tun sie jedoch so, als wäre das alles total authentisch. Wie gesagt: Ich hatte keinen Schimmer davon, was das in der analogen, also der echten Welt bedeutet, bis mir ein Freund davon berichtete, wie er einen Tag mit seiner Tochter in München zubrachte, um eine junge Frau zu besuchen, die in ihrem Onlinekanal anderen Mädchen Schminktipps gab.

Er hatte ihr den Ausflug zum Geburtstag geschenkt, sie wünschte sich nichts anderes. So billig komme ich künftig nicht mehr weg, dachte mein Kumpel und erfüllte dem Töchterlein gerne den Wunsch, aber er täuschte sich. Jedenfalls hatte diese selbst ernannte Influencerin, deren Clips jeweils ein paar Millionen Mal angeklickt werden, für ein paar Tage ein leer stehendes Geschäft in der Münchner Innenstadt gemietet. Dort wollte sie, laut eigener Mitteilung, ihren Fans – zu 99,8 Prozent Mädchen zwischen 10 und 14 – Autogramme geben und im Idealfall eben das erklären, wofür sie berühmt geworden ist: wie man sich mit Creme, Puder und Wimperntusche ein bisschen erwachsener fühlt und anschließend aussieht wie die minderjährige Version von Sylvie Meis (die mit ihrer Bikinibilderflut ihrerseits auch eine Art Influencerin ist, nur halt mutmaßlich vorwiegend für notgeile ältere Männer, die sich aus Angst vor der Ehefrau nicht auf echte Pornoseiten trauen).

Grundsätzlich war dagegen nichts einzuwenden, auch ich hätte mir in meiner Jugend ein paar fachkundige Hinweise gewünscht: wie man einen Fallrückzieher macht, ohne sich das Becken zu prellen zum Beispiel, oder wie man nach einem verunglückten Wohnzimmerregal-Reparaturversuch die Rückstände einer Heißklebepistole von der Wand kriegt, bevor die Eltern nach Hause kommen. Aber damals gab es leider kein Internet und somit auch keine Kanäle, in denen mir jemand so etwas zeigen konnte.

Als mein Freund in der Maximilianstraße ankam, wo sich die neudeutsch »Pop-up-Store« genannte Zwischennutzung der Schminktante befand, dachte er kurz, er sei in eine Massendemonstration gegen einen bevorstehenden Castor-Transport quer durch den Englischen Garten geraten oder zumindest in handfeste Ausschreitungen zwischen Bayern- und Löwen-Fans. Die gesamte Straße war gesperrt und voller Polizei, und erst bei näherem Hinsehen erkannte er, dass es sich bei dem Auflauf um keine Autonomen oder Hooligans, sondern um Tausende hysterischer Teenagerinnen handelte, die den kleinen Laden belagerten und dabei den gesamten Verkehr lahmlegten.

Natürlich gab es ein solches Phänomen schon immer, zumindest seit es so etwas wie Popkultur gibt: Tauchten Elvis und die Beatles irgendwo auf, mussten Sicherheitskräfte ebenso anrücken wie später bei Michael Jackson oder Take That, und womöglich standen bereits unter den Schlafzimmerfenstern von Albrecht Dürer, Wolfgang Amadeus Mozart und Friedrich Schiller stets ein paar Groupies. Die genannten Herrschaften aber konnten wenigstens malen, komponieren, schreiben und singen, während die Leistung dieses Idols darin besteht, sich die Nägel zu lackieren und dabei eine Videokamera laufen zu lassen. Ich finde, das ist ein bisschen wenig für eine Millionenkarriere, aber es scheint heutzutage zu reichen.

Mein Freund stellte sich mit seiner Tochter mehrere Stunden an und sah, wie vor und hinter ihnen reihenweise Kinder kollabierten. Als sie den Eingang endlich erreicht hatten, drängelten sie sich mit den anderen, die für fünf Minuten eingelassen wurden, zu einem Tisch, an dem ein kleines, unscheinbares und unter einer dicken Schicht

Make-up verstecktes Fräulein saß. Das Geschäftsmodell bestand offenbar darin, dass es ein Autogramm der Dame für einen gekauften Artikel aus ihrer Beauty-Kollektion gab, ein Selfie für zwei und einen persönlichen Händedruck für drei Produkte. Und so kaufte mein Kumpel als guter Papa ein Badeschaum-Set, ein Parfüm und ein pinkfarbenes Strandtuch, damit sein Kind mit seinem Star für exakt drei Sekunden auf Tuchfühlung gehen und ein Autogrammkärtchen mitnehmen konnte. Es gab keine Quittung und keinen Kassenbon, und dann kam ein Security-Gorilla und schob die beiden hinaus. Als er mir die Geschichte erzählte, rechnete mein Freund grob hoch, wie viel Umsatz wohl an einem solchen Tag generiert wurde, und kam auf über den Daumen gepeilte 25 000 Euro, die genauso sicher voll versteuert wurden wie einst die Kapitalerträge von Uli Hoeneß' Schweizer Nummernkonto.

Nicht, dass ich missgünstig erscheine: Ich gönne wirklich jedem, der eine pfiffige oder verrückte Idee hat, alles Geld der Welt. Von mir aus kann man sehr gerne auf seiner Homepage eine Million Pixel für einen Dollar das Stück verkaufen, wenn man eine Million Menschen findet, die einem je einen Dollar überweisen (wie es der englische Student Alex Tew vor einigen Jahren erfolgreich umgesetzt hat). Man kann einen Mailservice von der Internetadresse des Weihnachtsmannes gegen Gebühr anbieten, einen Onlinehandel für gebrauchte Windeln gründen oder Luft aus den Rocky Mountains in Dosen abfüllen und weltweit verschicken. Ich finde es nur befremdlich, wenn man Menschen abkassiert, die noch zu jung sind, um Dinge zu hinterfragen.

Die wichtigsten Geschäftsbereiche, in denen mittlerweile wirklich obszön viel Kohle bewegt wird, sind neben der schon erwähnten Kosmetikbranche noch Mode, Essen, Reise und Fitness. Und so sitzen etwa auf den exponierten

Erste-Reihe-Plätzen der großen Modeschauen, auf denen früher ausschließlich berühmte Designer, die größten Hollywoodstars, wichtige Einkäufer und anerkannte Journalisten internationaler Medien Platz nahmen, fast nur gelangweilte junge Gören mit großen Brillen, einer größeren Insta-Fangemeinde und einem noch größeren Ego. Es gibt hierzulande Bloggerinnen wie Pia Wurtzbach, Leonie Hanne, Bianca Claßen oder Pamela Reif, die kein Mensch über 25 auf der Straße erkennen würde, die aber bei der jüngeren Zielgruppe jeweils berühmter und angesagter sind als Thomas Gottschalk, Günther Jauch, Barbara Schöneberger und Helene Fischer zusammen. Manche ihrer Bilder samt kurzen Textchen verzeichnen mehr Zuschauer, als »Wetten, dass …?« je hatte, und angesichts dessen ist es kein Wunder, dass diese Herrschaften für ein einzelnes Foto schon mal 10 000 Euro und mehr verlangen können, wenn ein bestimmtes Produkt eingebaut wird – was allerdings im internationalen Vergleich auch nur ein schnödes Trinkgeld ist.

Eine amerikanische Anwaltstochter namens Kimberly Noel Kardashian, verheiratete West, die anfangs hauptsächlich wegen ihrer, nun ja, beachtlichen Kehrseite und eines von ihrem damaligen Freund heimlich aufgenommenen Sexvideos berühmt geworden ist, erreicht allein auf Instagram unfassbare 178 Millionen Nutzer. Das sind halb so viele Menschen, wie die USA Einwohner hat, und ungefähr fünf Mal mehr Follower als beim ehemaligen US-Präsidenten Barack Obama oder 20 Mal mehr als beim Papst, die beide, rein objektiv betrachtet, möglicherweise etwas substanziellere Botschaften zur Weltlage beizutragen haben als die aktuelle Wassertemperatur in Florida. Aber auf diese Weise hat es Ms Kardashian-West zur ersten Internetmilliardärin gebracht, mit einem Jahreseinkommen von derzeit geschätzten 300 Millionen Dollar. Dafür kann man den Hintern natürlich schon mal in die Sonne halten.

Aber auch wenn Frau Wurtzbach beim zufälligen Stadtbummel total spontan eine neue Handtasche entdeckt und diese, selbstverständlich perfekt geschminkt, professionell ausgeleuchtet und nachträglich gefiltert, in die Smartphone-Kamera hält, lässt der Taschenhersteller natürlich nicht nur die Tasche an sich springen, sondern auch ein paar Tausender Honorar extra, weil die PR-Manager wissen, dass das scheußliche Ding dann von sehr vielen potenziellen jungen Kundinnen gesehen und hoffentlich auch von ihnen oder wenigstens ihren Eltern gekauft wird. So funktioniert das mit fast allem, was man in einem Laden erwerben beziehungsweise im Netz (oder noch besser: auf der eigenen Internetseite) bestellen kann: Klamotten, Schmuck, Einrichtungsgegenstände, Parfum, neuartige Diätgetränke auf Algen-Blattlaus-Basis, in Schleichkatzenmägen fermentierter Entspannungstee oder eine Duftkerze mit Vaginageruch (gesehen auf der Seite von Gwyneth Paltrow) und so weiter.

Der Unterschied zur guten alten und nicht erst seit der Verpflichtung des bemitleidenswerten Trigema-Schimpansen oft genug nervtötenden traditionellen Werbung ist, dass in der Glotze oder einer Zeitungsanzeige selbst für einen nicht ganz so hellen Geist deutlich erkennbar war und ist, dass Joachim Löw sich nur deshalb die neue Aftershave-Lotion von Nivea ins Gesicht schmiert, weil er halt dafür bezahlt wird. Im Influencer-Business funktioniert das viel subtiler. Nur dann, wenn die Inhalte möglichst beiläufig und eben nicht nach klassischer Gummibären-Reklame aussehen und eingebettet werden in eine kitschige Story voller malerischer Sonnenuntergänge, lasziver Blicke und treudoofer Augenaufschläge, ist die Authentizität gewährleistet und der Nachahmungseffekt der Kundschaft am größten. Schon ab knapp 10 000 Kontakten (so sie denn echt sind und nicht von einem chinesischen Bot-Roboter generiert wurden) lässt sich ein Monatseinkommen erzielen, das mit dem eines Verwaltungsfachangestellten mithalten kann, und derzeit scheint es nach oben keine Grenze zu geben.

Dazu kommt, dass die Welt, die um die banalen Botschaften herum inszeniert wird, perfekter nicht sein könnte: Es sieht so aus, als befänden sich die meisten dieser zumeist gertenschlanken, nahtlos braun gebrannten und fehlerlos frisierten Leute immer in einem trendigen Lokal, einer coolen Kunstgalerie oder im Urlaub – und zwar nicht im Teutoburger Wald oder dem Lausitzer Seenland, sondern in Regionen, in denen es natürlich keine Regentage gibt und man sich demzufolge ganztags in äußerst knapper Badebekleidung aufhalten kann. Ganz ohne geht es leider nicht, weil die Netzwerke zwar kaum Inhalte auf Plausibilität überprüfen und es auch mit dem Datenschutz nicht so genau nehmen, aber einen blanken Busen umgehend aus Jugendschutzgründen entfernen.

Es ist kurios: Ausgerechnet im Zeitalter von #MeToo und militantem Feminismus basteln sich vor allem viele Influencerinnen ein leicht bekleidetes Alter Ego in BH und aufgeknöpfter Leinenbluse, um sich in die Sehnsüchte junger Menschen zu schleichen. Im Vergleich zu unseren eigenen Urlaubserlebnissen sieht man auch niemals rostige Mietautos, überfüllte Flughafenbusse oder unordentliche Hotelzimmer mit gammeligem Duschvorhang. Die Pools sind stets menschenleer und endlos lang, die Kleidung ist jeden Tag aufgebügelt, und der frische Papayasalat zum Frühstück schimmert ebenso farbenfroh und appetitlich auf dem Porzellanteller wie der abendliche Sundowner im riesigen Cocktailglas. Besuchen Influencer eine Stadt, dann eher nicht Gelsenkirchen, Ludwigshafen oder Salzgitter, sondern New York, Paris oder wenigstens Mailand, und wenn sie essen gehen, dann sicher nicht bei »Curry-Karl«, sondern in einem todschicken und durchgestylten Laden, gegen den das Café im MoMa wie ein rustikaler Stehausschank wirkt.

Schon klar, dass ein solches Leben erstrebenswerter erscheint als eine Lehre als Gebäudetechniker oder die Ausbildung zum Metallbauer. Umgekehrt hat ein Gebäudetechniker oder Metallbauer leider vermutlich keine Zeit, uns seinen Alltag in solchen gestellten Bildern darzulegen, was natürlich schade ist, weil es erstens nicht schaden könnte, wenn derartige Laufbahnen für Jungs und Mädchen ein bisschen attraktiver würden. Und weil es zweitens allen Unkenrufen zum Trotz noch immer mehr normale Menschen mit 38,5-Wochenstunden voller beruflicher Verpflichtungen gibt als Models, Fitnesstrainer, Trendscout oder Drohnenpilot, die uns glauben machen wollen, ein Leben könne ausschließlich aus Freizeit an exotischen Orten bestehen, mit strahlendem Sonnenschein und einer gegrillten Languste, die am Vormittag noch vor der Azorenküste entlanggeschwommen ist.

Selbst die Corona-Krise sah auf Instagram und Facebook irgendwie putzig aus angesichts all der farbenfrohen Anleitungen für selbst genähte Masken, entspannenden Yogaübungen im Homeoffice oder lustigen Hashtag-Kettenbriefen während des Lockdowns. Auf die Insta-Story, die eine heftige Salmonellenvergiftung, ein verstopftes Klo, unbezahlte Überstunden im Büro oder einen handfesten Beziehungskrach zum Inhalt hat, warte ich jedenfalls noch.

Und weil inzwischen so viele ein Stück vom großen Kuchen abhaben wollen und nicht jeder gleich zum Milliardär wird, der sich lasziv auf dem Fensterbrett im Seidenpyjama ablichtet, über selbst entwickelte vegane Smoothies bloggt oder seine Erfahrungen als alle Herausforderungen meisternde Supermama mit eigenem Fitnessprogramm mitteilt, tummeln sich auf dem Marktplatz der Eitelkeiten und Scheinwelten auch sehr, sehr viele Aufschneider und Schnorrer: Restaurantbetreiber fürchten sich längst nicht mehr vor den strengen Kritikern eines Guide Michelin oder eines Gault&Millau, sondern vor wichtigtuerischen Food-Bloggern mit ein paar Tausend Followern, die das Handy nicht einmal dann zur Seite legen, wenn sie sich den ersten Bissen ihres Degustationsmenüs in den Mund schieben. Jedes Hotel ab vier Sterne aufwärts kann sich vor Anfragen nach Gratisaufenthalten kaum retten und steigt doch auf die Veröffentlichungsangebote ein aus Angst, der Konkurrenz ansonsten das Feld zu überlassen. Nahezu alle größeren Unternehmen aus der Konsumbranche werden aufgefordert, kostenlose Produktproben zu versenden als Gegenleistung für eine positive Berichterstattung. So bestreitet man zwar nicht gleich den gesamten Lebensunterhalt, aber zumindest spart man sich eine Menge Geld, wenn man nur dreist genug ist. Auch das ist natürlich keine so richtig gute Vorbildfunktion.

Gott sei Dank waren alle wunderbaren Opern bereits komponiert, die meisten großartigen Romane und Gedichte schon geschrieben, die herrlichsten Gemälde längst gemalt und die beeindruckendsten Baudenkmäler gebaut, als es losging mit der professionellen Selbstdarstellung in den sozialen Netzwerken. Von der Generation, die sich am liebsten selbst halb nackt vor einem Swimmingpool, während des Anprobierens neuer Sneakers oder beim Zubereiten eines Quinoa-Gojibeeren-Auflaufs in Szene setzt, sind vergleichbare Leistungen vielleicht eher nicht zu erwarten.

Es wäre interessant zu wissen, wie Frau Zahn damals reagiert hätte, hätte es Instagram und Co. zu ihrer Zeit schon gegeben. Ich bin mir aber ziemlich sicher, sie hätte uns vehement dazu geraten, zuerst mal etwas Richtiges zu lernen, bevor wir hauptberuflich einen Youtube- oder TikTok-Kanal betreiben. Aber leider braucht man dafür nicht einmal einen Hauptschulabschluss. Sondern nur einen Computer.

Schöne neue Welt

Was von Corona übrig bleiben könnte und warum uns das mehr Angst machen sollte als das Virus

Monika Gruber

Ich weiß, wir hatten das leidige Thema »Corona« und seine vielfältigen Nachwehen eingangs schon erwähnt, aber weil uns dieser ganze Irrsinn noch längere Zeit beschäftigen wird, finde ich es auch legitim, es gegen Schluss noch mal zu erwähnen. Am besten mit der Prognose eines Wissenschaftlers, denn die haben ja von Anfang an gewusst, wo's langgeht. Also – sie haben gewusst, dass es LANG geht. Also, dass es lange dauern wird, bis ein Impfstoff gefunden ist oder ein Wundermittel oder was auch immer. Also länger, um nicht zu sagen: Jahre! Egal.

Der Zukunftsforscher Matthias Horx wiederholte in letzter Zeit zu verschiedenen Anlässen fast schon mantramäßig seine Behauptung, dass die Zeit nach Corona eine bessere sein werde. Dass die körperliche Distanz, die der Virus erzwingt, »gleichzeitig neue Nähe« erzeugte, dass Familien, Nachbarn, Freunde enger zusammengerückt waren und bisweilen sogar »verborgene Konflikte gelöst« haben. Und dass die gesellschaftliche Höflichkeit, die wir vorher zunehmend vermissten, plötzlich ansteigen würde.

Um die Sache abzukürzen: Ich halte das alles für einen ziemlich großen Schmarrn!

Nun weiß ich natürlich nicht genau, wo der Herr Horx

während der Corona-Quarantäne seinen Hauptwohnsitz hatte. Vielleicht nennt er ja eine Villa auf Capri sein Eigen und schaute jeden Morgen über seinen hauseigenen Zitronenhain auf türkisblaues Meer anstatt auf neue Fallzahlen und das Knautschgesicht von Herrn Drosten in seiner Tageszeitung. Vielleicht lebt er ja in einem Haus am See auf Vancouver Island, wo er auch in Nicht-Corona-Zeiten nur dann einen Nachbarn sähe, wenn er den örtlichen Country Club besuchen würde. Oder er nahm sich ein Beispiel an dem amerikanischen Medienmilliardär David Geffen, der während des Lockdowns ein Bild von seiner 590 Millionen teuren Luxusjacht postete und zeigte, dass Isolation auch ein wahrer Hochgenuss sein könne, wenn man sie nur standesgemäß auf einer schnittigen Edelschaluppe von zahlreichen Bediensteten umgeben im Sonnenuntergang vor den Grenadinen zelebriere. Eher unwahrscheinlich ist hingegen, dass er samt Ehefrau und zwei schulpflichtigen Schratzn in einer Dreizimmer-Etagenwohnung ohne Balkon sein Dasein fristet, wo bei Otto Normalbürger schon nach den ersten beiden Wochen Ausgangssperre aus Sorge um den eigenen Job der Lagerkoller ausgebrochen war und man sich nicht überlegte, *ob* man aus dem achten Stock auf das Mülltonnenhäuschen im Innenhof springen sollte, sondern nur, *wann*. Vermutlich muss ein Zukunftsforscher aber keine Angst vor der Zukunft haben, denn an Zukunft an sich wird's uns vermutlich nicht mangeln, in Zukunft. Nur wie die halt aussieht, das ist die Frage.

Für mich steht fest: Falls er, der Herr Horx, sich wirklich zu den Hochzeiten der Corona-Krise in Deutschland aufhielt, dann saß er sicherlich die meiste Zeit in seinem Büro, hörte schwer verständlichen Jazz und verließ sein Arbeitszimmer höchstens, um sich einen Espresso zu holen oder mit der Gattin zu dinieren. Er kann aber definitiv in der ganzen Zeit weder in einem Super- oder Baumarkt noch in einem Laden für Tierbedarf (dazu gleich mehr) gewesen sein. Denn wer sich regelmäßig unters mundbeschutzte Volk mischte, der tat sich schwer damit zu glauben, dass die Deutschen nach Corona achtsamer und liebevoller miteinander umgehen würden. Eher im Gegenteil.

Holen wir kurz aus: International hat das Deutschland der Nachkriegszeit unter anderem mit folgenden Highlights Schlagzeilen gemacht: dem Gewinn der Fußballweltmeisterschaft (1954, 1974, 1990 und 2014), dem Mauerfall (1989), gefolgt vom ersten deutschen Papst (2005) – und schließlich im Frühjahr 2020 mit dem weltweit erstmalig auftretenden und bereits besprochenen Begleitphänomen im Zuge der Corona-Krise, nämlich dem Hamsterkaufen von Klopapier. Gefolgt von Mehl, Hefe und Filtertüten!

Das Volk der Dichter und Denker reduzierte also seine Existenz offenbar auf den Verzehr von Hefegebäck zu Filterkaffee und den darauffolgenden Ausscheidungsprozess. Ganz gemäß dem Diktum Helmut Kohls: Wichtig ist, was hinten rauskommt. Ergo entpuppte sich auch in dieser epochalen Krise der durchschnittliche deutsche Gutmensch zunächst als ganz normales, egoistisches Arschloch, das keine Skrupel hatte, Lebensmittel in großen Mengen zu kaufen, die man im Zweifel gar nicht brauchte, wohl wissend, dass der Nachbar, der Feuerwehrmann oder vielleicht die Krankenschwester, die gerade von der Nachtschicht kam, dann vor leeren Regalen stehen würden. Was zur Folge hatte, dass etwa die Münchner Seniorenhilfe-Organisation »Lichtblick e. V.« verzweifelte Anrufe von Rentnern bekam, die weder ihre gewohnten Sonderangebote, auf die sie nun mal wegen ihrer geringen Rente angewiesen sind, noch Artikel wie eben Toilettenpapier und Mehl erwerben konnten. Aus diesem Grund mussten die Damen des Büros jede Woche circa 1000 Kisten mit Grundnahrungsmitteln für die eigentliche Risikogruppe dieses Virus, nämlich die Senioren, packen und verteilen.

Apropos Skrupel: Der Corona-Virus zeigt eindrucksvoll auf, wie sehr die Blockwartmentalität bei vielen noch immer – oder schon wieder, ganz wie man möchte – im Geiste verankert zu sein scheint. Ein befreundeter Polizist erzählte mir, 90 Prozent aller Kontrollen der Ausgangsbeschränkung wurden nur deshalb durchgeführt, weil die jeweiligen Nachbarn eine Anzeige erstattet hatten. Beispiele gefällig? Zwei Straßen weiter hatten Anwohner einen Nachbarsjungen beobachtet, der, in seinem Garten stehend, mit zwei Kumpels, die auf der Straße mit ihren Mopeds anhielten, ein bisschen über den Zaun hinweg plauderte, und daraufhin die Polizei gerufen.

Ein anderer Mann wurde ebenfalls angezeigt, weil er mit seinem Nachbarn an der gemeinsamen Grundstücksgrenze ein aus psychologischer Sicht äußerst wichtiges Corona-Bierchen trank. Wichtig deshalb, weil in der häuslichen Quarantäne der aufkeimende Wunsch, die dauernörgelnde Alte zu erschlagen, nach zwei bis drei Halben empirisch nachgewiesen merklich schwindet und sich häusliche Gewalt mit schwächer werdenden Reflexen auch immer schwieriger gestaltet. Solange also die Herren nicht gegenseitig öffentlich Körperflüssigkeiten austauschen, was, bitte schön, gab es da anzuschwärzen? Lebensfreude? Die Sehnsucht nach sozialen Kontakten? Aber was sollte man schon von jemandem erwarten, der alleine in seinem eigenen Garten, an der frischen Luft, einen FFP3-Mundschutz mit Filtersystem trug wie Herr S., ein Bekannter unserer Familie. Ich fragte mich immer, ob er seine Maske des vollständigen Schutzes halber seitdem auch beim Geschlechtsverkehr aufließ? Und ganz nebenbei: Wie sah dann wohl die turnusgemäße Untersuchung beim Proktologen wegen seiner lästigen Hämorrhoiden aus? Vorne Mundschutz mit Bayernwappen und hinten alles offen? Ach, diese Bilder …

Bei solchen Zeitgenossen musste man sich nicht wundern, wenn sie geradezu schadenfroh auf der Lauer lagen, um auch Autobesitzer, die aufgrund ihres Autokennzeichens als nicht ortsansässig identifiziert wurden, sofort polizeilich zu melden. Als meine Eltern klein waren, lautete der Horrorruf, mit dem Frauen und Kinder erschreckt wurden: »Kinder, d'Russen kommen!« Nun tönte es blutgefrierend durch die Siedlung: »Achtung, jemand mit dem Kennzeichen FFB-AJ 666 fährt mit Schritttempo durch die Bürgermeister-Eisenreich-Straße!« Derlei Umtrieben galt es mit deutscher Gründlichkeit Einhalt zu gebieten.

Der gute alte Goethe schien dieses moralische Desaster bereits vorausgeahnt zu haben, als er sagte: »Sich voneinander abzusondern ist die Eigenschaft der Deutschen. Ich habe sie noch nie verbunden gesehen als im Hass gegen Napoleon. Ich will nur sehen, was sie anfangen werden, wenn dieser über den Rhein gebannt ist.« Zwar dürfte Napoleon den meisten von uns inzwischen eher egal sein, falls man ihn überhaupt noch kennt und nicht für den brasilianischen Innenverteidiger eines von einem Ölscheich finanzierten französischen Fußballklub hält. Doch Johann Wolfgang hätte ganz schön große Augen gemacht, hätte er mitbekommen, wie zutreffend seine Analyse knapp 200 Jahre später noch war. Die paar allabendlichen Balkonklatscher und Wohnzimmer-Symphoniker konnten nicht darüber hinwegtäuschen, dass die Corona-Krise mit ihrer politisch gewollten »Das-darf man doch nicht«-Linie bei vielen Mitbürgern eine stringente Obrigkeitshörigkeit, gefolgt von einer lang nicht mehr da gewesenen Denunziationslust, ausgelöst hat.

Ich konnte wenigstens von Glück sagen, dass ich a) großartige Nachbarn habe und b) die Hecke in meinem Garten inzwischen über zwei Meter hoch ist. Nicht auszudenken, was los gewesen wäre, hätten Passanten eines schönen Aprilnachmittags dort beobachtet, dass mein Friseur meiner Mama die Haare geschnitten und anschließend noch mit meinem Maler einen Espresso getrunken hat. Wahrscheinlich wären angesichts dieser multiplen Verstöße gegen alle Corona-Regeln sofort die GSG9, der Verfassungsschutz und zwölf vermummte Mitarbeiter des Robert Koch-Instituts aufgeschlagen: Mein Maler und mein Friseur hätten vermutlich lebenslanges Berufsverbot bekommen, meine Mutter wäre zur Vollzeitpflege ins benachbarte Seniorenheim zwangseingewiesen worden, und mir hätten sie wegen Wehrkraftzersetzung im Sinne des Bundesseuchengesetzes möglicherweise die Staatsbürgerschaft aberkannt. Für diesen Fall hätte ich jedoch in Schweden umgehend um Asyl gebeten. Vielleicht täusche ich mich, aber ich kann mir beim besten Willen nicht vorstellen, dass in Stockholm oder Göteborg allen Ernstes Parkbänke mit rotem Absperrband abgesichert wurden, um zu verhindern, dass Spaziergänger sich darauf niederlassen wie in der Innenstadt von München zur Einhaltung des sogenannten Verweilverbots und selbstverständlich akribisch kontrolliert vom Ordnungsamt! Wenn in Deutschland tatsächlich so etwas wie ein »Verweilverbot« legal sein sollte, dann sollte es lediglich auf Drogendealer in öffentlichen Grünanlagen oder an nächtlichen Bahnhöfen angewandt werden, nicht aber auf einen gehbehinderten Rentner, der seiner Aussage nach diese Bank zum Hinsetzen brauchte, damit er sich bei seinem täglichen Spaziergang etwas ausruhen konnte. Dafür ist ein solches Ding ja auch da.

Erfreulicherweise gab es in Deutschland allerdings Personengruppen, die gegen die behördliche Regulierungswut aufbegehrten und zivilen Ungehorsam übten, indem sie sich weder an Abstandsregeln noch an das Versammlungsverbot hielten. Als in Berlin die Mutter eines libanesischen Clanchefs erst schwer krank in ein Krankenhaus eingewiesen wurde, dann verstarb und wenige Tage später beerdigt wurde, mussten jeweils mehrere Hundertschaften anrücken, um der widerspenstigen Menschenmassen von Angehörigen und Clanmitgliedern Herr zu werden. Ich bin ja weiß Gott oft erschrocken über die Rechtsauffassung libanesischer Clans, aber diese zutiefst menschliche Prioritätensetzung nötigte mir Respekt ab. Dazu muss man aber vermutlich geboren sein.

Die paar Christen nämlich, die nach der Wiederaufnahme von Gottesdiensten den Weg in unsere Kirchen fanden, hielten sich hingegen allesamt fromm und friedvoll wie Opferlämmer an das Gesangsverbot, das sich der Gesetzgeber wegen der angeblichen Ansteckungsgefahr beim Intonieren von geistlichen Liedern hatte einfallen lassen. Solcherlei Angelegenheiten wurden akribisch geregelt, dass aber Zigtausende Anträge auf Soforthilfe von Scheinfirmen und Briefkastengesellschaften stammten und selbstverständlich ohne weitere Prüfung bewilligt wurden, woraufhin die Kohle auf Nimmerwiedersehen in kriminellen Kanälen verschwand, war wieder mal typisch.

Ebenso typisch schien auch das Verhalten einiger Zeitgenossen zu sein, die zwar vor Corona beispielsweise auf dem Oktoberfest aus jedem Maßkrug soffen, ganz egal, wer da vorher mit seinem Rüssel dran gewesen war, um anschließend mit irgendeiner Daniela, Susi oder Marie, an ein Mülltonnenhäuschen in der Schwanthalerhöhe gelehnt, eine Nummer zu schieben, während der Krise aber geradezu panisch auf alle Arten etwaiger Hygieneverstöße reagierten: Ich war beispielsweise Anfang April 2020 – noch vor der allgemeinen Mundschutzpflicht – im Supermarkt meines Vertrauens einkaufen und wollte einfach nur ein Stück Butter aus dem Kühlregal nehmen. Ich näherte mich also demselben, derweil ich aus dem Augenwinkel beobachtete, dass zwei Burschen – Typ BWL- oder Sportstudenten, beide mit Mundschutz und Plastikhandschuhen bewaffnet – bei meinem Anblick beinahe einen Hechtsprung in die Palette mit

Magermilch gemacht hätten, vor lauter Angst, ich könne ihnen zu nahe kommen.

Gleich anschließend kaufte ich noch Katzenfutter in meinem Stammgeschäft für Tierbedarf. Ich selbst habe zwar kein Haustier, aber der Lieblingskater meines Vaters ist nun mal ein ausgewiesener Gourmet, der das schnöde Discounter-Katzenfutter, das mein Vater als alter Sparfuchs immer anschleppt, nicht mal eines Blickes würdigt, weshalb ich mindestens einmal pro Monat für den Erwerb der felinen Feinschmeckerware zuständig bin. Der junge Marktleiter, den ich seit Jahren kenne, wies mich noch darauf hin, dass hier seit einigen Tagen eine Einkaufswagenpflicht bestehe, um den Mindestabstand zwischen den Kunden besser einhalten zu können. Im selben Moment betrat ein gegelter Werbeträger für »La Martina«-Hemden mit farblich zu seinem »Hermès«-Gürtel abgestimmten Mundschutz das Geschäft und wurde ebenso wie ich von dem freundlichen Marktleiter aufgefordert, doch bitte ein bereitstehendes Wägelchen zu benutzen. Dem menschlichen Gelspender fiel vor Schreck fast die Pilotenbrille aus der Krustenfrisur, er japste unter seiner Maske nach Restluft und ätzte den Marktleiter an: »Das ist Körperverletzung!«

Ich fasse zusammen: Ein junger, kräftiger und augenscheinlich gesunder Mann Anfang 30 von knapp 1,85 Meter Körpergröße hielt das Berühren eines handelsüblichen Einkaufswagens für »Körperverletzung«! Ich vermute mal, auch Sie möchten im Falle eines Einmarsches der Roten Armee, der NVA (Nationale Vegane Armee) oder des IS nicht neben so jemandem im Schützengraben beziehungsweise im Rhabarberbeet liegen. Oder gar in eine wirklich ernsthafte Notsituation geraten, wenn man sich etwa auf einem Segelschiff mitten in der rauen Ägäis befindet, es noch zwei Tage bis zum nächsten Hafen sind und der Weißwein zur Neige geht.

Jedenfalls waren der Marktleiter und ich beide sprachlos, und mir fiel leider erst 15 Minuten später – im Auto sitzend – ein, was ich hätte sagen können: »Jetzt pass amal obacht: Mein Freund hat früher Dreifachsaltos auf der Skisprungschanze gemacht, ganz ohne Helm. Meine Brüder sind auf jedem Gaul mit vier Haxen geritten und mit allem gefahren, was zwei oder mehr Räder hatte, meist mit Alkohol im Blut, dafür ohne TÜV. Und du blödstudierter Vollkoffer hast Angst vor einem EINKAUFSWAGERL! Geh doch scheißen, du Trottel!« Was natürlich nicht möglich gewesen wäre, da es im Laden für Tierbedarf kein Klopapier gab. Und woanders aus oben genannten Gründen ja auch nicht. Außerdem sah der Polohemden-Paniker so aus, als würde er zwar über ein BMW-Cabrio, aber nicht über ein Bidet verfügen.

Ich war so enttäuscht von mir, weil mir diese Ansprache erst im Auto eingefallen war, dass ich mir jetzt – in Erinnerung an das Ereignis – einen Mundschutz mit dem Spruch »Geh doch scheißen, du Trottel!« habe bedrucken lassen. Denn wer weiß: Vielleicht begegne ich dem La-Martina-Mann irgendwann wieder, womöglich in der Metzgerei Stuhlberger, wenn er sich darüber beschwert, dass die Verkäuferin durch ihre Atemmaske sein schönes Dry-Aged-Rinderfilet angeatmet und dadurch kontaminiert hat. Und dann will ich vorbereitet sein!

Aber die Corona-Hysterie macht ja selbst bei Menschen die Runde, die man grundsätzlich als relativ unhysterisch eingeschätzt hatte. Menschen, die vor Corona auch mal ein Stück Breze vom Boden aufgehoben und sich selbiges mit den Worten in den Mund gestopft hatten: »Dreck reinigt den Darm, hat meine Oma immer gesagt!« Aber Corona, beziehungsweise die permanente mediale Krisenbeschallung, schaffte es, einen Teil dieser grundsätzlich gelassenen Mitmenschen zu hyperventilierenden Hygienehysterikern zu machen: So wollte ich einer guten Bekannten noch kurz eine Packung Küchenrollen vorbeibringen, die ich noch hatte ergattern können. (Ich hatte dafür extra hinter einer Palette Klopapier mit dem Marktleiter des oben genannten Supermarkts geschlafen. Egal!) Also läutete ich kurz bei ihr an der Haustür, und noch bevor ich ihr Gesicht sah, schrie sie mir entgegen: »Nicht hereinkommen!« Ich warf also die Küchenrollen über den Zaun, und beim Weggehen sah ich, wie meine Bekannte das Klingelschild ihres Gartentürchens mit Desinfektionsspray abwischte. Gut, mein Lebenswandel war früher nicht immer moralisch einwandfrei, und ich hatte durchaus was mit Männern, deren Frauenverschleiß so groß war, dass ein regelmäßiger Besuch des Instituts für Tropenkrankheiten angebracht gewesen wäre. In diesem Moment aber fühlte ich mich seltsam: Auf einen Schlag war ich ohne konkreten Anlass selbst von einem mir sehr vertrauten Menschen zu einer Virenschleuder auf zwei Beinen reduziert worden und damit von einer Freundin zu einer Gefahrenquelle mutiert. Oder um es mit den Worten meiner fünfjährigen Nichte auszudrücken: Ich war jetzt »bäh«.

Die Österreicher, die ich ja generell wegen ihres leicht morbiden Humors sehr schätze, haben dazu einen guten Spruch: »Zu Tod g'fürcht is' auch g'storbn!«

Was mich bei alldem am meisten beunruhigte: Wie werden jene Menschen wie die beiden jungen Milchregal-Paniker, der Einkaufswagen-Verweigerer und meine im wahrsten Sinne des Wortes klinkenputzende Bekannte wieder ins normale Leben zurückfinden? Werden alle diese Menschen je wieder auf Grillpartys gehen? Werden sie ihre Freunde umarmen, ein Wirtshaus oder eine Bar besuchen und Weihnachten mit der ganzen Familie feiern? Und wann? Nächstes Jahr? In drei Jahren? Oder doch nie mehr? Wird also diese vermeintliche Pandemie die Psyche vieler Menschen dauerhaft so sensibilisiert haben, dass sich unser gesellschaftliches Leben für immer verändern wird?

Und wenn ja: Wie wird diese neue Welt aussehen? Das kann jetzt tatsächlich niemand wirklich voraussagen. In ganz schlechten Nächten, wenn zwischen Wachsein und Einnicken der alte Grantler in mir hochsteigt, dann frage ich mich, ob die neue Realität so aussehen wird: Geburtstagsfeiern gibt es nur noch mit Mindestabstand auf dem heimischen Sofa und einer Plexiglastrennwand zwischen den Gästen. Das Oktoberfest findet immer ohne Besucher statt, stattdessen wird die Stimmungskapelle per Liveschalte aus den leeren Zelten in die heimischen Wohnzimmer übertragen, wo wir einsam in Dirndl und Lederhosen bei Flaschenbier »Hey Baby« mitgrölen, bis uns der früher bei der Staatssicherheit tätige Nachbar wegen Ruhestörung anzeigt. Hochzeiten finden nur noch im engsten Familienkreis statt, und die anschließenden Flitterwochen verbringt das verliebte Paar aufgrund von anhaltenden Reiseverboten beim Wandern auf den wenigen freigegebenen Wegen im Schwarzwald. Beerdigungen, die bei uns in Bayern traditionell in einem Leichenmahl beim ortsansässigen Wirt mit bis zu 100 Personen gipfeln, werden fortan am offenen Grab beendet, und die Trauergemeinde stößt – natürlich unter Einhaltung des gesetzlich verordneten Mindestabstands – nur noch schnell mit einem »Kleinen Feigling« auf den Verstorbenen an. Die freien Blöcke der höchstens zu einem Drittel gefüllten Fußballstadien werden mit Werbebannern für Impfstoffkonzerne oder Desinfektionsmittelhersteller verhängt. Und bei Kabarettveranstaltungen bleibt jeder zweite Platz leer und jede zweite Reihe unbelegt. Da ich bei meinen Auftritten immer so spucke (normalerweise erreiche ich im Parkett bei gewöhnlicher körperlicher Konstitution locker die dritte Reihe!), werde auch ich in Zukunft vermutlich hinter einer Schutzwand auf der Bühne stehen, während das vermummte Restpublikum in seine Plastikhandschuhe klatscht. Ich werde dabei in ein gesichts- und mimikloses Heer voller OP-Masken blicken und nicht wissen, ob die Leute dahinter lachen oder doch eher die Nase rümpfen. Und beim ersten leichten Hustenanfall eines einzelnen Zuschauers wird ein Mitarbeiter des Robert Koch-Instituts im Ganzkörperanzug herbeieilen und das kontaminierte Subjekt aus dem Saal mit den Noch-länger-hier-leben-Wollenden entfernen, während der Rest der Gäste und ich in zweiwöchiger Quarantäne im Kronebau eingesperrt werden, wo wir bereits nach drei Tagen die Biervorräte der einzig verbliebenen bayerischen Brauerei ausgesoffen haben.

Sollte allerdings so mein berufliches Zukunftsszenario aussehen, wird eine Rückkehr auf die Bühne für mich nicht möglich sein, denn ich kann mich so schlecht konzentrieren, wenn ich weinen muss.

Freilich ist dies alles reine Spekulation meinerseits, aber damit befinde ich mich zumindest mit unserem oben genannten Zukunftsforscher Matthias Horx auf Augen-, Verzeihung, auf Schutzmaskenhöhe. Daher lautet meine persönliche Post-Corona-Prognose zu den zentralen Themen zum jetzigen Zeitpunkt folgendermaßen:

Der Mundschutz:

Er hat quasi über Nacht Einzug in unsere Lebenswelt gehalten. Gut, dass man von einigen Mitmenschen in Zukunft weniger vom Gesicht sieht, muss nicht unbedingt ein Nachteil sein. Und wenn jemand erkältet ist, dann finde ich es durchaus in Ordnung, dass der- oder diejenige in Zukunft in der Bäckerei, im Zug oder im Büro in die eigene Gesichtsmaske rotzt anstatt wie bisher den Mitmenschen auf die Schulter. Aber ich halte es für absolut essenziell, dass man in unserer westlichen Welt sein Gesicht zeigt und die Ausdrucksveränderungen seiner Mitmenschen beobachten kann. Das Erste, an dem ein Baby sich orientiert, sobald es sehen kann, ist schließlich die Mimik der Eltern, die es sukzessive zu imitieren beginnt.

Noch vor wenigen Monaten haben wir uns über Asiaten lustig gemacht, die auch im Hochsommer in den Innenstädten von München, Berlin oder Rothenburg ob der Tauber mit einer Maske unterwegs waren und dadurch für das europäische Auge noch gleicher wirkten als sowieso schon. Was gab es doch für hitzige Diskussionen darüber, ob es nun Teil der religiösen Freiheit oder doch nur Geschlechterapartheid sei, wenn man muslimische Frauen in fünf Meter schwarzen Mollton einwickelt. Und nun sind wir selbst zu einem Volk von gesichtslosen Hypochondern mutiert, von denen im besten Fall nur mehr die Augenfarbe zu erkennen ist. Und bei vielen, vor allem bei jungen Leuten, habe ich sogar das Gefühl, sie finden es irgendwie cool: Die hocken auf ihren Lastenfahrrädern oder alleine in ihrem E-Auto mit ihrer stylishen Community-Maske in der Visage und halten sich für hippe Corona-Fashionistas.

Aber ich befürchte, der Mundschutz wird leider nicht wieder nach kurzer Zeit aus unserem Straßenbild verschwinden wie etwa grüne Strähnen, stonewashed Jeans und Culottes (diese seltsamen Hosenröcke, die auch superschlanke Frauen aussehen lassen, als hätten sie Wasseransammlungen mit dem Volumen eines Baggersees in ihren Beinen). Nein, diese Dinger werden auch in Zukunft unseren Alltag bestimmen, aber vielleicht fallen sie mir eines Tages nicht mehr auf – so, wie es auch mit Lippenpiercings, Gesichtstattoos und jungen Männern mit Alm-Öhi-Bärten war. Obwohl, ich bin ehrlich: Ganz werde ich mich nie daran gewöhnen.

Systemrelevante Berufe:

Während der Corona-Krise haben wir gelernt, was sogenannte systemrelevante Berufe sind. Also Erwerbstätige, die nicht einfach ins Homeoffice geschickt werden können, weil sonst wichtige Grundbedürfnisse der Bevölkerung, etwa nach Nahrung, medizinischer Versorgung und so weiter, nicht befriedigt werden könnten. Daher gehören unbestrittenerweise Pflegekräfte in Kliniken und Seniorenheimen, Feuerwehrmänner, Polizisten, Mitarbeiter der Müllentsorgung, Kassierer/-innen in Supermärkten und viele andere zu ebendiesen systemrelevanten Berufen. Wobei ich persönlich finde, dass Friseure und (Nagel-)Kosmetikerinnen zu 100 Prozent ebenfalls als systemrelevant anerkannt werden sollten, denn welche Frau der zivilisierten Welt möchte, bitte schön, länger als sechs Wochen auf ihren Friseur UND auf ihre Maniküre verzichten? Wenn frau schon zu Hause hockt, ihre Freunde nicht treffen kann und stattdessen Wollmäuse unter der Wohnzimmercouch hervorpult und das einzige männliche Wesen, dem sie regelmäßig begegnet, der Mitarbeiter des örtlichen Bauhofes ist, dann möchte sie doch zumindest tippi-toppi aussehen. Laut Grundgesetz ist nämlich die Würde auch der Frau unantastbar. Und falls diese mit einem Dreizentimeteransatz sowie Nagelspliss vereinbar sein sollte, dann möchte ich ab morgen Renate genannt werden! (Für den Fall, dass mir die Friseurinnung oder der »Verband deutscher Kosmetikerinnen« nun einen Gutschein zukommen lassen möchte, entnehmen Sie doch bitte meine Postadresse meiner Homepage unter www.monika-gruber.de.)

Ich bin allerdings der pessimistischen Ansicht, dass Corona für Menschen in diesen für die Gesellschaft tatsächlich so wichtigen Bereichen rein gar nichts ändern wird:

Auch in Zukunft werden diese so systemrelevanten Berufe daran erkennbar sein, dass sie unterdurchschnittlich, um nicht zu sagen hundsmiserabelschlecht bezahlt werden. Denn zum einen genießen unerfindlicherweise genau diese Berufsbilder in unserer sonst so toleranten Gesellschaft kein hohes Ansehen. Und zum anderen klatschten wir zwar abendlich eine kurze Zeit lang solidarisch für Pflegekräfte und Dienstleister, weil sich das so schön in unseren Social-Media-Accounts machte, müssten wir aber nur zehn Cent mehr für unseren Joghurt oder unsere Banane bezahlen, um etwa den Supermarktmitarbeitern damit bessere Löhne mitzufinanzieren, würden viele von uns wohl lieber einen Multipack vierlagiges Klopapier fressen. Frei nach dem Motto: »Aus den Augen, aus dem Sinn!«

Dabei wäre Corona tatsächlich die Chance, viele Berufe in Ansehen und Bezahlung aufzuwerten und unter anderem aufzuzeigen, dass die anhaltende Akademisierung der Bildung ein Irrweg ist. Kurz gesagt: Wir brauchen in Deutschland wieder mehr Anpacker und weniger Quatscher, mehr Praxis und weniger Theorie. Und diesen Menschen muss der gleiche Respekt für ihre Tätigkeit entgegengebracht werden wie einem Arzt oder Wissenschaftler.

Ich habe kürzlich in einem Interview mit einer gelernten Altenpflegerin, die massive Missstände in der Pflegebranche anprangerte, gelesen, dass sie in ihrem Beruf in der Schweiz fast das Doppelte im Vergleich zu Deutschland verdienen würde. Was mich am meisten schockierte, war folgende Aussage: Wenn sie in Deutschland auf einer Party erzählte, dass sie Altenpflegerin sei, wendeten sich die meisten Menschen unmittelbar von ihr ab. Wenn sie das auf einer Party in der Schweiz, Italien oder anderswo kundtat, sagten die meisten Gesprächspartner: »Wow, das ist ja toll!« Doch woher kommt unsere Überheblichkeit, ja fast könnte man sagen, diese Verachtung für solche Berufe?

Ein Verwandter von mir arbeitet seit vielen Jahren in einer bayerischen Großmolkerei. Als ich ihn während der Corona-Krise fragte, ob sein Betrieb denn Umsatzeinbußen habe, antwortete er: »Im Gegenteil: Die ganzen Bürodeppen san im Homeoffice, und wir produzieren locker aus der Hüft'n 30 Prozent mehr Frischmilch.« Doch was war die Folge davon? Die Mitarbeiter bekamen trotzdem den gleichen Lohn wie immer, und der Abnahmepreis, den die Bauern für ihre Milch erhielten, sank trotz reißenden Absatzes. Ich wiederhole: sank trotz reißenden Absatzes!

Ein anderes Beispiel: Eine junge Frau, die lange Jahre als Kellnerin in einem Stammlokal von mir gearbeitet hat, wurde während der Corona-Krise arbeitslos, und da sie nicht der Schreibtischtyp ist, entschloss sie sich, bei einem großen deutschen Lebensmitteldiscounter anzufangen. Als ich sie zufällig ein paar Wochen später in der Stadt traf und sie fragte, wie ihr ihre neue Tätigkeit gefalle, meinte sie nur: »Eigentlich ganz gut, aber weißt: Wenn ich daheim bleiben würd', dann würd' ich mehr Hartz IV kriegen, als ich jetzt für 40 Stunden Arbeit bezahlt bekomm'.«

So viel zur Wertschätzung von systemrelevanten Berufen.

Von Mensch zu Mensch:

Das Schlimmste für die meisten Menschen während der Corona-Krise war das Fehlen der Sozialkontakte. Die Gespräche miteinander, aber vor allen Dingen auch die persönliche Nähe. Verhaltensforscher wissen seit Langem, dass eine Berührung durch einen anderen Menschen, sprich der Hautkontakt, viel mehr Glückshormone ausschüttet als jedes Wort, und sei es noch so liebevoll gemeint.

Auch ich habe mich am Anfang in zweiwöchiger, selbst verordneter Heimquarantäne von meinen betagten Eltern, die beide zur Risikogruppe gehören, ferngehalten. Aber nach einiger Zeit ging uns allen die Trennung so sehr auf die Nerven und vor allem aufs Gemüt, dass wir beschlossen, uns – entgegen allen Richtlinien – wieder regelmäßig zu den Mahlzeiten zu treffen.

Mein Freund Bernhard lebt mit seiner fast blinden und weit über 80 Jahre alten Mutter quasi Tür an Tür. Im Zuge von Corona hatten er und seine Frau entschieden, die Oma nicht zu gefährden und daher vorschriftsmäßig Abstand zu halten. Durch die Abschottung von ihrer Familie verschlechterte sich allerdings der Gesundheitszustand der alten Dame rapide in Richtung einer schweren Depression, woraufhin sich alle zusammen durchrangen, ebenfalls wieder täglich zusammen zu essen. Die Stimmung der alten Dame besserte sich innerhalb weniger Tage, sodass sie die Einnahme ihrer Tabletten umgehend reduzieren konnte und sich bis heute bester Gesundheit erfreut.

Ich finde, jeder sollte selbst entscheiden dürfen, wie er das für sich handhaben möchte. Aber dafür bestraft zu werden, sich – auf deren ausdrücklichen Wunsch – um seine Eltern zu kümmern, nur um Teil eines oftmals als willkürlich empfundenen staatlichen Zahlenmonopolys zu sein, halte ich für zutiefst befremdlich.

Wenn also Herr Horx sagte, Corona lasse die Menschen wieder näher zusammenrücken, dann mag das auf manche Familien sicherlich zutreffen, die vielleicht in den letzten Jahren wegen beruflicher oder gesellschaftlicher Verpflichtungen zu wenig Zeit füreinander hatten – wie Fußballprofis. Aber die nachweisbar angestiegene häusliche Gewalt während der Ausgangsbeschränkungen (auch bei uns im beschaulichen Erding hätte das örtliche Frauenhaus eine weitaus höhere Kapazität gebraucht), die weiterschreitende Verrohung des Sozialverhaltens, die mehrfach besprochenen Hamsterkäufe oder die Denunzierung eigentlicher Nichtigkeiten durch die eigenen Nachbarn sprechen eine andere Sprache.

Der einzige Vorteil für den zwischenmenschlichen Bereich: Corona dürfte wohl das Ende der Bussi-Bussi-Gesellschaft bedeuten. Denn was, bitte schön, ergäbe es für einen Sinn, auch in Zukunft tagsüber am Arbeitsplatz und in der Öffentlichkeit brav mit Mundschutz und Einweghandschuhen herumzuturnen, um dann abends irgendwelche schmierigen Investmentbanker abzuschlecken, die sich – Corona hin, Virus her – nicht einmal nach dem Bieseln ihre Griffeln waschen, weil sie glauben, der Griff zum eiskalten Gin-Tonic-Glas habe vorher schon alle Bakterien abgetötet.

Schwarz war das neue Grün:

Wenn mir vor einem Jahr jemand gesagt hätte, dass auf der Beliebtheitsskala deutscher Politiker der ultracoole Herr Habeck ausgerechnet von Markus Söder überholt werden würde, dem hätte ich wahrscheinlich geantwortet: »Eher wird Joachim Watzke Präsident beim FC Bayern!« Robert Habeck, bei dem ich immer darauf warte, dass er irgendwann vor versammelter Presse Annalena Baerbock bei der Hand packt und mit weicher, leicht vernuschelter Stimme sagt: »Mein Baby gehört zu mir!« Und dieser fleischgewordene feuchte Traum aller Sozialpädagoginnen und Grundschullehrerinnen stank ab gegen Markus Söder? Den fränkischen Goliath mit dem Haarschnitt und dem Anzug eines Finanzbeamten, Buchstabe L bis P – aber dem Aufstiegswillen eines Rocky Balboa?

Never fucking ever!

Aber in einer solchen nie gekannten Krise brauchten die Menschen halt was Kerniges, Bodenständiges, das einem das Gefühl von Geborgenheit und Verlässlichkeit vermittelte. Es war wie beim Essen: Ein Mensch, dem es – körperlich oder emotional – schlecht geht, würde nie auf die Idee kommen, sich gratinierte Jakobsmuscheln oder ein veganes

Curry zu bestellen. Der braucht die beständige Zuverlässigkeit eines in Butterschmalz herausgebackenen Schnitzels oder einer riesigen Portion des Glücklichmach-Evergreens Spaghetti Bolognese.

Wenn man so will, war Markus Söder folglich das Wiener Schnitzel der deutschen Corona-Politik, während die Jakobsmuschel Habeck achtlos auf dem Teller liegen blieb.

Gut, dass Herr Habeck gleich zu Beginn der Krise den gebeutelten Hotel- und Restaurantbesitzern vorschlug, sie sollten diese Zeit doch nutzen, um ihre alten Ölheizungen durch ökologische Technologie zu ersetzen, trug natürlich nicht dazu bei, dass sich die Betroffenen in ihrer Realität ernst genommen fühlten. Genauso gut hätte er vorschlagen können, einstweilen Solaranlagen für Drittweltstaaten in gemeinnütziger Heimarbeit zusammenzuschrauben.

Auch von Greta Thunberg und ihren klimapolitischen Teletubbies hörte man in der Krise wenig. Trotzdem hätte ich mir von ihr oder einer ihrer Vertreterinnen wie Frau Neubauer einen nachhaltigen Kommentar dazu erwartet, ob die Milliarden an FFP3-Masken überhaupt ökologisch abbaubar seien und dass es doch sinnvoller sei, diese aus recycelten Papierfiltertüten oder Omas alten Baumwollschlüpfern selbst anzufertigen.

So makaber es klingen mag, aber ein paar gute Seiten hatte Corona dann doch: Es herrschte weniger Fluglärm – auf der Terrasse meiner Eltern, deren Bauernhof mitten in der Einflugschneise des Münchener Flughafens liegt, musste man sich auch sonntags nur dann anschreien, wenn man wollte. Die Meere erholten sich, und sogar der Canal Grande von Venedig war glasklar. Die Luft selbst in großen Industriestädten wurde für den Augenblick deutlich sauberer. Die Seitenstraßen der Münchener Theresienwiese waren auch von Ende September bis Mitte Oktober frei von Erbrochenem und Exkrementen. Und falls es in Zukunft keine All-inclusive-Pauschalreisen zum Preis von 199 Euro für eine Woche Hurghada mehr gäbe, wäre dies sicherlich für Mensch und Natur auch kein Nachteil.

Ob das alles jedoch auf Dauer anhält, darf bezweifelt werden. Vielleicht bleiben wir aufgrund der in diesem Jahr gemachten Erfahrungen zwar chronisch ängstliche eingebildete Kranke, die sich mehrfach am Tag mit Ethanol einreiben und sich in der Tram ohne Schutzmaske nicht einmal mehr in der Nähe eines anderen Menschen hinzusetzen trauen. Wenn es aber darum geht, für uns selbst irgendeinen wie auch immer gearteten Vorteil herauszuschlagen, verfallen wir mit an Sicherheit grenzender Wahrscheinlichkeit sehr schnell wieder in die altbewährten egoistischen, narzisstischen und selbstsüchtigen Verhaltensmuster. So, wie Goethe es damals schon gesagt hat.

Ich für meinen Teil habe beschlossen, mich in meinem Leben weiterhin nicht von Angst leiten zu lassen. Aus diesem Grund werde ich mich erst dann wieder impfen lassen, wenn es eine Impfung gegen Blödheit gibt, denn meine letzte diesbezügliche Erfahrung war die einer Grippeimpfung, nach der ich so krank wurde, dass ich drei Tage auf dem Sofa im Erdgeschoss schlafen musste, weil ich zu schwach war, um in den ersten Stock hinaufzugehen. Dürfte ich mich allerdings nur dann bei uns frei bewegen, wenn ich meine Immunität gegen Corona mittels dieser Impfung nachweisen müsste, dann würde ich wohl Sennerin in der Steiermark, und Sie könnten mich wegen meines schmackhaften, aber nicht ganz virenfreien Kaiserschmarrns auf meiner Almhütte besuchen.

Sollte die Impfung nicht kommen, werde ich Menschen, die mir nahestehen, immer anfassen und umarmen, und an zünftigen Abenden werden auch in Zukunft an meinem Esstisch mehr Menschen sitzen, als daran eigentlich Platz haben. Und beim Betreten meines Hauses muss sich – wie bisher – auch niemand die Schuhe ausziehen, denn im Zweifel ist das, was zutage kommt, weniger ästhetisch und hygienisch als ein matschbedeckter Sneaker. Ich werde nicht in die Versuchung kommen, mich täglich über die Lage der Nation in diversen »Brennpunkten«, Sondersendungen und Talkshows zu informieren, sondern stattdessen lieber zehn neue italienische Vokabeln lernen (oder endlich alle Formen des verfluchten Indicativo).

Und wenn mir Nachbarn wiederholt Zettel vor die Nase halten, auf dem sie die 32 Neuinfektionen im Raum notiert haben, dann werde ich nicht müde, sie daran zu erinnern, dass laut der »Deutschen Gesellschaft für Krankenhaushygiene« (DGKH) jährlich bis zu 40000 Menschen an Krankenhauskeimen sterben. Deshalb käme trotzdem keiner auf die Idee, ein Krankenhaus sperren zu lassen. Wer dann immer noch »ja, aber« japst, dem lese ich ein Zitat des berühmten US-Epidemiologen John Ioannidis von der renommierten Stanford University vor, der mitten in der Krise nüchtern meinte: »An vielen Orten wie Deutschland ist das Risiko, am Corona-Virus zu sterben, etwa so groß wie das Risiko, bei der Fahrt zur Arbeit zu sterben – oder gar geringer.«

Allein deshalb werde ich niemals beim Spaziergehen im Freien einen Mundschutz tragen und mir auch weiterhin nicht einreden lassen, dass ein seit 15 Jahren ungewaschener FC-Bayern-»Stern des Südens«-Schal, der bereits diverse Weißbierduschen hinter sich hat, andere Menschen vor Viren schützt. Das wäre ja so, als würde man zur Verhütung anstatt eines handelsüblichen Kondoms einfach eine ausgezutzelte Weißwursthaut benutzen.

Außerdem bin ich aufgrund meiner christlichen Erziehung (und des leichten Aberglaubens meiner verstorbenen Oma) auch für größere Krisen emotional gerüstet:

1. Wenn ich etwas verloren habe, bete ich zum heiligen Antonius und fluche währenddessen sehr derb und sehr laut. (Meine Oma sagte immer: »Gott sieht nicht alles!« Daher hoffe ich, er *hört* auch nicht alles.)
2. Wenn jemand erkrankt ist, zünde ich in der Kirche ein Kerzerl an.
3. Wenn jemand schwer erkrankt ist, zünde ich in der Unterkirche des Münchner Bürgersaals bei Pater Rupert Mayer ein Kerzerl an.
4. Wenn ich auf jemanden wütend bin, führe ich imaginäre Dialoge mit dieser Person, während ich mir Haarwasser in die Kopfhaut rubble, bis diese brennt.
5. Wenn ich sehr, sehr wütend auf jemanden bin, hole ich meine alte Voodoo-Puppe hervor, die ich in einem Schuhkarton unter meiner Heizdecke aufhebe, und traktiere sie mit den Nadeln, die ich normalerweise für Rindsrouladen benutze.
6. Wenn ich beruflich Probleme habe beziehungsweise schwierige Entscheidungen anstehen, bete ich zu meiner Oma oder zu meiner Namenspatronin, der heiligen Monika. (Die war als junge Frau alkoholabhängig und verbrachte den Großteil ihres Lebens damit, ihren gelehrten Sohn, den heiligen Augustinus, vor der falschen Frau zu bewahren und ihn zum Christentum zu bekehren. Die Frau hatte wirklich Ausdauer!)
7. Wenn ich mich morgens über irgendetwas ärgere, das ich in der Zeitung gelesen habe, dann esse ich noch vor dem Frühstück im Stehen drei Kokoskugeln einer bekannten Süßwarenfirma oder wahlweise drei Esslöffel einer bekannten und mit Palmöl versetzten Nussnugatcreme derselben Firma und führe dazu laute Selbstgespräche, meist in unterschiedlichen Sprachen.
8. Bei Gefühlsschwankungen schaue ich zwei Folgen »Monaco Franze« an und trinke dazu Prosecco oder

Weißwein, da ich im Gegensatz zu meiner Oma Klosterfrau Melissengeist nicht mag.

9. Bei stärkeren Gefühlsschwankungen kaufe ich Schuhe und trinke danach Prosecco oder Weißwein.
10. Bei wirklichen depressiven Verstimmungen stelle ich mir vor, wer bei meiner Beerdigung am meisten weinen würde. Dann weine *ich* ein bisschen, und am nächsten Tag kaufe ich Schuhe.

Trotzdem reichen beten und sich selber etwas Gutes tun manchmal einfach nicht aus: Ab und an überkommt mich nämlich der heilige Zorn, und ich weiß ja spätestens seit Don Camillo, dass auch ein gläubiger Mensch hin und wieder einfach Lust hat, jemanden in den Allerwertesten zu treten. Mit Liebe, versteht sich, aber auch mit festem Schuhwerk. Und ehrlich gesagt wäre es mir gar nicht so wichtig, dass die Welt eine bessere wird. Mir würde es schon reichen, wenn sie wieder so ähnlich würde, wie sie vor Corona war.

Ob das geschehen wird?

Das müsste man dann den schlauen Herrn Horx fragen. Allerdings erst in der Zukunft, versteht sich.

Das MORAL-O-METER

Wie Sie herausfinden, ob Sie nazigefährdet sind

Monika Gruber / Andreas Hock

Manchmal hilft schon ein Blick ins Gesetzbuch: In Artikel 5 unseres guten alten Grundgesetzes heißt es: »Jeder hat das Recht, seine Meinung in Wort, Schrift und Bild frei zu äußern und zu verbreiten und sich aus allgemein zugänglichen Quellen ungehindert zu unterrichten. Die Pressefreiheit und die Freiheit der Berichterstattung durch Rundfunk und Film werden gewährleistet. Eine Zensur findet nicht statt.« Dieses Grundrecht der Meinungsfreiheit gehört zu den wichtigsten Errungenschaften unseres Rechtsstaates, und es war den Initiatoren unserer Verfassung deshalb ein besonderes Anliegen, weil in den zwölf Jahren der NS-Diktatur nur eine Meinung vertreten werden durfte – und das war die eines größenwahnsinnigen Verbrechers, der sich »Führer« nennen ließ. Leider muss man hin und wieder feststellen, dass es mit der mitmenschlichen Meinungsfreiheit auch heutzutage nicht ganz so einfach ist, weil es für viele Zeitgenossen mittlerweile offenbar Meinungen gibt, auf die man mit größtmöglicher Empörung reagieren muss und die man nicht haben darf, womöglich weil sie unbequem sind oder wehtun oder beides.

Es ist jedoch absolut verfassungskonform, die Corona-Maßnahmen des zu Ende gehenden Jahres für viel zu weitreichend, wirtschaftsschädigend und unangemessen zu halten. Ebenso ist es statthaft, das Gegenteil zu denken und auch zu sagen. Man kann die Politik Angela Merkels seit 2005 einen göttlichen Segen für das Land nennen oder einen biblischen Fluch. Wir dürfen die Ansichten der AfD teilen, der Marxistisch-Leninistischen Partei, der Realdadaisten oder der Magdeburger Gartenpartei. Es ist erlaubt, den FC Bayern München zu hassen und den 1. FC Nürnberg als besten Verein der Welt zu bezeichnen, selbst wenn sich Letzteres leider objektiv sehr schnell widerlegen lässt. Während in Thailand bis zu 15 Jahre Haft drohen, wenn man nur auf einen Geldschein mit dem Porträt von König Maha Vajiralongkorn tritt (das ist der Monarch, der gerne im Garmischurlaub mit einem BH herumläuft), dürfen wir hierzulande sogar ungestraft den Papst mit einem Pipifleck auf der Soutane zeigen, wie es das Magazin »Titanic« gemacht hat. Ob das nun besonders originell oder einfach nur geschmacklos ist, spielt juristisch keine Rolle: Das Schöne an unserem Grundgesetz ist, dass auch dumme Ansichten grundsätzlich geäußert werden dürfen. Im besten Falle setzt man sich damit sachlich auseinander, man kann aber auch versuchen, sie zu ignorieren. Solange alles auf dem Boden der Verfassung bleibt und nicht den Tatbestand der Volksverhetzung erfüllt, ist eine Meinung eben bloß: eine Meinung.

Eine konstruktive Diskussion jedoch findet in diesen aufgeregten, ja ansteckenden Zeiten aber immer weniger statt; wir hatten das ja bereits. Stattdessen wird in der Regel sehr laut geschrien oder irgendein Mist gepostet, und recht oft wird in den letzten Jahren bei einer Meinungsäußerung oder Handlung, die man selbst nicht gut findet, dann doch wieder, zumindest indirekt, besagter »Führer« bemüht. Es funktioniert fast immer, damit den Gesprächspartner mundtot zu machen, wenn man sie zückt: die berüchtigte Moralkeule, gerne in Zusammenhang mit einem wirklich schlimmen Begriff: dem »Nazi«.

Ich selbst bin schon vom Fahrer eines mattschwarzen BMW X6 aus dem offenen Fenster heraus ein »Quadratarschloch« genannt worden, weil ich nicht schnell genug bei Grün losfuhr. Beim Auswärtsspiel des »Club« in Hamburg vor einigen Jahren wurde unsere gesamte Fangruppe als »Hurensöhne« geschmäht, was etwas unfair war, weil die Leute unsere Mütter allesamt ja gar nicht kennen konnten. Aber nun gut – beim Fußball stand man über solchen Schmähungen stets weitestgehend drüber, und ich möchte es nicht ausschließen, dass wir anschließend einen ähnlichen Wortlaut verwendeten. Ich hörte bei unterschiedlichsten Anlässen, wie mir jemand »Depp«, »Trottel« oder »Halbaffe« entgegenrief, »Blödsack«, »Haubentaucher«, »Knödelficker«, »Pisspantoffel« oder »Wichslappen«. Geistreich war das alles nicht, doch ich wusste mich zu wehren. Bei »Nazi« aber hört für mich der Spaß echt auf.

Denn man muss leider in diesem Zusammenhang für alle vorschnellen Verwender des Begriffes nochmals erwähnen, dass ebendieser Nationalsozialismus für bis zu 80 Millionen Tote verantwortlich war. Rückt man heute einen anderen in die Nähe dieser menschenverachtenden Ideologie, handelt es sich um eine der schlimmsten Beleidigungen, die man äußern kann, finde ich jedenfalls. Als »Nazi« sollte also nur jemand bezeichnet werden, der nachweislich einer ist – qua Definition ein »Anhänger der Ideologie des Nationalsozialismus«, also jemand, der unter anderem für folgende Punkte eintritt, die im offiziellen Gründungsprogramm der NSDAP niedergeschrieben wurden:

- Zusammenschluss aller Deutschen zu einem Groß-Deutschland (wobei sich die Frage stellt, wie man unsere Volksgenossen von Mallorca, den Kanarischen Inseln oder Florida dazu bewegen sollte, wieder hierher zurückzuziehen bei unserem miesen Wetter von Oktober bis April)

- Gewinnung von Land und Boden zur Ernährung unseres Volkes und Ansiedlung unseres Bevölkerungsüberschusses (Letzteren haben wir leider nicht, stattdessen brauchen wir jeden Rentenkasseneinzahler hier)
- Todesstrafe für gemeine Volksverbrecher, Wucherer, Schieber ohne Rücksichtnahme auf Konfession und Rasse (lässt sich vermutlich nicht mit unserem Strafrecht vereinbaren)
- Kommunalisierung der Groß-Warenhäuser und ihre Vermietung zu billigen Preisen an kleine Gewerbetreibende (gut, über diesen Punkt könnte man reden)

Aber im Ernst: Nicht einmal ein paar verwirrte und in den Tropfsteinhöhlen der Sächsischen Schweiz lebende Dumpfbirnen können die Ziele eines solch monströs verbrecherischen Regimes ernst meinen und erneut umsetzen wollen, sodass vermutlich selbst diese von der restlichen Gesellschaft irgendwann abgehängten und unbequeme Springerstiefel tragenden Seelen keine »Nazis« im Wortsinne sind, sondern eher Rechtsradikale, Fremdenfeinde, Faschisten oder einfach nur bedauernswerte Loser.

Ansonsten ist »Nazi« noch die offizielle (und schon lange vor 1933 existierende) Kurz- und Koseform des männlichen Vornamens Ignaz, wenngleich ich niemandem empfehlen würde, diese auch zu verwenden – einem Ignaz nicht und seinen Freunden auch nicht.

Mutmaßlich kein Nazi hingegen ist man, wenn man zwar Rassismus für einen riesigen Schwachsinn hält, weil man bereits im Biologieunterricht der fünften Klasse gelernt hat, dass die Einteilung der Menschen in Rassen wissenschaftlich nicht haltbar ist – aber trotzdem kein Bedürfnis verspürt, nach einem Übergriff auf einen Schwarzen in den USA hierzulande auf eine Anti-Rassismus-Demo zu gehen. Ein Nazi ist man auch nicht, weil man sich als sozialversicherungspflichtig Beschäftigter mit 38,5 Wochen- und einer Menge unbezahlter Überstunden darüber ärgert, dass manche Leistungsempfänger ihre Stütze mit einem 100 000 Euro teuren AMG-Mercedes abholen fahren. Der alleinstehende Rentner, der als einzig verbliebener der früheren Bewohner in einem Mietshaus lebt, das nun einer albanischen Großfamilie gehört, und der sich darüber beschwert, dass er ständig vollgeschissene Windeln auf dem Balkon vorfindet, ist ebenso wenig ein Nazi wie der Polizeibeamte, der sich bei einer Kundgebung zum 1. Mai im Hamburger Schanzenviertel von einem Demonstranten bespucken lassen musste und daraufhin dessen Personalien aufnehmen möchte.

Thilo Sarrazin ist kein Nazi, weil er langatmige, schlecht recherchierte und kontroverse Sachbücher schreibt. Sebastian Kurz ist kein Nazi wegen seiner Kritik an der Seenotrettung im Mittelmeer. Daniela Katzenberger ist kein Nazi, weil sie ihrer Tochter nach einer fast zweimonatigen Ausgangssperre auf Mallorca beim ersten Spaziergang ein rosa Kleid anzieht, um ihr eine Freude zu machen. Xavier Naidoo ist kein Nazi trotz seiner ziemlich absurden Theorien, denen er nach unter Umständen zu viel Inhalationen von Rauchwaren jenseits der Marke »Roth Händle« anhängt. Impfbefürworter sind keine Nazis, bloß weil sie ihre Kinder gegen Masern schützen wollen, und nur weil eine bayerische Blasmusikkapelle auf einer Kirmes den »Badenweiler Marsch« gespielt hat, der Adolf Hitler möglicherweise einst gefiel, besteht sie ebenfalls nicht aus lauter Nazis. Man muss sich sicherlich für manches rechtfertigen, durchaus auch für Ansichten, die vor 10, 20 oder 40 Jahren noch sehr verbreitet waren, jedoch ist man deshalb nicht immer ein Nazi. Einige sehen das aber eben ganz anders.

Wenn Sie wissen wollen, wie gefährdet Sie selber sind, von dieser Strafbezeichnung getroffen zu werden, können

Sie hier einen Selbsttest machen. Überlegen Sie einfach, welche der folgenden Thesen auf Sie zutreffen, addieren Sie die entsprechenden Punkte – und passen Sie bloß auf, was dabei rauskommt!

Die Keule droht …

- Wenn Sie AfD wählen. (3 Punkte)
- Wenn Sie CSU wählen. (2 Punkte)
- Wenn Sie FDP wählen (gilt erst seit der Landtagswahl 2020 in Thüringen). (1 Punkt)
- Wenn Sie SPD wählen (gilt nur, wenn Sie früher Helmut Schmidt gut fanden). (1 Punkt)
- Wenn Sie die Grünen wählen, weil Sie Boris Palmer und Winfried Kretschmann in ihren Reihen haben. (1 Punkt)
- Wenn Sie nicht die Grünen wählen, weil Sie mit Boris Palmer und Winfried Kretschmann »nur zwei vernünftige Realpolitiker« in ihren Reihen haben. (2 Punkte)
- Wenn Sie die Linke wegen Sahra Wagenknecht und nicht wegen Katja Kipping wählen. (1 Punkt)
- Wenn Sie außerhalb Bayerns wohnen und sich schon mal gewünscht haben, die CSU würde in Ihrem Bundesland zur Wahl stehen. (1 Punkt)
- Wenn Sie Björn Höcke, Alexander Gauland oder Alice Weidel für unsympathisch halten und trotzdem Anne Will oder Maybrit Illner einschalten, wenn einer von ihnen dort zu Gast ist. (3 Punkte)
- Wenn Sie in manchen Sätzen zu Modalpartikeln neigen (*»Ich bin kein Rassist, aber …«*, *»Ich bin dafür, Menschen in Not zu helfen, doch …«*). (2 Punkte)
- Wenn Sie ein Fan von Andreas Gabalier sind. (2 Punkte)
- Wenn Sie ein Auto mit Verbrennungsmotor fahren und dabei kein schlechtes Gewissen haben. (1 Punkt)
- Wenn Sie während der anhaltenden Corona-Krise den Eindruck hatten und haben, bestimmte Kreise nutzten

und nutzen die Ausnahmesituation, um ihre eigenen Interessen voranzubringen. (1 Punkt)

- Wenn Sie als Mann einen Seitenscheitel tragen. (1 Punkt)
- Wenn Sie Ihrer Tochter Zöpfe flechten. (1 Punkt)
- Wenn Sie als Mann einen Seitenscheitel tragen und Ihrer Tochter Zöpfe flechten. (2 Punkte)
- Wenn Sie als Frau einen Seitenscheitel tragen und Ihrer Tochter Zöpfe flechten. (3 Punkte)
- Wenn Sie die Genderdiskussion für Masturbationsersatz von gelangweilten Soziologiestudenten halten. (2 Punkte)
- Wenn Sie bedauern, dass Peter Kraus nicht mehr im TV zu sehen ist, und Sie es schade finden, dass Peter Alexander, Peter Frankenfeld und Dieter Thomas Heck tot sind. (1 Punkt)
- Wenn Sie bedauern, dass das »ZDF-Magazin« nicht mehr im TV zu sehen ist, und Sie es schade finden, dass Gerhard Löwenthal tot ist. (2 Punkte)
- Wenn Sie bedauern, dass »Derrick« nicht mehr im TV zu sehen ist, und Sie es schade finden, dass Horst Tappert tot ist. (3 Punkte)
- Wenn Sie als Frau andere Frauen mit Doppelnamen seltsam finden. (1 Punkt)
- Wenn Sie als Mann andere Männer mit Doppelnamen seltsam finden. (1 Punkt)
- Wenn Sie Doppelnamen generell seltsam finden. (2 Punkte)
- Wenn Sie schon mal insgeheim gedacht haben, dass »früher alles besser« war. (2 Punkte)
- Wenn Sie die Tötung des dunkelhäutigen George Floyd durch einen weißen US-Polizisten entsetzlich fanden, aber trotzdem nicht der Meinung waren, die Berliner U-Bahn-Station »Mohrenstraße« sollte umbenannt werden. (2 Punkte)
- Wenn Sie vollkommen gedankenlos eine Leberkässemmel essen und an Kindergeburtstagen Kuchen servieren,

in dem Eier, Kuhmilch und Butter verbacken wurden. (1 Punkt)

- Wenn Sie während der Wiederholungen alter Spielfilme über die Sprüche von Heinz Erhardt, Harald Juhnke oder Rudi Carrell lachen können, ohne diese chauvinistisch und anmaßend zu finden. (1 Punkt)
- Wenn Sie Carola Rackete und Luisa Neubauer nicht kennen. (1 Punkt)
- Wenn Sie Carola Rackete und Luisa Neubauer kennen und nicht für die nächsten würdigen Friedensnobelpreisträgerinnen halten. (2 Punkte)
- Wenn Sie beim Imbiss an Ihrem Lieblingsdönerstand nicht sofort daran denken, wie toll sich der Betreiber in unsere Gesellschaft integriert hat, sondern nur daran, wie gut der Mann kochen kann. (1 Punkt)
- Wenn Sie der Meinung sind, dass es »Non-profit-Organisationen« gibt, die durchaus Profit machen. (1 Punkt)
- Wenn Sie den Unterschied zwischen Islam und Islamismus nicht wirklich verstehen. (2 Punkte)
- Wenn Sie den Begriff »Party- und Eventszene« für eine Horde marodierender Jugendlicher für verharmlosend halten. (2 Punkte)
- Wenn Sie Mitglied in einer oder gar mehreren der folgenden Institutionen sind: Wanderverein, Kegelklub, Kaninchen- oder Taubenzüchterverein, ADAC, Skat- oder Schafkopfverein. (1 Punkt)
- Wenn Sie Mitglied in einer oder gar mehreren der folgenden Institutionen sind: Schützenverein, Trachtenverein, Brauchtumsverein, Männergesangsverein. (2 Punkte)
- Wenn Sie Mitglied in einer oder gar mehreren der folgenden Institutionen sind: Studentenverbindung, VdK, Werteunion. (3 Punkte)
- Wenn Sie beim Essen so lange sitzen bleiben, bis die anderen ebenfalls fertig sind. (1 Punkt)

- Wenn Sie finden, dass Autokorsos auf deutschen Autobahnen, vor allem in Verbindung mit dem Gebrauch von Schusswaffen, kein lustiger orientalischer Brauch sind. (2 Punkte)
- Wenn Sie »Hausfrau« für eine vollwertige Tätigkeit und nicht für ein Schimpfwort innerhalb längst überholter Familienmodelle halten. (2 Punkte)
- Wenn Sie »Aktenzeichen XY … ungelöst« anschauen und Ihnen dabei auffällt, dass die meisten dort gesuchten Täter nicht Hans, Rüdiger oder Wilhelm heißen oder akzentfreies Deutsch sprechen. (3 Punkte)
- Wenn Sie Rainer Brüderle oder Wolfgang Kubicki sympathisch finden. (1 Punkt)
- Wenn Sie Ihren Kindern geschlechterspezifische, klassische Vornamen wie Maximilian, Anna, Johannes oder Theresa geben und sie nicht nach den Charakteren in »Game of Thrones«, einer indischen Gottheit oder einer Hanfpflanzenart benennen. (1 Punkt)
- Wenn Sie bei einer Fußball-EM oder -WM ein schwarz-rot-goldenes Autofähnchen an Ihr Fenster klemmen. (2 Punkte)
- Wenn Sie Ihre kleine Tochter mit einer Puppe spielen lassen. (1 Punkt)
- Wenn Sie Ihren kleinen Sohn mit einem Laserschwert spielen lassen. (1 Punkt)
- Wenn Sie Ihre kleine Tochter mit einer Puppe und Ihren kleinen Sohn mit einem Laserschwert spielen lassen. (2 Punkte)
- Wenn Sie Ihre kleine Tochter mit einer Puppe und Ihren kleinen Sohn mit einem Laserschwert spielen lassen – und sich Ihre Kinder im Fasching auch noch als Prinzessin bzw. Eiskönigin sowie Cowboy bzw. Indianer verkleiden dürfen. (3 Punkte)
- Wenn Sie in einem chinesischen Restaurant immer das-

selbe Gericht bestellen und statt des Namens die Nummer nennen. (1 Punkt)

- Wenn Sie einen Schrebergarten besitzen, in dem Sie heimische Gemüse- und Salatsorten anbauen und einmal wöchentlich die Nachbarn zum Grillen einladen. (1 Punkt)
- Wenn Sie ein Dirndl nicht als Symbol für die sexuelle Ausbeutung der Frau betrachten. (2 Punkte)
- Wenn Sie Pizza Hawaii mögen. (1 Punkt)
- Wenn Sie sich dabei ertappen, auf der Kirmes einen »Eismohr« anstelle eines »Softeis mit kakaohaltiger Fettglasur« bestellen zu wollen. (3 Punkte)
- Wenn Sie Ihre Informationen vorwiegend aus der *BILD*-Zeitung, der *Welt*, dem *Bayerischen Rundfunk*, dem *Focus* oder der *NZZ* beziehen. (1 Punkt)
- Wenn Sie beim Anblick eines dunklen Ganzkörperschleiers mit Sichtgitter nicht als Erstes an Religionsfreiheit, sondern an die Unterdrückung der Frau denken. (2 Punkte)
- Wenn Sie beim Namen Bismarck zuerst an einen Hering denken und nicht an die Ausbeutung der ehemals deutschen Kolonien in Afrika. (2 Punkte)
- Wenn Sie seit drei Jahrzehnten in Spanien, Griechenland, der Türkei oder Italien Urlaub machen und sich schon vor der Heimreise auf ein frisches Schwarzbrot freuen. (1 Punkt)
- Wenn Sie sich aufrichtig freuen, dass Sie nachts an einem einsamen U-Bahnhof in einer deutschen Großstadt einen Polizisten sehen. (1 Punkt)
- Wenn Sie beim Public Viewing während des Abspielens der deutschen Nationalhymne mitsingen. (2 Punkte)
- Wenn Sie sich ein bisschen darüber ärgern, dass manche Nationalspieler die deutsche Nationalhymne nicht mitsingen. (3 Punkte)

- Wenn es Ihnen egal ist, dass manche Nationalspieler die deutsche Nationalhymne nicht mitsingen, Sie aber die Diskussion darüber nicht für rassistisch, nationalistisch und »typisch deutsch« halten. (3 Punkte)
- Wenn Sie beim Anblick eines schwarzafrikanischen Drogenhändlers im Görlitzer Park nicht als Erstes an die bemitleidenswert schlechte schulische Bildung sowie die mangelhafte medizinische Versorgung in den Herkunftsländern denken müssen. (2 Punkte)
- Wenn Sie folgende Meinungen zur Flüchtlingskrise 2015 nicht teilen mögen (3 Punkte):
  - »Was diese Menschen bringen, das ist wertvoller als Gold.« (Martin Schulz, SPD)
  - »Diese Menschen werden alle unsere Rente bezahlen.« (Thomas de Maizière, CDU)
  - »Unser Land wird sich verändern, und ich freu mich drauf.« (Katrin Göring-Eckardt, Grüne)
- Wenn Sie dieses Buch gekauft haben. (3 Punkte)

Auswertung:

0–10 Punkte: Herzlichen Glückwunsch. Sie sind ganz sicher nicht gefährdet, mit der Nazikeule erschlagen zu werden. Vermutlich arbeiten Sie ehrenamtlich für eine NGO und fahren auch im Winter mit dem Lastenfahrrad durch die Stadt. Ihr Kind besucht eine Montessori-Krippe und ernährt sich seit seinem elften Lebensmonat auf eigenen Wunsch frutarisch. Sie halten Raucher für Faschisten und kritisieren Ihre Eltern dafür, dass sie sich vor der Corona-Krise mit einer Kreuzfahrt ihren Lebenstraum erfüllt haben. Ihre Lieblingslektüre ist die *taz*, außerdem lesen Sie alles von Jutta Ditfurth. Sie haben dieses Buch von einer Bekannten geschenkt bekommen, zu der Sie nun den Kontakt abbrechen. Das hatten Sie aber ohnehin vor, seitdem Sie wissen, dass sie auf einem Frei.Wild-Konzert war. Wie Sie bis zu dieser Stelle hier gekommen sind, bleibt ein großes Rätsel, aber Sie sind von den Autoren, die Sie zuvor eh nicht kannten, menschlich schwer enttäuscht und überlegen sich bereits einen Hashtag, unter dem Sie Ihren Unmut der Öffentlichkeit mitteilen werden.

10 – 20 Punkte: Sie müssen aufpassen. Noch sind Sie auf der sicheren Seite der Gutmenschen, aber mit einem Bein stehen Sie hin und wieder bereits am Abgrund des Bösen: Sie finden die Ansichten von Dieter Nuhr oder Boris Palmer »gar nicht so verkehrt« und ertappen sich immer öfter dabei, eine Talkshow wegzuschalten, wenn darin Politiker wie Katja Kipping, Kevin Kühnert und Anton Hofreiter sitzen. Sie achten grundsätzlich auf Ihre Ernährung, legen aber im Sommer auch mal ein Stück argentinisches Rindfleisch auf den Grill, ohne sich über die Klimabilanz Ihres Steaks Gedanken zu machen. Sie erwägen zwar, als nächstes Auto einen Hybrid zu kaufen, fliegen aber seit den frühen Neunzigerjahren immer im Winter in den Urlaub auf die Kanaren. Ein einziges Mal haben Sie aus reiner Neugier ein veganes Backrezept ausprobiert, den mit Sojajoghurt und milchfreier Margarine hergestellten Käsekuchen aber nach ein paar Bissen weggeschmissen, weil er grauenhaft geschmeckt hat. Sie haben sich dieses Buch selbst gekauft, an einigen Stellen sehr gelacht und an anderen gedacht, dass man das aber nicht schreiben darf. Trotzdem vergeben Sie bei Amazon vier Sterne.

21 Punkte und mehr: Bei Ihnen ist nichts mehr zu retten. Ihr Gedankengut ist gestrig, reaktionär und rückwärtsgewandt. Sie trauern der »guten alten Bundesrepublik« hinterher, erinnern sich wehmütig an Politiker wie Franz Josef

Strauß oder Helmut Schmidt und finden nichts dabei, ein »Zigeunerschnitzel« zu bestellen. Soll in einem »Tatort« ein Mord im rechtsextremen Milieu aufgeklärt werden, gehen Sie fest davon aus, dass der Täter aus den eigenen Reihen kommt und keinesfalls ausländische Wurzeln hat – und wundern sich anschließend nicht darüber, dass Sie recht behalten. Sie trennen Ihren Müll nicht, wenn die Gelbe Tonne bereits voll ist, und fahren einen deutschen Diesel mit mehr als 150 PS ganz ohne schlechtes Gewissen. Sie singen bei Länderspielen mit Inbrunst die Nationalhymne mit und teilen die Ansichten Thilo Sarrazins, obwohl sie seine Bücher nie gelesen haben, weil sie so langweilig sind. Wenn Sie per WhatsApp politisch unkorrekte Witze bekommen, leiten Sie diese weiter. Dieses Buch finden Sie gut und empfehlen es Ihren Freunden, mit denen Sie sich auch während der Ausgangsbeschränkungen heimlich zum Kartenspielen getroffen haben. Sie sollten sich schämen, tun es aber nicht. Aber trösten Sie sich: Sie sind in guter Gesellschaft. Und jetzt ganz schnell ducken, denn Sie wissen ja: die Keule …

Von A wie Angst bis Z wie Zürich

Wie Sie es schaffen, trotz allem Ihre geistige Gesundheit zu bewahren

Monika Gruber / Andreas Hock

Geht es Ihnen auch manchmal so? Sie lesen morgens die Titelschlagzeile Ihrer Tageszeitung, schauen eine der einschlägigen Talkshows oder unterhalten sich einfach nur in der Kaffeeküche Ihrer Firma mit einem Kollegen – und sind danach komplett verunsichert, weil Sie sich fragen: »Spinne ich oder die anderen?«

Können Sie deshalb nachts oft nicht gut schlafen? Fühlen Sie sich zu alt, um verschiedene Dinge zu begreifen? Oder ertappen Sie sich gar dabei, dass Sie vieles gar nicht mehr verstehen wollen? Ist Ihnen unser Land samt der Mehrheit seiner Einwohner in manchen Momenten sehr fremd geworden? Haben Sie sich mit einigen Ihrer Bekannten, ja sogar mit Teilen Ihrer eigenen Familie entzweit (und damit ist nicht der immer etwas zu laute und etwas zu sehr dem Obstler zugetane Onkel gemeint, den Sie immer schon nicht gemocht haben!)? Spüren Sie immer öfter ein diffuses Gefühl von Angst, und machen Sie sich ernsthafte Sorgen um die Zukunft Ihrer Kinder? Und haben Sie sich deshalb schon öfter (so ungefähr ein- bis dreimal pro Woche, meist nach dem Anschauen der »Tagesschau«) mit dem Gedanken getragen, auswandern zu wollen, obwohl Ihnen eigentlich kein Land einfällt, in das Sie umsiedeln könnten?

Falls ja, dann lehnen Sie sich zurück und legen Sie die Telefonnummer des Psychologen, den Ihnen ein Freund einst in einer ganz anderen Lebenskrise empfohlen hat, erst mal ganz hinten in die Schublade, wo Sie Batterien, Notfallzigaretten und drei vertrocknete Tuben Alleskleber aufheben, denn wir möchten Ihnen eines versichern: SIE SIND NICHT VERRÜCKT!

Bitte wiederholen Sie diesen Satz dreimal hintereinander laut:

ICH BIN NICHT VERRÜCKT!

ICH BIN NICHT VERRÜCKT!

ICH BIN NICHT VERRÜCKT!

Okay, ganz sicher wissen wir es mangels einer psychiatrischen Ausbildung natürlich auch nicht, aber zumindest sind Sie nicht allein! Denn auch wir kennen diesen flirrenden Zustand bestens, bei dem man täglich schwankt zwischen fassungslosem Kopfschütteln, tiefer Verzweiflung, hysterischem Gelächter und einer latenten Aggression! Ehrlich gesagt hatten wir in den letzten Jahren wahrscheinlich mehr schlaflose Nächte als die meisten Damen in der Hamburger Herbertstraße.

So lagen wir beide (getrennt voneinander natürlich, nur der Form halber!) nach der schicksalshaften Silvesternacht von Köln wach, weil uns angst und bange wurde vor dem, was sich da in einer Mischung aus Frust, Testosteron, Alkohol und jahrelangen Integrationsversäumnissen zusammenbraute. Wir dachten darüber nach, wie unbeschwert und furchtlos wir als junge Menschen früher nachts vom Bus nach Hause laufen konnten, und fragten uns, ob es ernst gemeint war, dass Frauen tatsächlich eine Armlänge Abstand vor männlichen Übergriffen schützen sollte, wie das die Oberbürgermeisterin von Köln, Frau Reker, putzigerweise vorschlug.

Nach dem Terroranschlag vom Berliner Breitscheidplatz konnten wir ebenfalls lange nicht einschlafen.

Anschließend gab es leider noch viele weitere Gelegenheiten, die uns unruhige Nächte bescherten: der Aufstieg der AfD zum Beispiel, der durch die Versäumnisse unserer Politik überhaupt erst möglich gemacht wurde. Oder der Brexit samt der »I am still in bed«-Frisur von Boris Johnson, der Europa spaltete und uns noch vor ungeahnte ökonomische Probleme diesseits und jenseits des Ärmelkanals stellen wird.

Der 2019 weitgehend unter Ausschluss der Öffentlichkeit ausgehandelte UN-Migrationspakt, dessen Signalwirkung genau das Gegenteil bezweckt als das, was eigentlich sinnvoll wäre: betroffenen Menschen zielgerichtet und nachhaltig vor Ort zu helfen, anstatt unkontrollierte Massenzuwanderung von Wirtschaftsmigranten weiter zu fördern.

Die Tatsache, dass Ursula von der Leyen (oder wie sie von Teilen der Bundeswehr liebevoll genannt wurde: »Flinten-Uschi«) nach ihrem missglückten Feldherrn- bzw. Felddamen-Ausflug jetzt in Brüssel und auf Kosten des Steuerzahlers komfortabel endgelagert wurde.

Und natürlich nicht zuletzt die Corona-Krise und ihre Folgen, von denen noch gar nicht absehbar ist, wie hart diese uns in den nächsten Jahren und Jahrzehnten noch treffen werden.

Es ist, wenn man genauer darüber nachdenkt, wirklich nicht besonders gut gelaufen in der letzten Zeit.

Aber vielleicht sollte man genau das nicht tun, jedenfalls nicht ständig: über all das nachzudenken, was schiefgelaufen ist. Und falls Sie jetzt in ähnlich schwermütiger Stimmung sein sollten wie wir bisweilen, dann möchten wir Ihnen eines entgegenrufen: Verzagen Sie bitte nicht, denn Sie und wir können daran leider nichts ändern.

Manche Dinge sind nun mal zum Verzweifeln, himmelschreiend ungerecht, beängstigend oder einfach nur vollkommen bescheuert. Aber sie sind, wie sie sind. Und unser

Leben, das statistisch gesehen bei Frauen ohnehin nur knapp acht Jahrzehnte umfasst und bei Männern sogar noch ein bisschen weniger, ist viel zu kurz, um wegen fortlaufend schlechter Nachrichten depressiv zu werden: Denn was müssen wir nicht alles sonst noch hineinpacken in diese entwicklungsgeschichtlich gesehen erschreckend geringe Zeit: laufen und sprechen lernen, zur Schule gehen, erwachsen werden, den Führerschein bestehen, Liebeskummer erleiden, Hochzeiten feiern und Trennungen aushalten, hundertfachen Ärger mit dem Chef herunterschlucken, Kinder großziehen, Wohnungen renovieren, von Krankheiten genesen oder schlimmstenfalls auch nicht, Trauerfälle verarbeiten, elf Euro für einen kleinen Kaffee am Markusplatz in Venedig bezahlen und so weiter. Angesichts all dieser kleinen und großen Herausforderungen dauert es dann doch verdammt lange, bis man endlich mit seinem Partner auf einer gemütlichen Parkbank sitzen, den Sonnenuntergang beobachten und sich denken darf, dass es nun ein bisschen ruhiger wird.

Das heißt natürlich nicht, dass man sich nicht über gesellschaftliche Missstände aufregen soll und auch muss: Das haben wir mit diesem Buch auf den vergangenen rund 200 Seiten auch getan, und die Tatsache, dass Sie es gekauft haben, beweist, dass Sie wenigstens gelegentlich ebenfalls Dampf ablassen wollen. Und das sollen Sie auch! Aber gerade deshalb sollten wir unsere Freude an den schönen Dingen des Lebens wie einen Schatz behüten. Das gilt heute mehr denn je angesichts der vielschichtigen Widrigkeiten der Zukunft. Außerdem wussten schon unsere Großmütter, die in ihrem Leben generationsbedingt viel mitmachen mussten: »Auch wenn das Leben manchmal nicht besonders einfach oder gerecht ist, muss man bestimmte Dinge mit Humor nehmen. Denn es hilft eh nix!«

Und: Es hilft nix!

Daher im Folgenden und im wahrsten Sinne des Wortes zu guter Letzt ein paar Tipps, damit Sie sich in diesen hysterischen Zeiten Ihre geistige Gesundheit – und damit auch Ihr körperliches Wohlbefinden – bewahren:

1. Meiden Sie allzu viele Nachrichten und Talkshow-Formate im deutschen Fernsehen, bestellen Sie Ihre alte, miesepetrige Tageszeitung ab und abonnieren Sie stattdessen Magazine wie »Landlust«, »Beef« oder »GQ Uhren«. Wahlweise können Sie zumindest für eine gewisse Zeit im Jahr alle Medien aus Ihrem Leben verbannen und sich Koch-, Tier- oder Pflanzenkundebüchern oder den wunderbaren Romanen von Jostein Gaarder oder Jonas Jonasson hingeben, nach denen man sich einfach ein Stück besser fühlt.
2. Haben Sie immer Fencheltee im Haus: Das beruhigt den Magen und lässt Sie besser schlafen. Und trinken Sie hin und wieder nach getaner Arbeit ein gutes Glas Wein oder ein kühles Bier. Versichern Sie sich dabei immer wieder: Der liebe Gott hätte die alkoholische Gärung nicht erfunden, wenn er nicht gewollt hätte, dass wir sie auch nutzen.
3. Hören Sie im Auto, beim Putzen oder im Büro vorwiegend Klassik Radio: Erstens verdient die dort gespielte Musik noch diese Bezeichnung, und zweitens erzählen die Moderatoren im Gegensatz zu den Kollegen auf den meisten anderen Sendern nicht ständig private Nichtigkeiten, die meist den Unterhaltungswert einer Darmspiegelung haben. Man erfährt zwischendurch sogar noch von Thomas Ohrner und Sven Häberle wissenswerte Kleinigkeiten: etwa warum auf manchen Kirchendächern ein Hahn angebracht ist, woher das Sprichwort »es faustdick hinter den Ohren haben« kommt oder was es mit den Begriffen »Dur« und »Moll« auf sich hat. Und damit können Sie dann angeben – machen wir auch.

4. Genießen Sie die Natur: Gehen Sie öfter spazieren oder wandern. Und wenn Sie den Eindruck haben, dass alles über Ihnen zusammenstürzt, dann lügen Sie ausnahmsweise Ihren Vorgesetzten oder den Klassenleiter Ihrer Kinder an, täuschen Sie eine Erkältung vor und die Sorge, Ihre Kollegen und die Mitschüler der Kids nicht mit Corona anstecken zu wollen, packen Sie Ihre Liebsten ein und fahren Sie für einen Tag in die Berge: Die frische Luft, die Landschaft und die zunehmende Höhe relativiert vieles. Von 2000 Metern über dem Meeresspiegel aus wirkt selbst ein riesengroßer Misthaufen verdammt klein. Und vergessen Sie dabei keinesfalls, eine Gipfelbrotzeit mitzunehmen, selbst wenn es gar keinen Gipfel gibt.
5. Umgeben Sie sich in erster Linie mit Menschen, die Ihnen guttun, und unternehmen Sie angenehme Dinge mit ihnen: Spielen Sie Schafkopf oder Canasta, zeigen Sie sich alte Bilder von früher, kochen Sie für sie. Oder schauen Sie zusammen alte Fernsehserien wie »Monaco Franze«, »Unsere schönsten Jahre«, »Ich heirate eine Familie« oder »Kir Royal«. Und laden Sie sich als Notnagel für zwischendurch ein paar Katzenvideos auf Ihr Smartphone, die Sie dann im Stau oder in der überfüllten S-Bahn anschauen können.
6. Meiden Sie – soweit es geht – Menschen, die Ihnen nicht guttun, und ersetzen Sie diese durch ein eigenes Gemüsebeet, Blumen, Tiere oder schöne Möbel.

Schaffen Sie sich kleine Inseln inmitten des Alltags: ein spontaner Stadtspaziergang, ein Eisbecher mit Sahne in Ihrem Lieblingscafé, ein abendlicher Biergartenbesuch mit Ihren besten Kumpels. Und planen Sie nach jeder kleinen Auszeit gleich Ihr nächstes Highlight, damit Sie immer einen Anlass haben, auf den Sie sich freuen können: eine

Wanderung, einen Ausflug an einen nahe gelegenen See oder einfach nur ein ausführliches und längst überfälliges Telefonat mit einer alten Freundin oder einem alten Freund.

Gönnen Sie sich etwas aus der Reihe: eine Trüffelpraline zum Frühstück, ein Glas Champagner an einem stinknormalen Mittwochnachmittag, eigentlich viel zu teure Bettwäsche oder ein romantisches Essen mit Ihrem Liebsten ganz ohne speziellen Grund. Vernünftig sein können Sie dann wieder am nächsten Tag. Und warum sollten nur Hollywoodstars in großartiger Bettwäsche schlafen?

Schauen Sie nicht immer auf die anderen, sondern seien Sie dankbar für das, was Sie tatsächlich haben: eine tolle Familie womöglich, eine Handvoll echter Freunde, auf die Sie sich verlassen können, oder Nachbarn, die Sie nicht in den Wahnsinn treiben. Einen Hund, der Sie auf Trab hält, oder eine Katze, die sich abends an Sie kuschelt. Eine gemütliche Wohnung, in der Sie sich wohlfühlen. Freuen Sie sich, dass Ihnen der selbst gebackene Guglhupf nicht nur gelungen ist, sondern dass er (fast) so gut schmeckt wie der von Ihrer Oma. Wertschätzen Sie jeden Tag, an dem Sie und Ihre Lieben gesund sind, und dass Sie in einem kuscheligen Bett schlafen können, jeden Tag sauberes Wasser aus der Leitung kommt und es aus dem Klo nicht nach Kanalisation riecht.

Wenn Sie nicht wissen, wie Sie all das umsetzen sollen, dann schreiben Sie uns, und wir klären das nach Möglichkeit bei einem Cappuccino oder einem Prosecco. Und wir zahlen! Sie haben ja schließlich schon das Buch gekauft.

Und dafür sind wiederum wir sehr dankbar.

»Monika Gruber ist klar und direkt, aber immer komisch.«

Bruno Jonas

*Cover- und Preisänderungen vorbehalten

Monika Gruber

Man muss das Kind im Dorf lassen

Meine furchtbar schöne Jugend auf dem Land

Piper Taschenbuch, 256 Seiten
€ 10,00 [D], € 10,30 [A]*
ISBN 978-3-492-30715-4

Was macht eine, die aus einem Ort namens Tittenkofen stammt, aber nicht so ausschaut? Die auf dem Bauernhof aufwächst, aber eigentlich auf die Bühne will? Klar, sie nimmt's mit Humor und wird Komikerin. Monika Gruber erinnert sich in ihrem Buch an ihre Kindheit und Jugend auf dem Land bei Erding. Sie erzählt teils bitterböse, teils rührend-nostalgische Geschichten, in denen sie grantelt, witzelt, schwelgt und auch lästert, aber nie denunziert, denn dazu liebt sie Land und Leute zu sehr.

Leseproben, E-Books und mehr unter www.piper.de

»Es geht um mehr als nur Leben und Tod«

*Cover- und Preisänderungen vorbehalten

Campino
Hope Street
Wie ich einmal englischer Meister wurde

Piper, 368 Seiten
€ 22,00 [D], € 22,70 [A]*
ISBN 978-3-492-07050-8

Campino schreibt über eine Leidenschaft, die ihn sein ganzes Leben lang begleitet: den Liverpool FC. Und natürlich über seine deutsch-englische Familie, Queen Elizabeth, Punk und seine große Liebe zu England. In diesem Buch zeigt sich ein Musiker als Erzähler, der von Tragik und Komik, von Treue und Glück schreibt – und davon, wie es sich anfühlt, endlich, endlich englischer Meister zu sein.

PIPER

Leseproben, E-Books und mehr unter **www.piper.de**

Einfach abschalten

* Cover- und Preisänderungen vorbehalten

Rolf Dobelli

Die Kunst des digitalen Lebens

Wie Sie auf News verzichten und die Informationsflut meistern

Piper Taschenbuch, 256 Seiten
€ 10,00 [D], € 10,30 [A]*
ISBN 978-3-492-31696-5

Warum sind wir immer bestens informiert und wissen doch so wenig? Weil wir ständig News konsumieren – kleine Häppchen trivialer Geschichten, schreiende Bilder, aufsehenerregende »Fakten«.

Doch News tun uns nicht gut: Sie vernebeln den Geist, verstellen den Blick für das Wesentliche, machen depressiv und lähmen uns. Der Bestsellerautor Rolf Dobelli lebt seit vielen Jahren komplett ohne News – und schildert in seinem bisher persönlichsten Buch die beglückende Wirkung dieser Freiheit.

Leseproben, E-Books und mehr unter www.piper.de

Neuvermessung einer Legende

* Cover- und Preisänderungen vorbehalten

Lesley-Ann Jones
John Lennon
Genie und Rebell
Aus dem Englischen von
Conny Lösch
Piper, 496 Seiten
€ 25,00 [D], € 25,70 [A]*
ISBN 978-3-492-07018-8

John Lennon gründete mit den Beatles die erfolgreichste Band der Musikgeschichte, er schuf mit „Help!", „Nowhere Man" oder „Imagine" Songs, die jeder kennt. Die Erfolgsbiografin Lesley-Ann Jones beleuchtet Lennons Leben neu: Sie bereiste von Liverpool über Hamburg bis New York und Tokyo alle wichtigen Stationen in seinem Leben und machte zahlreiche Weggefährten ausfindig. Ein Buch für eine neue Generation von Fans und für alle, die noch genau wissen, wo sie am Tag von Lennons Ermordung waren.

Leseproben, E-Books und mehr unter **www.piper.de**